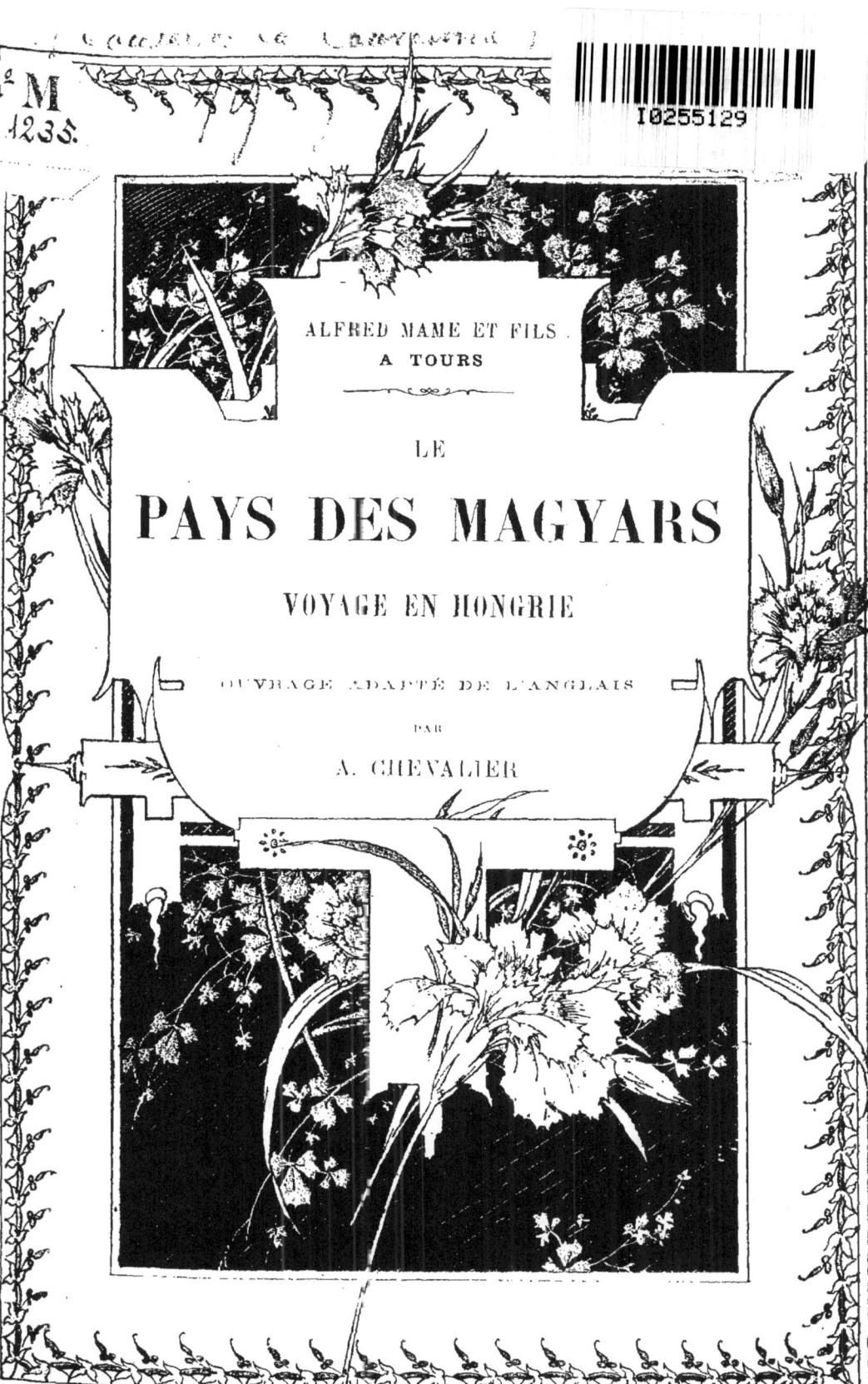

ALFRED MAME ET FILS
A TOURS

LE
PAYS DES MAGYARS
VOYAGE EN HONGRIE

OUVRAGE ADAPTÉ DE L'ANGLAIS
PAR
A. CHEVALIER

LE

PAYS DES MAGYARS

1re SÉRIE GRAND IN-8°

PROPRIÉTÉ DES ÉDITEURS

Joueur de czymbalom hongrois.

LE

PAYS DES MAGYARS

VOYAGE EN HONGRIE

OUVRAGE ADAPTÉ DE L'ANGLAIS

PAR

A. CHEVALIER

TOURS

ALFRED MAME ET FILS, ÉDITEURS

M DCCC XCIII

LE
PAYS DES MAGYARS

I

PRÉLIMINAIRES DE DÉPART

Le soleil vient de disparaître dans le sein des grandes plaines brûlantes; les collines de porphyre de Bude se détachent en bleu sur le ciel. Dans les longues et verdoyantes allées de robinias des quais, les fleurs à moitié flétries se raniment à l'air du soir. Des brises d'une douceur orientale arrivent, apportées sur les vagues du Danube, et de tous les balcons dorés partent des bruits de voix mélodieuses et des rires joyeux. Les dames magyares ont l'habitude d'y passer les fraîches soirées. Au-dessus des rues et des places de Pesth, les coupoles noires et or étincellent sous les derniers rayons. En face, de l'autre côté du fleuve, c'est Bude, reliée à sa cité sœur par le plus splendide des ponts suspendus. Si nous passons devant les lions farouches qui, du haut de leur piédestal, en défendent l'entrée, que de souvenirs nous assaillent en arrivant sur l'autre rive! Que de changements, depuis que les proconsuls romains trônaient dans l'antique ville des rois et y érigeaient son amphithéâtre! A mesure que le crépuscule tombe, le murmure de la cité, les cris des bateliers, apportés à travers le fleuve, semblent à nos oreilles les clameurs d'un camp barbare. Nous entendons le roulement des chariots, le trot et le hennissement des chevaux, les sons d'une musique guerrière proclamant la chute de Rome et la gloire d'Attila.

Mais les ombres s'épaississent. Écoutez! c'est Arpad et ses tribus du Nord qui célèbrent à leur tour, sur les ruines du palais d'Attila, avec la musique des lyres et le son retentissant des cymbales, la conquête de la Pannonie par les Magyars.

Lentement la lune se lève, et le tableau change une quatrième fois. Tournant les yeux vers la citadelle couronnée de ses palais, nous voyons le Croissant étinceler au-dessus des portes, et l'étendard des musulmans vainqueurs flotter sur les murs. Du haut des églises chrétiennes, transformées en mosquées, monte le chant du muezzin. Enfin le rêve change encore d'aspect. Le Croissant pâlit et s'efface, les vertes bannières de l'Islam disparaissent, l'ombre triomphante de la Croix protège de nouveau la ville endormie, et la brise nocturne nous apporte le son pieux des cloches chrétiennes.

N'est-ce pas une histoire étrange et merveilleuse?

La route directe et la plus ordinaire pour se rendre en Hongrie est viâ Munich et Vienne. Mais un peu parce que nous rêvons de respirer une fois de plus les brises d'Italie, un peu parce que nous suivons rarement les itinéraires consacrés, nous nous décidons à passer par Venise. Une courte étude de la carte des chemins de fer nous a déjà appris qu'une suite ininterrompue de voies ferrées relie aujourd'hui cette ville à Pesth, franchissant une distance de plus de mille kilomètres. Nous avons déjà visité la Hongrie à deux reprises différentes, c'est-à-dire que nous en connaissons les grandes lignes; mais nous voulons cette fois faire connaissance avec ses chemins de traverse. L'expérience, cette maîtresse sévère, nous a enseigné qu'il faut se rendre, autant que possible, indépendant des petites auberges où l'on est parfois réduit à chercher asile, car elles ménagent aux voyageurs les plus amères désillusions, et tout ce qu'on y peut trouver pour réconforter l'estomac est du pain noir, du jambon fumé, et l'inévitable *paprika hendl,* mets national, où un poulet qui au début du repas picorait encore les miettes de votre table, apparaît au troisième service sous forme de fricassée cuite à la hâte, et fortement assaisonnée de poivre rouge.

Nous ajoutons donc à la caisse de provisions apportées d'Angleterre un certain nombre d'articles destinés à nos bivouacs au bord des routes, plus une dizaine de mètres de forte corde, chose indispensable quand on veut voyager en Hongrie de la façon que nous projetons. Nous sommes déjà pourvus de deux vastes *bundas*, souvenir de nos précédents voyages. Ce magnifique vêtement, d'invention hongroise, est admirablement adapté aux brusques changements de température auxquels on doit s'attendre dans ce pays. Au coucher du soleil, il arrive qu'en l'espace de deux heures le thermomètre subit un abaissement considérable, et sans la bunda le voyageur serait victime des fièvres hongroises dues aux exhalaisons des marais. Il y a heureusement deux mois pendant lesquels il peut compter sur le beau temps : mai et juin. La neige et les gelées du long hiver ont enfin disparu ; la chaleur n'est pas encore intolérable, et les pluies d'automne, qui rendent impraticables des routes mauvaises en toute saison, sont encore loin.

Après deux journées délicieuses à Venise, nous montons en wagon, en compagnie de deux prêtres que nous avons déjà rencontrés à Vérone, et qui vont jusqu'à Udine. Il y a en outre une dame de Carniole, coiffée d'une sorte de mantille, et qui parle slovène, dialecte windique. Nous traversons une riche contrée où l'olivier et le mûrier prennent la place de la vigne : l'Illyrie, terre classique, dont Virgile et Dante ont immortalisé le nom. Nous atteignons l'antique ville de Montefalcone, à quelques milles de la cité jadis fameuse d'Aquilée, où résidait souvent l'empereur Auguste, simple village aujourd'hui, tandis qu'au temps des Romains elle comptait cent mille âmes.

Le train monte lentement jusqu'au sommet de ces collines escarpées et arides qui bordent la côte nord-est de l'Adriatique. Toute végétation a cessé, sauf de maigres herbages, et aussi loin que le regard peut atteindre, il ne rencontre que des roches nues, de forme conique. Pendant que la locomotive gravit péniblement la pente, la nappe bleue de l'Adriatique nous apparaît tout à coup. A gauche, les plaines marécageuses, dont l'étendue considérable forme ce qu'on nomme le Littoral. Au loin, les montagnes violettes de l'Istrie, et au-dessous de nous, Trieste, au sein de ses collines verdoyantes. A la clarté pâlissante du soir, cette vue a une pénétrante et majestueuse beauté.

II

LA PUSZTA

« Y a-t-il quelque chose à voir ici? » demandons-nous à la jolie fillette slovène en jupon rouge, corset de velours et grandes bottes, que nous trouvons sur le quai, le lendemain, en descendant de wagon et en mettant le pied sur le sol de la Hongrie.

Sachant tout juste assez d'allemand pour comprendre la nature de notre question, elle se retourne et désigne d'abord la misérable petite station, puis un groupe de cahutes, et finalement la longue route droite qui ne mène nulle part. Là-dessus, nous montrant deux rangées de dents magnifiques, elle rit aux éclats de cette bonne plaisanterie.

Pragerhof, l'endroit où nous venons d'arriver, point de jonction des lignes de Vienne et de Trieste, est en effet un triste lieu pour des touristes; mais il était indispensable de quitter ici le chemin de fer, si nous voulions arriver le lendemain à Siô-Fok. Ce coin de terre est si misérable, qu'il ne valait pas la peine qu'on lui donnât un nom, et nous supposons que ce nom doit le rattacher à quelque ville ou village *voisin,* dans le sens hongrois; car, en ce pays, les villages sont si rares, qu'on traite de voisins des gens qui vivent à dix, douze ou vingt lieues de distance, et qu'il arrive sans cesse aux paysans de porter leurs denrées à des marchés encore plus éloignés.

Nous voici donc au seuil des grandes plaines : à l'ouest, à l'est, au sud, au nord, on n'aperçoit pas la moindre habitation ; rien que la route droite dont j'ai déjà parlé, et la ligne sans fin de la voie ferrée, qui fuit vers l'horizon.

La fogado (auberge) isolée où nous sommes échoués jusqu'à demain est un échantillon passable de toutes les auberges de Hongrie, sauf que la chambre destinée aux étrangers, au lieu d'être au rez-de-chaussée, n'est abordable ici qu'au moyen d'une échelle mobile. La salle à manger, selon la règle invariable, non seulement touche à la cuisine, mais ne fait, pour ainsi dire, qu'un avec elle, et le voyageur, s'il en a envie, peut surveiller de sa place à table l'intéressante confection de ses côtelettes et de son paprika hendl (poulet sauté), aussi bien que le meurtre des innocentes victimes qui vont servir à son repas ; car les aubergistes hongrois sont tous les mêmes, et le cri de la volaille égorgée salue comme toujours notre entrée dans la petite auberge.

Nous sommes tombés brusquement en plein pays de langue magyare, que nul autre dialecte au sud du Volga ne peut aider à comprendre, mais qui cependant était déjà parlée dans ce pays par une population de race touranienne, lorsque les Romains firent la conquête de la Pannonie. L'aubergiste sait tout au plus l'allemand de façon à se faire entendre ; tandis que la jeune personne à laquelle nous nous sommes adressés à la station, et qui se trouve être la servante de l'auberge, ne parle que le hongrois et sa langue maternelle, dialecte slave, répandu à l'ouest de la frontière.

Les vastes prairies dans lesquelles nous venons d'entrer, et que leurs souvenirs historiques rendent si intéressantes, couvrent l'immense étendue de plus de quatre-vingt-dix mille kilomètres carrés, et l'imagination renonce à s'en faire une idée. Quoique la Hongrie renferme aussi des parties montagneuses qui égalent en beauté celles de n'importe quelle contrée d'Europe, on peut dire que ses traits caractéristiques sont ses plaines et ses fleuves. Certaines parties des plaines sont très cultivées, d'autres restent de vrais déserts de sable ; dans d'autres enfin, recouvertes par la nature d'un tapis de verdure et de fleurs, des troupes de che-

Dans la plaine hongroise : l'Alföld.

vaux et de bétail sauvage errent en liberté et ne sont pas un des caractères les moins curieux du spectacle qu'offre la Puszta, la steppe hongroise. Le chasseur y trouve abondamment de quoi exercer son adresse ; au printemps surtout, les marais qui avoisinent les larges fleuves sont peuplés d'oiseaux, entre autres de cigognes, qu'on peut voir tout le long du jour dressées sur une patte, au milieu des épais roseaux, ou promenant leur jeune famille jusque sur les limites de leur domaine. On rencontre aussi partout de bruyantes bandes de pluviers et quelquefois un pélican ; tandis que d'un bout à l'autre de l'Alföld, la grande plaine surnommée « les pampas européens », se fait entendre le cri aigu du faucon, décrivant dans les airs des cercles nombreux, avant de se précipiter sur quelque marmotte.

Des villes et des villages sont semés de loin en loin dans ces vastes steppes. Le long des routes postales, on en rencontre toutes les trois ou quatre heures ; mais, si on pénètre dans l'intérieur, il faut souvent voyager tout un jour, en voiture ou en *leiterwagen,* pour aller d'un village à l'autre.

Il n'est pas étonnant que cette région mal peuplée ait toujours été considérée comme l'Eldorado des brigands, qui jusqu'à ces vingt dernières années tenaient les paisibles habitants des plaines dans un état perpétuel d'alarme et de terreur. Malgré cela, par une contradiction apparente, beaucoup de paysans et de petits propriétaires étaient connus pour protéger ces « héros », et encourageaient ainsi le brigandage, tout en tremblant pour leur propre sécurité. Les voleurs étaient si hardis et si nombreux, qu'ils réclamaient le droit d'être nourris et logés par l'habitant ; et l'isolement de la majorité des fermes rendait toute résistance impossible. Il existait même, comme jadis en Écosse (et cette coutume subsiste peut-être dans quelques provinces écartées de la Hongrie), l'habitude de payer aux brigands un impôt qu'on appelait le *felelat,* pour préserver les troupeaux du pillage.

Ce brigandage était du reste de noble origine ; car, retranchés dans leurs châteaux forts, la plupart des seigneurs du xve siècle, enrôlant leurs paysans, l'exerçaient pour leur compte, comme un droit légitime.

Il y a eu aussi parmi les brigands des temps modernes, des hommes ayant appartenu aux classes supérieures de la société, et on a même accusé secrètement des magnats hongrois de se joindre à ces maraudeurs pour rétablir leurs finances. Le gouvernement a fait tous ses efforts pour supprimer ces hordes de bandits, en offrant de fortes sommes à ceux qui en livreraient les chefs ou en feraient connaître les refuges. La tâche n'a pas été facile, dans un pays où toute la sympathie était du côté des criminels. Les Hongrois sont braves et chevaleresques, mais la civilisation est chez eux de date relativement récente, puisque une partie du pays est restée longtemps sous le joug des Turcs; et ils ont gardé une disposition innée à excuser, sinon à approuver, toutes sortes d'actions, du moment qu'elles sont accomplies avec courage et hardiesse. Ils doivent ce sentiment autant à leur histoire passée qu'à la nature qui les entoure. Les plaines sans limites que le Hongrois contemple du matin au soir l'ont certainement, sans qu'il s'en doute, imbu d'une indépendance qui ne reconnaît pas de frontières et ne se laisse enchaîner par aucune loi.

Les bandes de voleurs étaient devenues si hardies, qu'elles attaquaient en plein jour les convois de marchandises. Il y eut jusqu'à douze cents brigands à la fois emprisonnés dans la forteresse de Szegedin, capitale de l'Alföld, et parmi eux le plus hardi et le plus célèbre des bandits hongrois, Rosza Sandor (Alexandre Rose), dont la profession spéciale était l'enlèvement des bestiaux, mais qui, vers 1871, osa même attaquer avec sa bande un train de chemin de fer, et qu'on dit avoir, dans le cours de sa brillante carrière, tué plus de cent personnes. Ce séduisant héros, que les paysannes couvrirent de fleurs lorsqu'il fut enfin capturé par la police, mourut de sa belle mort dans la citadelle où il était renfermé, ayant échappé à un châtiment trop mérité, grâce à la clémence de l'empereur d'Autriche, lequel, dit-on, ne peut se décider à signer un arrêt portant la peine capitale.

Le terme fréquemment appliqué à ces brigands hongrois est celui de « pauvres gars », en hongrois : *szégény légény ;* ce qui tient sans doute à ce que beaucoup étaient des échappés de la conscription.

On sait l'intense répugnance du Magyar à se laisser enrôler dans l'armée autrichienne, comme jadis les Italiens.

Avant 1848, et ce que les gens de ce pays-ci appellent *la guerre d'Indépendance,* il existait de nombreuses formes de conscription, dont quelques-unes étaient particulièrement odieuses aux Hongrois. Beaucoup préféraient l'exil volontaire avec la liberté ; quelques-uns se réfugiaient dans les provinces montagneuses, où ils trouvaient d'impénétrables forêts ; d'autres dans les vastes champs de maïs qui couvrent les plaines, labyrinthe verdoyant

Dans l'Alföld. — Bergers des bords de la Theiss.

où il était difficile de les découvrir. Ils en sortaient pour mener une misérable existence, mendiant de place en place, s'abritant la nuit dans quelque taverne isolée, lieu de rendez-vous des brigands ; enfin, et nul ne s'en étonnera, les « pauvres gars » passaient, eux aussi, du vagabondage au brigandage, d'autant plus aisément qu'ils se savaient d'avance protégés par la population, prête au besoin à les cacher dans ses maisons lorsqu'ils avaient la police à leurs trousses.

Cependant ces « pauvres gars » diffèrent quelque peu du brigand proprement dit. Les premiers ne volent que pour vivre et commettent rarement un meurtre, leur arme unique étant presque toujours un gros bâton. Le vrai brigand, armé jusqu'aux dents, porte, outre sa lance, une hache et des pistolets, un lasso dont il se sert avec autant d'adresse qu'un habitant de l'Amérique du Sud. Avec son sombrero à grands bords, c'est le plus beau type de son espèce qu'on puisse rencontrer, même dans les montagnes de la Calabre, et s'il lui arrive de tomber aux mains de la police, il peut être sûr de se voir, comme Rosza Sandor, bombardé de bouquets par les brunes filles de l'Alföld, qui ont l'admiration la plus vive pour ces hardis aventuriers.

Au moment où nous arrivions en Hongrie, la population venait d'être fort alarmée par la nouvelle que trois cents brigands serbes, sous la conduite de Milan, chef des plus redoutés, venaient de passer le Danube et envahissaient les plaines hongroises. Un bataillon envoyé pour les recevoir, en face de Gradista, les repoussa vigoureusement sur Belgrade, leur démontrant, en termes sentis, que la Hongrie possédait assez de brigands, sans attirer à elle les ressources de la Serbie en ce genre.

L'Alföld, mot qui signifie littéralement *terrains bas,* par opposition à Felföld, qui sert à désigner la partie montagneuse du pays, consiste, à strictement parler, dans la plaine qui s'étend au nord de la rivière le Marös et à l'est du Danube.

Mais ce nom s'applique à toute l'étendue des plaines hongroises, sans excepter le Pettaurfeld, ou petites plaines, dans lesquelles nous venons d'entrer, comprises entre Pragerhof et le lac Balaton. En hiver, on dirait un désert blanc, sans limites. Les troupeaux qui, l'été, errent librement dans ces riches prairies, sont à l'abri sous d'énormes hangars, où ils mugissent plaintivement en rêvant aux herbages dorés par le soleil. Le seul bruit qu'on entend, le croassement du corbeau, rend le silence plus lugubre : le soleil même a l'air congelé dans le ciel pâle. Cette étendue blanche, sans traces de vie humaine ou animale, produit une impression très vive de grandeur et de majesté.

Mais nous sommes en été, et sous la tonnelle garnie de vignes de notre fogado, le son plaintif de la flûte d'un berger, l'harmonie mélancolique des clochettes arrive à travers la plaine. En marchant dans cette direction, nous rencontrons un grand troupeau de moutons en train de brouter l'herbe rase, tandis que le berger se promène au milieu d'eux, jouant d'un petit instrument qu'on appelle une télinka ; dans son vêtement frisé de peau d'agneau et sa bunda à longs poils, il offre une curieuse ressemblance avec le troupeau qu'il guide. A quelques cent mètres de là, nous apercevons un autre berger vêtu de même, et surveillant une bande de chèvres ; plus loin encore, trois taches noires dans le paysage silencieux indiquent la présence d'un camp de bohémiens. Le berger et le bohémien sont deux des particularités les plus saillantes de l'Alföld, auquel le premier donne son caractère pastoral, et le second, avec ses tentes, quelque chose de l'Orient.

La vie du berger est solitaire et monotone. Durant l'été, il reste nuit et jour au milieu de son troupeau, pendant des mois entiers, sans communication avec ses semblables, excepté lorsqu'il lui arrive, en errant de pâturage en pâturage, de rencontrer un de ses collègues. Cependant cette existence est moins triste qu'on ne l'imaginerait : son isolement, ses occupations, font souvent du berger un poète ; et au son de sa télinka, instrument aussi primitif que l'antique flûte de Pan, et qu'il fabrique lui-même, il compose des vers pleins d'une naïve et touchante poésie.

Nous avons fait près d'une lieue dans la plaine, sans chemin tracé, et nous ne revenons sur nos pas que lorsque le soleil commence à baisser à l'horizon et que la fraîcheur du soir nous rappelle à la prudence. C'est dans des régions comme celles-ci qu'on a l'occasion d'admirer un curieux phénomène de réfraction crépusculaire. Lorsque le soleil disparaît, les ombres du crépuscule s'amassent sur le sol brûlant, une vapeur blanche monte du marais ; l'obscurité dure quelques instants, et soudain, comme sous l'effet d'une baguette magique, apparaît une lumière merveilleuse, venant d'on ne sait où, et baignant le ciel et la terre de ses flots d'or et d'ambre. Presque aussitôt, les couleurs pâlissent, les brouillards qui rampent sur le sol deviennent plus froids et plus épais ; tout s'éteint. Lorsque nous reprenons le chemin de notre logis, les bruits de la plaine se sont tus, les oiseaux sont cachés dans les joncs, la marmotte dans son trou sous le sable ; le berger dort à terre roulé dans sa bunda et son chien près de lui. Du camp lointain des bohémiens, la fumée monte en légers tourbillons au-dessus des feux rougeâtres : sur le premier plan sommeille un troupeau de bœufs.

Enfin nous rentrons dans notre chambre, convaincus que Pragerhof, avec son absence totale de vie et de mouvement, est un de ces endroits où il est impossible de séjourner sans mourir du spleen.

III

EN WAGON

La journée promet d'être magnifique. Devant nous, la plaine verte se perd dans un horizon qui fait songer à la mer; plus près, de hautes treilles tamisent le soleil, comme une poussière d'or. Tout est si calme, que sans les bêlements lointains, l'aboiement d'un chien, nous nous croirions en face d'une « prairie » du nouveau monde. Les oiseaux du jardin se précipitent en nuée sur les miettes que leur jette la petite servante slovène en débarrassant la table de notre déjeuner.

Le train doit partir à dix heures moins dix; mais comme il n'est arrivé de Trieste qu'à huit heures et demie, nul ne peut être assez déraisonnable pour exiger qu'il se remette en marche dans le court espace de cinq quarts d'heure! A l'heure indiquée, le machiniste, assis sur un tas de sable, sommeille en finissant sa pipe, et le conducteur achève paisiblement son déjeuner dans la cuisine de l'auberge. Pourquoi pas? En Hongrie, on a du temps pour tout, et personne ne songe à se presser.

Les trains partent ponctuellement des stations principales, mais ne s'occupent guère des petites, généralement situées dans des endroits où l'on prend la vie tranquillement, et vis-à-vis desquelles les autorités ne supposent pas qu'une heure ou deux de retard ait une grande importance.

Nous prenons enfin nos places et nous partons lentement, très lentement. A de longs intervalles, nous rencontrons de vrais échantillons de villages hongrois, avec leurs maisons à un seul étage, basses de toit, leurs cimetières peuplés de petites croix bleues, rouges et blanches, qui, vues de loin, au milieu des herbes folles, ont l'air de fleurs dans une prairie. On se croit reporté à une période ancienne de l'histoire du monde, on est si loin du progrès ! Aux stations où le train s'arrête, des véhicules de formes singulières attendent, pour transporter les débarquants à des villes ou des villages situés Dieu sait où ! Longs chariots, faits simplement de planches clouées ensemble, ou encore ayant des parois à jour garnies de barreaux, traînés par trois chevaux de front; légères carrioles, appelées szekers, auxquelles un malheureux cheval maigre est harnaché, de la façon la plus incommode, au bout d'un long timon : les uns et les autres, conduits par des cochers étranges, en vêtements de peaux de mouton ou en jaquettes de hussards, brodées de diverses couleurs, accompagnées de pantalons blancs si larges qu'ils ont l'air de jupons. Mais les gens qui montent dans ces étranges équipages sont plus étranges encore : les femmes portent, comme les hommes, la peau de mouton, d'impossibles coiffures et de grandes bottes. Et la voiture, sortant de l'enclos qui entoure la gare, s'en va cahotant le long d'une route creusée de fondrières, qui semble n'aboutir nulle part ou s'en aller vers quelque monde inconnu.

La locomotive est chauffée avec de la tourbe, de sorte que la vitesse, on peut se l'imaginer, n'est pas très alarmante. Sans parler des arrêts aux diverses stations, le temps, nous l'avons dit, ne compte pour rien dans ce pays primitif. Au sujet de la lenteur proverbiale des trains hongrois, on raconte qu'un certain paysan répondait un jour, à un ami qui lui demandait pourquoi il ne prenait pas le chemin de fer pour se rendre à la ville, un jour de marché : « Je n'ai pas le temps ; il faut que j'aille à pied, ou j'arriverai trop tard. »

Pendant que nous attendons, les villageois, appuyés aux palissades, nous regardent étonnés, en bavardant avec le conducteur. Les femmes portent les jupes les plus courtes qu'on puisse imaginer, dépassées par plusieurs étages de jupons blancs, tuyautés et empesés au point d'être raides comme une planche, et qui font l'effet d'une crinoline.

C'est jour de fête, et lorsque nous approchons des villages, les cloches fêlées tintent gaiement dans tous les clochers ; aussi chacun est en vêtements du dimanche ; et aux jupons susdits les femmes ont ajouté des corselets noirs, rouges ou verts, des chemisettes blanches brodées autour du cou, avec de larges manches. Elles ont auprès d'elles des marmots habillés absolument comme père et mère, jusqu'aux grandes bottes, et qu'on prendrait pour des hommes et des femmes vus par le petit bout d'une lorgnette.

En entrant dans la province arrosée par la Drave, nous nous trouvons soudain au milieu de collines basses, qui s'élèvent des plaines en ondulations douces. Partout nos yeux rencontrent des groupes de paysans se rendant à des églises éloignées ; les hommes marchent tous en tête, les femmes les suivent à distance respectueuse, retroussant leurs volumineux jupons pour les préserver des chemins boueux, tandis que les fillettes, imitant leurs mères et relevant de même leurs petites jupes, sont drôles au possible.

Enfin nous atteignons une grande ville, plantée au beau milieu de ce qui nous semble un champ labouré, avec des maisons si misérables, qu'il est impossible qu'on les ait jamais construites ; elles ont dû sortir de terre comme des choux, ou être soulevées, comme des taupinières, par quelques méchants gnomes. De nouveaux voyageurs nous arrivent du bout de l'horizon, dans des chariots plus étranges que jamais, tels qu'il devait s'en trouver dans le camp d'Attila. Une vingtaine d'individus, hommes et femmes, bien las, mais patients, attendent, couchés sur leurs paquets, l'arrivée du train venant de Buda-Pesth ; d'autres sont debout ou se promènent sur le quai : les femmes, avec leur tête enveloppée de mouchoirs bleu sombre, leurs manches à énormes gigots, ont un aspect incongru, moitié turc, moitié européen ; les hommes, quels beaux types ! vigoureux comme des athlètes, et leurs mâles visages bronzés par le soleil de l'Alföld.

Les heures d'arrivée et de départ sont indiquées d'une façon toute primitive sur une ardoise. Pendant que nous nous demandons ce qui nous retient si longtemps, une sorte de calèche, traînée par six chevaux, et enveloppée d'un nuage de poussière, dévale le long de la route; avec une rapidité vertigineuse, le grand fouet du cocher excite encore le galop furieux de son attelage. Une grande et très jolie femme descend de la voiture; deux hommes, ayant au chapeau l'un une plume, l'autre un bouquet de fleurs sauvages, — des domestiques venus d'avance avec les bagages, — lui baisent la main et la conduisent à son wagon. Puis, quand machiniste et conducteur ont fraîchement bourré leurs pipes, la lourde locomotive se met lentement en mouvement, et nous reprenons notre marche paisible, comme s'il importait peu d'arriver tôt ou tard... ou jamais.

Cependant nous finissons par atteindre Gross-Kanitza, où notre ligne rejoint celles d'Agram et de Vienne. La ville compte près de douze mille habitants, et l'enclos sablé de la gare est rempli de jeunes filles en habits de fête, un vrai parterre.

Cette fois, on se sent bien en Hongrie, pays renommé pour la beauté des femmes. Rien de joli comme les petites bottes rouges brodées sur le côté et ornées de rosettes, qui dépassent les jupes ballonnées; rien de gracieux comme leurs coquettes propriétaires brunes ou blondes, les nattes pendantes jusqu'aux talons, tressées de rubans de couleur. A côté d'elles, se tiennent leurs frères et leurs fiancés, non moins élégants dans leurs manteaux brodés, leurs courts dolmans à la hussarde couverts de boutons d'argent, et les plumes blanches au chapeau.

Nous nous efforçons tant bien que mal d'avaler une assiette de l'affreux mélange intitulé *choucroute hongroise,* minces tranches de choux et de saucisse nageant de concert dans un liquide incolore, en arrosant le tout de badacsony, vin blanc qu'on récolte sur les bords du lac Balaton. Notre train ayant une heure d'arrêt à Kanitza, nous avons le temps, en arpentant la plate-forme, d'être frappés plus que jamais du grand nombre de types divers qu'on rencontre dans ce singulier pays. Debout à la porte du restaurant, on voit un groupe d'hommes que leur regard doux et efféminé, leurs traits fins, leurs membres souples, contrastant avec la mâle énergie et la puissante carrure des Magyars, désignent pour des Yougo Slaves de Croatie et de Slavonie. D'autres, les sandales aux pieds, le bonnet en laine d'agneau, sont des Valaques de Transylvanie ou du bas Danube, sans parler des Serbes, et des paysans retournant à leurs demeures des Carpathes septentrionales, que nos précédents voyages nous permettent de reconnaître immédiatement.

En effet, la variété des races est un des caractères qui frappe le voyageur dans cette contrée. La plus grande partie en est habitée par les Magyars; au second rang, comme importance, viennent

Attelage dans l'Alföld.

les Valaques, qui occupent la partie orientale du territoire, tandis que, semées dans l'immense plaine de l'Alföld, on trouve de petites colonies allemandes, sans parler des soi-disant Saxons et Szeklérs du sud-est, deux nationalités distinctes. Toutes ces races habitent cependant le centre et le sud-est du royaume de Hongrie; mais dans le pays entier des Magyars on ne parle pas moins de huit langues différentes, sans compter les nombreux dialectes slaves.

Au sud, séparées de la Bosnie et de la Serbie par la Save, affluent du Danube, s'étendent les provinces hongroises de la Croatie et de la Slavonie, peuplées de Serbo-Croates, tandis que la partie qui s'étend au sud-ouest des Carpathes septentrionales l'est de Slovaques, qui voisinent avec les Polonais de Galicie et les Tchèques de Moravie; le sud-est de ce même territoire appartenant aux Rusniaques ou Ruthènes, il n'y a donc pas moins de dix-sept mille Slaves dans le royaume de Hongrie. En outre, on y compte beaucoup de colonies isolées de Grecs, d'Arnautes et d'Arméniens.

La cause principale de ce mélange de races tient aux nombreuses invasions barbares et à la longue occupation par les musulmans de la plus grande partie de ce pays, que, depuis le xv° siècle jusqu'à une époque récente, ils ont sans cesse ravagé par le fer et le feu. Non seulement ils saccageaient ces plaines fertiles, mais ils les rendaient inhabitables en brûlant villes et villages. Ces invasions ont laissé aux Hongrois le proverbe : « Là où passe le Turc, l'herbe ne pousse plus. » La Hongrie avait été tellement épuisée par leurs ravages, qu'en 1777, après l'expulsion définitive des envahisseurs et une suite de combats vaillamment soutenus par les Hongrois, il fallut appeler des colons de toutes les contrées voisines, et les séduire par des concessions de terrains, pour remettre en culture ce sol qu'avait stérilisé le musulman détesté.

La Hongrie devint alors ce qu'elle est aujourd'hui : un pays peuplé de vingt races diverses, conservant, sous un gouvernement commun, chacune leur langue, leurs coutumes, leur physionomie distinctes, et aussi isolées les unes des autres que si elles constituaient autant de nations séparées.

En reprenant nos places, nous observons près du wagon une dame en grande conversation avec une paysanne de l'Alföld, qui tient dans ses bras une petite fille d'environ quatre ans. La femme pleure, et le corps frêle du petit être est secoué de sanglots. Nous nous intéressons aussitôt à toutes deux, et nous apprenons d'un de nos compagnons de voyage qui parle l'allemand que la dame emmène l'enfant, fille d'un paysan de son domaine, à l'hôpital de Pesth, pour y subir une grave opération chirurgicale. La séparation de cette pauvre petite créature et de sa mère est vraiment poignante; nous ne pouvons comprendre les mots que toutes deux prononcent, mais le langage de l'amour maternel n'a pas besoin d'être traduit pour qu'on sente ce que veulent dire ces exclamations entrecoupées et ces murmures de tendresse.

A peine le train s'est-il ébranlé que l'enfant, ne cherchant plus à se contraindre, ensevelit son visage dans les coussins et s'abandonne à son désespoir. « Anyam ! anyam ! » Mère ! mère ! répète-t-elle avec un cri désolé.

Pauvre petite ! un pressentiment dit-il à son cœur enfantin ce que nous devons apprendre plus tard, en nous informant d'elle à l'hôpital, qu'elle et sa mère ne se reverront plus, jusqu'à ce qu'elles se retrouvent dans les bras l'une de l'autre auprès de Dieu ?

Le Hongrois assis en face de nous s'essuie les yeux ; mon mari se tourne vers la portière et étudie le paysage avec une attention inaccoutumée ; il n'est aucun des assistants qui ne soit ému. Mais nous approchons de notre destination ; après avoir

Le lac Balaton. (Plattensee.)

traversé une vaste forêt de chênes, jadis terrible repaire de brigands et servant encore de refuge à ces « pauvres gars », que la sympathie populaire entoure fort mal à propos de prestige, nous rentrons dans la grande plaine et nous voyons devant nous un lac d'azur qui repose dans son entourage de collines. A droite, une vaste étendue de terrains incultes, où galopent des troupes de chevaux sauvages, la crinière flottante, fuyant à notre approche jusqu'au bout de l'horizon. Bientôt nous entrons dans les marécages qui environnent immédiatement le lac.

Le Plattensee, ou lac Balaton, comme on l'appelle souvent, deux noms dérivés du slave *Blats* (marais), est le second des lacs d'Europe. Quoique borné au nord par de hautes collines, au sud, il n'a, pour ainsi dire, pas de rivages, sauf sur quelques points où une légère ondulation du sol sablonneux a permis aux pêcheurs d'élever quelques huttes de roseaux tressés. Presque partout de grandes herbes, hautes de huit ou dix pieds, couvrent les marais de jungles épaisses, et le pays environnant est tellement imprégné d'eau qu'on dirait une série de lacs.

En face de Böglar, au-dessus des coteaux couverts de vignes, s'élève le mont Badacson, où l'on récolte le vin fameux appelé de son nom Badacsony. Un peu plus loin, un promontoire rocheux avance dans le lac, couronné d'une vieille abbaye, et ressort hardiment sur la ligne plus effacée des collines.

Nous voici à Sio-Fok, où se termine notre trajet en chemin de fer.

La fillette aux cheveux d'or s'est endormie, à force de pleurer, de ce calme sommeil qui suit les désespoirs de l'enfance, et il n'y a plus de traces de larmes sur son joli visage lorsque nous lui disons adieu du regard, avec un muet « Dieu te protège », avant de quitter le train pour le steamer qui doit nous conduire à Fured, à travers le lac.

IV

MUSIQUE DE TZIGANES

Quelle est donc l'origine de ces fils d'Arpad? ces Magyars, à peu près le seul rameau de la race touranienne, admis dans la grande famille européenne? Ce sont les descendants d'un peuple finnois qui, émigrant vers le sud à travers le défilé des Carpathes, descendirent de leur lointaine patrie et entrèrent en Hongrie vers 886 [1].

Le mot Magyar (prononcer Mad-yar) est néanmoins de beaucoup plus ancienne origine et défie les cerveaux les plus versés dans la science étymologique. Le moyen âge le faisait dériver de Magog, fils de Japhet, et la superstition de ces âges lointains voyait dans ces « païens impitoyables » le Gog et le Magog dont la venue devait annoncer la fin du monde. L'hypothèse la plus

---

[1] Sous la conduite d'Arpad, fils d'Almos, qui les avait amenés jusqu'aux frontières de la Pannonie, mais mourut avant d'y pénétrer, les Magyars, appelés alors Uhri, Ugri, ou Wengri (d'où le nom de Hongrie), l'envahirent en 889 au nombre de près d'un million d'individus, se liant auparavant par une sorte de charte qui réglait le partage de leur conquête et remettait la souveraineté à la descendance d'Arpad. Au soleil levant, les chefs placèrent au milieu d'un cercle tracé sur le sol un vase de pierre, s'ouvrirent une veine pour y faire couler un peu de leur sang, et trempèrent tour à tour leurs lèvres dans ce breuvage barbare pour sceller le pacte conclu. Leur conquête achevée, ils gardèrent la passion des expéditions aventureuses, et leurs brusques invasions terrifièrent l'Allemagne et même la France, jusqu'à leur défaite à Augsbourg en 955. Le nom d'ougre ou ogre, resté dans les contes populaires, témoigne de la terreur qu'ils inspiraient.

récente affirme que ce mot veut dire « confédérés ». Max Muller a retrouvé le point de départ de ce peuple dans les monts Ourals, et, prouvant l'affinité de la langue magyare avec l'idiome finnois parlé à l'est du Volga, il déclare que les Magyars sont le quatrième rameau de la souche finnoise ou rameau ougrien.

La Hongrie a été peuplée depuis l'ère chrétienne par trois invasions barbares, toutes venues des régions du Nord : d'abord Attila et ses Huns, du III° au IV° siècle ; puis, cent ans après, les Avares, qui appartenaient à la même souche. Enfin, réservés à un succès plus durable, se montrent les Magyars, la grande armée conquérante, guidée par Arpad, chez laquelle le type ougro-finnois reparaît dans toute sa sauvage énergie, tel que jadis chez les bandes d'Attila ; peuple nomade, qui, bien que composé de hordes sauvages, devient, par son audace et ses qualités guerrières, le fléau et la terreur de la chrétienté, jusqu'à ce qu'il arrive à fonder un grand empire, et non seulement prenne sa place au nombre des nations européennes, mais soit leur premier défenseur et leur plus sûr rempart contre les musulmans.

Un clocher rouge et une mer de boue à travers laquelle il faut patauger pour atteindre les bords du lac, avec la terreur constante de se voir englouti dans des profondeurs en apparence insondables : voilà le souvenir que nous laisse le village de Sio-Fok, situé sur un petit cours d'eau qui découle du lac, et qu'on a utilisé, au moyen de canaux, pour drainer la campagne environnante. Le Sio, qui s'en va serpentant dans la direction du sud, est un des neuf cours d'eau qui sont supposés avoir une communication souterraine avec le Danube.

Dès que nous sommes embarqués, le bateau à vapeur, tellement caché par les saules et les grands roseaux qu'on ne le découvre qu'en y touchant, détache ses amarres et glisse sur la surface de cristal.

Nous rasons des îlots sablonneux dépassant à peine la surface de l'eau et couverts de nuées d'oiseaux d'un blanc de neige, qui, sans s'émouvoir de notre passage, continuent à lisser gravement leurs plumes ou à guetter d'un œil perçant le poisson que le remous du steamer pourrait bien jeter sur le bord.

Comme c'est ici la partie la plus étroite du lac, le bateau le traverse en moins d'une heure; et, après avoir parcouru ces plaines désertes, il nous semble arriver soudain au centre de la civilisation. Fured est bâti au pied d'une chaîne de collines volcaniques, et très fréquenté des Hongrois pour ses sources minérales. Durant les mois d'été, la petite ville regorge de monde; il est difficile, sinon impossible, de se loger dans les hôtels ou les maisons meublées, lorsqu'on n'y a pas retenu des chambres d'avance. A défaut de cette précaution, le voyageur peut se réfugier à Aracs, un village voisin. Mais comme la saison n'est pas commencée, nous n'avons pas à redouter de nous trouver sans asile.

Dès que nous débarquons, des commissionnaires se disputent nos personnes : deux s'emparent de la valise, chacun par un bout, tandis qu'un troisième l'embrasse tendrement par le milieu. Ils s'arrachent les moindres paquets à mesure qu'on les sort du steamer; cannes, parapluies, sacs, lorgnettes, nous sont enlevés. Le propriétaire de l'hôtel vient lui-même au-devant de nous, et voyant dans nos personnes les avant-coureurs d'une procession interminable de futurs touristes, il nous serre presque sur son cœur. Après nous avoir examinés de la tête aux pieds pour s'assurer qu'il ne reste absolument rien à porter, il aperçoit sous mon bras un miniscule album dans lequel j'ai enfermé une précieuse aquarelle inachevée, et fait main basse sur ce trésor, que je défends comme ma propre existence, tant et si bien que je finis par sortir de cette lutte essoufflée, mais victorieuse.

Le calme rétabli, nous nous rendons à l'hôtel, où des garçons nous font subir les mêmes empressements. Ils nous aident à monter le perron, ils insistent pour enlever de nos vêtements la poussière du voyage; ils nous frapperaient volontiers sur l'épaule pour nous témoigner leur joie de voir enfin les premiers voyageurs de la saison.

Dans la salle à manger, le couvert est mis pour quatre personnes à une table de côté. Tandis qu'on apporte notre repas, je m'amuse à évoquer, dans le silence de la vaste pièce déserte, les hôtes qui dans quelques semaines l'animeront de leurs rires et de leurs voix : jolies et piquantes Magyares, officiers raides dans leur uniforme rembourré, gros bourgeois aux vêtements chargés de broderies, aux façons lourdes et gauches; Juifs et Juives d'Allemagne et de Hongrie. Des pas légers annoncent l'apparition de deux dames, qui s'asseyent à notre table, et que leur type nous fait aussitôt reconnaître pour des filles d'Israël. La mère et la fille (si j'en juge à la ressemblance) sont d'une rare beauté; elles sont arrivées peu de temps après nous de Presbourg; elles parlent allemand, par bonheur, car notre ignorance relative de la langue empêcherait toute conversation.

Le repas est abondant et soigné, sauf un plat de *fogas,* le poisson justement renommé du lac Balaton, qu'on nous sert, hélas! tout farci d'oignons crus. Cependant nos belles compagnes se partagent cet affreux mets, et prolongent encore leur repas quand nous sortons pour respirer l'air du soir.

La soirée est superbe; les flaques des marais se teignent de vermillon et de bronze ou reflètent le pâle azur du ciel. Çà et là quelque objet plus sombre, un groupe d'arbres, des tentes de bohémiens se détachent en noir sur le fond transparent. L'atmosphère limpide nous permet de distinguer avec la lorgnette un groupe de voyageurs qui s'apprête à bivouaquer comme une caravane d'Orient, tableau tout fait qui charmerait un artiste : des hommes debout dans leurs longs manteaux fourrés, d'autres accroupis à terre allumant le feu ou déballant les provisions pour le repas du soir; près d'eux, entassées, des gourdes et des outres comme celles qu'emportait Agar dans le désert. Les tons éclatants de leurs vêtements, adoucis par cette lumière mourante, les grandes ombres projetées sur le gazon doré, complètent l'effet pittoresque de la scène.

Dans les plaines de l'Alföld, les czárdáks (auberges), nom dérivé sans doute de celui de czárdás, la danse nationale, plaisir auquel on se livre surtout dans ces lieux de réunions populaires, sont rares et éloignées les unes des autres; mais le Hongrois n'est pas embarrassé pour s'en passer. Ce merveilleux manteau, la bunda, dont ils sont tous pourvus, le rend également insensible au froid et à la chaleur, lui sert de tente, de lit, de protection contre le soleil brûlant et contre les froids intenses, les vents aigres et coupants qui balayent en hiver la région des plaines. Pendant cette dernière saison, on la porte le poil en dedans; l'été, c'est le contraire. « Mon fils, n'oublie ni ton pain en hiver, ni ta bunda en été, » dit un proverbe magyar.

Un brouillard glacial, tout chargé de fièvre, nous avertit de retourner sur nos pas. Derrière nous, les collines bleu-saphir font d'énormes masses sombres; quelques étoiles timides se reflètent au milieu des ombres mouvantes du lac. A la fenêtre d'une villa, brille une lumière solitaire; une barque regagne la rive, et le son lointain d'un orchestre arrive à travers ce grand silence. En approchant de notre hôtel, nous découvrons qu'une bande de tziganes est venue, suivant un usage consacré, donner une sérénade aux premiers arrivants. L'orchestre se compose de trois violons, un violoncelle, une basse, une clarinette et un czimbalom. C'est avec bonheur que nous retrouvons cette musique passionnée et vibrante, que nous avons entendue pour la première fois à Pesth il y a trois ans.

Les Magyars sont vivement épris de la musique tzigane; aucune autre n'éveille en eux les mêmes émotions tristes ou joyeuses. Ces singuliers artistes sont en général fort habiles et peuvent jouer n'importe quelle musique; mais ils préfèrent le plus souvent leurs propres compositions. Aussi cette musique est-elle le langage de leur vie, de leur étrange milieu : quelque chose de sauvage, de fantastique, tantôt étincelante comme le soleil sur les plaines, tantôt sombre, triste, pathétique, comme le gémissement d'un peuple écrasé, opprimé; écho, dit-on, des bardes hongrois primitifs, mais qui semble plutôt à nos oreilles l'écho de toutes les souffrances de leur race, depuis les premiers cris d'angoisse de leurs ancêtres esclaves, cris apportés sur les vagues du temps à travers des milliers d'années et vibrant aujourd'hui dans cette musique singulière.

Les bohémiens, comme les Juifs, sont fort nombreux en Hongrie. On en compte jusqu'à cent cinquante mille. La tradition veut qu'ils s'y soient réfugiés pour échapper à l'oppression des Mongols; le roi Sigismond leur permit de s'y établir sous le nom de *nouveaux colons*[1]. Il y a en Hongrie trois classes de bohémiens ou Farao nepek (gens du roi Pharaon), comme on les appelle souvent : les musiciens, les sátoros czigánok, ou bohémiens nomades, qui vivent sous la tente et errent de place en place ; enfin ceux qui ont une demeure fixe et exercent seuls en Hongrie le métier de forgerons. Malgré leurs allures vagabondes, les tziganes sont loin d'être pauvres, et on en a vu amasser des fortunes considérables. Musiciens et forgerons, ils fréquentent les foires, où ils font aussi le commerce des chevaux ; aussi le bohémien hongrois est un personnage beaucoup plus important que ses confrères des autres pays. Pas une fête sans qu'on l'invite à y mêler sa musique enivrante. Dans certaines parties de la Hongrie, c'était, fort récemment encore, la coutume qu'un orchestre de tziganes accompagnât les enterrements au cimetière. Partout on aperçoit le czigány. Avec sa longue charrette, où se blottissent la femme et les enfants en haillons, il va de village en village, pour les nombreuses foires annuelles. Qu'il voyage ainsi avec toutes ses possessions terrestres ou qu'il plante sa tente sous l'étendue sans fin du ciel bleu, c'est à coup sûr un des traits les plus pittoresques de cette étrange plaine de l'Alföld.

[1] Les fables sur l'origine des bohémiens sont innombrables ; le moyen âge les faisait venir d'Égypte ; il est prouvé aujourd'hui qu'ils sont d'origine indoue : quelques-uns veulent que ce soit une tribu de parias qui aurait fui devant la conquête de Tamerlan. Leur apparition en Europe date du XVe siècle.

V

LE GUIDE

Dans un pays où se coudoient tant de nationalités différentes, il n'est pas aisé de circuler sans un guide qui, outre l'allemand et le magyar, puisse parler le valaque, le slovaque et autres dialectes peu familiers à nos oreilles. Faisant usage d'une lettre de recommandation pour un propriétaire hongrois d'un *comitat* du centre, nous lui avons écrit pour le prier de nous recommander quelque guide de confiance et de l'envoyer, si possible, nous rejoindre à Fured.

Nous étions à déjeuner le lendemain de notre arrivée, lorsque nous voyons entrer un groupe étrange : une femme de haute taille, à l'aspect farouche, tenant un enfant de chaque main, et suivie d'un tout petit homme, qui nous présente une lettre, et se fait reconnaître pour l'un des propres domestiques de notre correspondant hongrois. Celui-ci nous l'envoie en qualité de guide, nous assurant par écrit qu'il a une grande expérience des voyages, qu'il sait faire toutes sortes d'arrangements avec les aubergistes de campagne, et qu'il est versé dans toutes les questions concernant ce qu'il faut manger, boire et éviter.

Cependant le cortège du petit homme nous effraye quelque peu, et nous nous demandons si, parmi les choses singulières de ce pays, il est d'usage que le guide emmène avec lui toute sa famille. Le bagage que la femme et les enfants portent sous le bras, leurs vêtements salis, prouvent qu'ils viennent de fort loin et confirment cette inquiétante supposition. Mais András lui-même (c'est le nom de notre nouveau compagnon de route) nous rassure, en nous expliquant que sa femme a dans le voisinage de Fured des parents chez qui elle compte habiter jusqu'à son retour.

András est un individu d'aspect fort agréable, à la physionomie vive et intelligente. Il porte le gatya ou large pantalon blanc frangé du bas, l'attila galonné jeté sur une épaule, et une petite toque de feutre garnie d'un plumet. Lorsque nous lui demandons à quelle nation il appartient, il se dresse fièrement, presque sur la pointe des pieds, et réplique avec un accent triomphant : « *En Magyar vagyok.* (Je suis Magyar). » Il nous apprend ensuite qu'il est le petit-fils d'un infortuné gentilhomme dont les terres ont été confisquées, mais qui pourrait faire remonter ses ancêtres jusqu'à l'*honfoglalas*, c'est-à-dire la conquête de la Hongrie par Arpad au ix° siècle, événement qui représente chez les Magyars quelque chose d'analogue à la conquête normande pour les Anglais. A cet endroit de son récit, l'émotion lui coupe la parole, sans qu'il nous soit possible de discerner si c'est le souvenir des malheurs de son grand-père ou celui de ses illustres aïeux qui le bouleverse ainsi.

La femme de notre guide le dépasse de toute la tête et les épaules ; si elle en avait envie, elle pourrait le porter sous son bras, comme un de ses enfants. Elle a des sourcils épais et saillants, une physionomie fort dure, accentuée par le genre de son costume. Outre sa coiffure à la turque, ses jupes courtes et ses grandes bottes, ses manches rembourrées aux épaules élargissent encore sa large poitrine et lui donnent l'air d'une véritable amazone.

Pendant qu'András s'occupe des préparatifs nécessaires, nous nous distrayons en faisant quelques promenades dans le voisinage. Le lac, sur quatre-vingts kilomètres de long, n'en a jamais plus de quinze de large ; à Fured, il est même plus étroit, la péninsule de Tihany le coupant presque en deux. Outre les fogas dont nous avons parlé, il contient plusieurs espèces de poissons ;

le fogas, sorte de perche qu'on ne trouve que dans le lac Balaton et dans le Nil, est regardé par les gourmets comme le meilleur poisson d'eau douce qu'il y ait en Europe.

La population qui vit autour de Fured se compose surtout de fermiers et d'éleveurs de troupeaux. Les maisons des premiers sont propres, mais celles des laboureurs ou simples cultivateurs du sol sont trop souvent de vraies étables, où enfants, poulets, chèvres et cochons vivent avec une touchante fraternité. Nous voyons dans une de ces misérables chaumières un nourrisson couché dans une auge à porcs et suspendu à une poutre du toit,

Cour de ferme dans un village hongrois.

pour plus de sûreté; dans plusieurs autres, le lit commun est un petit recoin derrière le foyer, où toute la famille s'entasse avec une parfaite satisfaction. Une des choses les plus amusantes et les plus curieuses est de voir, au coucher du soleil, revenir les troupeaux de vaches de la plaine, où on les a lâchés dès le point du jour. Au son d'une trompe, si nombreuses soient-elles, chacune se dirige vers son village, les unes au galop, les autres d'un pas lent et majestueux, mais toutes retrouvant d'elles-mêmes leur route, et rentrant sans escorte dans le sein de leur famille.

C'est alors que ces villages, si mornes et si déserts tout le long du jour, quand les habitants travaillent aux champs ou sont occupés ailleurs, se remplissent de vie et d'animation. Les femmes, assises aux portes, tricotent et cousent; les hommes, couchés sur des bancs, à l'ombre des pignons, fument tranquillement leur pipe, pendant que les vaches arrivent une à une, mêlées aux cochons, sentant de loin leur étable ou leur toit à porcs, et se dirigeant sans hésitation de ce côté.

En errant le long du lac, dans la direction de Tihany, nous ramassons de nombreuses coquilles fossiles, d'une espèce indéterminée et qui ont la forme d'un pied de chèvre, dont les paysans leur donnent le nom. Une tradition singulière, que la féconde imagination des Hongrois conserve avec une rare ténacité, se rattache à l'origine de ces coquilles. Au temps lointain du roi Béla (1061), quand les hordes tartares menaçaient le pays, le roi, suivi de ses serviteurs, et emmenant les immenses troupeaux qui appartenaient à la couronne, s'enfuit de l'autre côté du Danube et se réfugia dans la fortesse de Tihany. Cependant les Tartares, l'ayant poursuivi jusque-là, le forcèrent à reculer encore devant eux. Ne pouvant sauver ses troupeaux, et ne voulant pas les abandonner à l'ennemi, il se décida à les faire noyer dans le lac, et ces coquilles sont les débris pétrifiés des sabots de ces animaux.

Les roches calcaires de Tihany renferment un grand nombre d'autres fossiles, tandis que dans quelques parties de la plaine on trouve des dépôts provenant des collines volcaniques, où, parmi des scories et des agglomérations de matières, se rencontrent, non seulement de la pierre ponce, mais des débris organiques, des bois silicifiés et des impressions de coquillages et de plantes diverses.

Le dernier jour que nous passons à Fured, tandis que mon mari monte visiter le monastère de Tihany, dont l'entrée m'est interdite, je pars, accompagnée d'András, avec mon attirail de peinture, pour faire l'ascension des collines. A mes pieds dort le lac, enveloppé d'un voile de brouillard transparent. Les petits bateaux qui flottent sur sa surface paraissent suspendus au milieu des airs, et on les prendrait dans cette brume pour de grands oiseaux ou des fantômes de barques. A notre droite, le promontoire de Tihany, son abbaye, ses cellules de moines, sont à moitié cachés par une longue bande de vapeur qui les coupe en deux ; tandis que les colonnades et les portiques blancs de Füred semblent un palais de fée, tout prêt à se dissoudre dans les airs.

Je suis enfin confortablement établie et je m'apprête, le brouillard s'étant levé, à commencer mon esquisse du lac, avec sa frange de longues herbes et ses vols d'oiseaux, lorsque je découvre que j'ai oublié ma lorgnette sur une des tables du restaurant. Retourner la chercher est une perte de temps, et je ne me soucie pas de demeurer sans András au milieu de cette solitude. Je lui communique mon dilemme ; l'excellent petit homme se déclare tout prêt à redescendre, mais ajoute que si nous pouvions découvrir un czigany, si voleurs que soient ordinairement ces gens-là, on pourrait lui confier sans crainte cette délicate mission.

« Quand on parle du diable, on le voit venir ! » s'écrie-t-il en tournant la tête, car une troupe de bohémiens s'avance à quelque distance.

Quel groupe pittoresque ils forment, en suivant lentement le chemin : trois hommes, deux femmes, une demi-douzaine d'enfants à tête crépue, dont le plus petit trône, avec les bagages et la tente, sur le dos d'un cheval brun au poil rude, qui ressemble à ses propriétaires. Dès qu'ils nous aperçoivent, ils se précipitent, les femmes et les enfants la main tendue, implorant sur un ton plaintif mais obstiné quelques kreutzers. Une vigoureuse riposte administrée par András dans leur propre langue les renvoie à leurs affaires, et la troupe, défilant, va planter sa tente un peu au-dessus de nous. András choisit alors son tzigane, un homme d'environ quarante ans, grand, mince, avec des jambes en fuseau et une mine de coquin, peu faite, selon moi, pour inspirer la moindre confiance. Avec une incroyable agilité, il dégringole la colline, comme une araignée file le long de sa toile, et disparaît en un clin d'œil.

En attendant, je m'amuse infiniment à voir dresser la tente, dont la toile rousse et enfumée fait un effet charmant sur le premier plan, avec le lac dans le fond. Cette occupation a fait oublier notre présence, si j'en crois les rires sonores de ces êtres à face de bronze, pieds nus, malpropres, libres de toutes chaînes, qui défient la science des philologues, et dont l'origine positive reste encore inconnue.

A peine la tente est-elle dressée, qu'on plante le trépied traditionnel, auquel un pot de fer est suspendu. Le bois pétille, les étincelles partent: les enfants demi-nus dansent comme de petits démons autour de la flamme, y jetant des brins de bois. Quels éclats de rire que ceux de ce peuple mélancolique, dont la langue n'a point de verbe pour signifier « demeurer », point de mots pour exprimer la joie, le bonheur ou la prospérité, quoiqu'ils en aient un grand nombre exprimant la souffrance, la pauvreté et la douleur !

Ils ont bientôt fait de préparer et de déguster leur repas de midi, composé d'une soupe fortement assaisonnée d'ail ; mais avant cela, le messager est revenu, apportant en parfait état l'objet oublié, et je l'ai rendu infiniment heureux en le gratifiant d'un florin pour sa peine. A en juger par l'expression de surprise de ses grands yeux tristes et lumineux, lorsque je lui mets la pièce dans la main, il se croit sans doute en possession d'une fortune, et des exclamations de réjouissance l'accueillent quand il redescend vers ses compagnons, lançant le florin en l'air et le rattrapant comme une balle. Peu à peu, s'enhardissant, un autre tzigane vient se placer derrière moi pour regarder mon esquisse. Il est vêtu des haillons les plus pittoresques, aux couleurs délicieusement fondues et éteintes par la pluie, le soleil et l'usure. Sa vigoureuse poitrine est à moitié nue, son chapeau de feutre, aux larges bords ramollis et déformés, ombrage, sans les cacher, ses sourcils épais, et en fait un modèle digne de Rembrandt. Je lui présente son portrait, dont les tons noirs, bruns et ambre, se détachent harmonieusement sur le lac d'azur qui lui sert de fond ; il paraît le contempler avec un vif intérêt, et manifeste son admiration pour le rendu fidèle d'une longue déchirure qui orne sa manche.

De tous les bohémiens hongrois, les *Sátoros czigánok,* ceux qui vivent sous la tente, sont supposés les pires échantillons de leur race, et contraints par le gouvernement à ne pas rester plus de vingt-quatre heures dans le même lieu. Les plus estimés, après les musiciens, sont ceux qui se fixent d'une façon permanente sur les limites des villages, et exercent, nous l'avons dit, la profession de forgerons et de maréchaux-ferrants.

Quelle que soit l'origine de ce peuple singulier, beaucoup de ses coutumes viennent de l'Inde, et la similitude de sa langue

Campement de bohémiens.

avec le sanscrit est un fait reconnu ; leur nom même, Czigany, dérivant, dit-on, d'un mot sanscrit. Des philanthropes se sont efforcés, à différentes époques, mais sans succès, de civiliser ces perpétuels errants. Vers la fin du siècle dernier, l'empereur Joseph II, espérant leur faire abandonner leur vie vagabonde, leur construisit des maisons et leur conféra le titre de « Nouveaux Paysans » ; mais, au lieu d'y habiter, ils s'en servirent comme d'étables pour leurs misérables chevaux, et plantèrent leurs tentes ou se bâtirent des cabanes à côté d'elles.

Depuis, l'initiative individuelle a tâché de civiliser du moins les enfants, en les enlevant très jeunes à leurs parents; mais l'amour du vagabondage est si fortement implanté chez le tzigane, que, dès qu'ils sont assez âgés, ils disparaissent un beau matin et retournent à leur bande ou s'attachent à la première qu'ils rencontrent. Vieux ou jeune, le vrai czigany est profondément imbu de toutes les superstitions de sa race. Il croit que les forêts sont habitées par des gnomes, des elfes et de mauvais esprits; mais il n'adore aucun dieu. Pour lui, la mort est le néant, elle lui cause une profonde horreur et il la redoute à l'égard du *pandura* (ou gendarme). Comme ses frères de tous pays, le bohémien hongrois prétend ignorer la loi, et bien qu'il commette rarement de graves délits, il a une terreur instinctive du représentant de l'autorité, comme personnification d'une puissance supérieure, dont il professe ne pas comprendre la nature. Quoiqu'on lui ait fait la réputation d'être peu scrupuleux à l'endroit du bien d'autrui, le tzigane a certaines qualités : il aime profondément la vieillesse et l'enfance; pendant les guerres qui, au siècle dernier, ont dévasté la Hongrie, beaucoup d'actes de dévouement ont été accomplis par ces pauvres gens, et les Magyars racontent à ce sujet de nombreuses légendes.

VI

DÉLI-BAB

Le moyen de transport ordinaire, à travers les plaines de la Hongrie, est le leiterwagen ou *szeker* (prononcez shaker), cette longue charrette aux parois à barreaux comme une échelle, dont nous avons déjà parlé, admirablement faite pour les nombreuses vicissitudes d'un semblable parcours, et pour se tirer des marécages qui, dans ce pays, portent le nom de grandes routes. Le szeker, bien garni de foin et avec un couple de coussins à air, constitue un véhicule beaucoup moins dur qu'on ne se l'imagine, et l'on peut voyager ainsi longtemps sans fatigue.

Mais notre guide insinue qu'il est inadmissible que d'aussi augustes personnages emploient ce moyen vulgaire, et veut nous persuader de nous rendre par le chemin de fer à Pesth, où nous achèterons une voiture de voyage qui nous permettra de parcourir la Hongrie (si nous y tenons), comme il convient à une illustre famille d'*Angolorszag* (Angleterre).

Nous soupçonnons András d'être au fond beaucoup plus préoccupé de sa dignité que de la nôtre. Les Hongrois sont proverbialement orgueilleux, portés à l'ostentation et au faste. Rien de plus vrai que leur propre locution : « Le Magyar aime à s'enharnacher. » La perspective de siéger à côté du cocher sur le banc d'une « calèche de paysans », comme on surnomme parfois le szeker, a de quoi révolter un personnage aussi pompeux qu'un guide magyar. Ce n'est donc pas pour lui un médiocre chagrin de nous entendre lui signifier notre intention de poursuivre notre voyage jusqu'à Pesth, en traversant la plaine.

András, en costume ordinaire, et András, revêtu de la livrée de son maître, sont deux personnages différents. Nous avons peine à le reconnaître lorsqu'il se présente, le matin du départ, en pantalon vert sombre, soutaché de galons jaunes, aussi collant que possible, avec dolman assorti. Sa moustache, par un savant artifice, se tient parfaitement droite, et dépasse de chaque côté ses joues, lui donnant un aspect martial et farouche.

Il n'y a pas longtemps encore que la noblesse hongroise revêtait ses domestiques d'un véritable uniforme, resplendissant d'or et d'argent ; chaque gentilhomme attachait à sa personne un serviteur armé en soldat, avec le sabre et les éperons ; les autres valets étaient équipés d'une façon analogue, souvenir du temps où la guerre était l'existence perpétuelle de cette nation.

Le costume des seigneurs était de fin drap de couleur claire, richement brodé d'or, avec un manteau de velours doublé de fourrures jeté sur une épaule, une ceinture d'étoffe précieuse et un chapeau à superbe panache. Mais ces beaux restes de « barbarie » disparaissent rapidement. Les dames hongroises ont abandonné leurs riches costumes pour les modes viennoises ou françaises, et les hommes ne portent plus les leurs que dans les occasions solennelles, ou lorsqu'ils veulent, comme en 1870, faire quelque manifestation politique. Alors les Magyars reparaissent, comme un seul homme, dans toutes les splendeurs de leurs broderies et de leurs panaches, transformant les rues de Pesth en scène d'opéra.

Enfin András, tout plein de son importance, accourt nous annoncer qu'il a trouvé une brizka abandonnée par un gentilhomme polonais, mort à Fured sans payer la note de son hôte, qui met la voiture en vente. Elle est lourde, usée et de si antique apparence, qu'elle a dû traîner Arpad ou même Attila à travers les Carpathes, au temps des invasions. Mais elle a des glaces et une capote ; on peut s'y étendre tout de son long, et nous sommes forcés de convenir qu'elle est vraiment commode en vue des brusques changements de température de ce pays. Ce qui contribue à nous faire céder aux désirs d'András, c'est que le matin même un Allemand rencontré au bord du lac nous a dit que les brigands, dont il faut tenir compte dans l'Alföld, attaquaient plutôt les paysans et les marchands que ceux qui leur semblaient des seigneurs, tant leur orgueil inné respecte la noblesse de la race, et qu'en voyageant dans notre voiture, nous aurions plus de prestige à leurs yeux.

Le cocher, figure sinistre, aux yeux enfoncés, aux cheveux très noirs, fume une longue pipe, le dolman sur l'épaule, le bouquet de fleurs au chapeau, et caresse du fouet les quatre haridelles qui complètent notre brillant équipage arrêté devant l'hôtel. Nous voici partis!

De Fured aux montagnes de Transylvanie, c'est la plaine, toujours la plaine. Cependant le pays est un peu plus peuplé que le Pettaurfeld que nous avons traversé en entrant dans l'Alföld. Nous croisons des charrettes attelées de beaux bœufs blancs, et conduites par des Juifs, intermédiaires obligés entre le producteur et le consommateur. C'est au Juif que le fermier vend la laine de ses troupeaux, et le seigneur les récoltes de ses domaines; ce sont eux qui achètent à vil prix au pauvre paysan le produit de son petit champ de pavots, de tournesols ou de chanvre.

Nous montons vers le Nord: des oasis ombragées sèment d'abord les ondulations de la plaine; les champs de colza et de blé mûrissant font des îles d'or dans cet océan vert. Une tache ronde se détache là-bas sur le ciel lumineux, se dresse, grandit peu à peu, et une voix vibrante chante un air national. C'est un laboureur qui rentre au logis et que nous cachait un repli de terrain. Puis c'est le silence et la solitude jusqu'à ce que pendant un arrêt, près d'un puits au bord de la route, nous entendions le roulement sonore d'un chariot, dont le conducteur chante, lui aussi, une mélancolique mélodie en mineur. Un à un, les villages, les fermes isolées s'effacent à l'horizon: nous entrons dans la plaine immense. Comme nous nous sentons rapetissés, seuls ainsi, sans rien de mouvant autour de nous, que les oiseaux de proie et les nuages blancs qui s'en vont bien haut dans ce grand ciel splendide!

Sous le soleil de feu montent des ondulations semblables à l'invisible brume au-dessus de la chaux vive. Pas un insecte ne voltige sur les rares buissons du chemin. Voici des marécages où un héron solitaire se contemple dans l'eau bourbeuse ; de vastes champs labourés, de longues bandes de blé vert, d'autres marbrées par les feuilles pourpres et verdoyantes du tabac, de frais labyrinthes de maïs ; puis encore de grands espaces incultes, où galopent les chevaux sauvages, crinière au vent.

Le jour s'avance, l'ombre des nuages s'allonge sur la plaine ; une faible brise soulève les larges manches blanches et pendantes de notre cocher, sans agiter les boucles de ses cheveux noirs, collés par quelque onctueuse pommade. La ville la plus proche est Veszprim. De ce train-là, nous n'y serons pas avant la nuit. Tout d'un coup nous croyons apercevoir une rivière. Est-ce par hasard le vieux Danube? Non, c'est un grand lac, avec une île verte au centre. Quel est son nom ?

« Déli-Bab! » marmotte confusément András, à moitié endormi sur son siège.

Parmi les innombrables mythes que l'imagination fertile des anciens Magyars a évoqués durant leurs courses nomades à travers ces vastes steppes, il n'en est pas de plus poétique et de plus profond que celui de Déli-Bab, la Fée du Midi, l'idéale personnification du mirage. Elle a toute une famille, elle est « fille de la vieille Puszta », sa demeure ; « sœur de Tenger », l'océan dont elle reproduit souvent l'image ; « fiancée de Szél », le vent qui, en soulevant les brumes, causes de ce phénomène, en change continuellement l'aspect.

Que de thèmes elle a fournis à la poésie hongroise : Eötvos, Vorósmarty et Petœfi ont chanté la beauté décevante de cette enchanteresse qui, aussi perfide que les sirènes des Grecs, entraîne le voyageur à sa suite et s'évanouit en le raillant.

Il n'arrive jamais de voyager dans l'Alföld, par un jour de grande chaleur, sans observer cette singulière apparition. Souvent elle vous poursuit durant plusieurs heures et embrasse tout l'horizon. Tantôt elle simule un clocher et des maisons suspendus au milieu des airs, tantôt une rivière ou un lac ; mais le plus généralement c'est un large océan, avec de longues grèves sablonneuses et d'étroits promontoires, près desquels des mâts de navire, de grands arbres, des rochers se reflètent nettement dans l'eau.

Les superstitions magyares, qui sont d'origine finnoise, ne se bornent pas à cette poétique fée de la plaine. Sans parler des sirènes qui, jusqu'au milieu du siècle dernier, habitaient, disait-on, les eaux de la Theiss, il y figure des sorciers et sorcières, escortés de l'inévitable chat noir. Le diable (ordog) y est toujours représenté avec de grandes oreilles et une longue queue; sa demeure est le Pokol, où il habite avec ses nombreux sujets, dans une brûlante obscurité.

Nous avons dépassé la ville épiscopale de Veszprim, ses maisons tristes, ses rues où l'herbe pousse, son entourage de vignes, et nous nous retrouvons dans la plaine, où à de longs intervalles les petites fermes dorment blotties dans leur verdoyant fouillis de maïs et de fleurs sauvages. Plus rarement encore, nous rencontrons des villages, invariablement appelés de noms commençant par *kis* ou *nagy*, ces deux épithètes signifiant *petit* et *grand,* tous absolument semblables. Chaque maison a un pignon blanc percé d'une petite fenêtre, en dessous duquel les femmes et les jeunes filles tricotent et bavardent paisiblement, sur un banc appuyé au mur. Ces bancs, dont chaque maison est pourvue, sont appelés du nom assez bien choisi de « porte-paroles ».

Cette uniformité des villages de l'Alföld est très frappante et attirera l'attention de tous ceux qui abandonneront les voies ferrées par lesquelles sont reliées maintenant les grandes villes de la Hongrie, pour prendre, comme nous, les chemins de traverse.

VII

LES PUITS HONGROIS

L'aspect de l'Alföld varie considérablement selon la nature du sol. Tantôt il est marécageux, tantôt sablonneux et rebelle à toute culture ; ailleurs, ce sont d'opulents terrains d'alluvion, dont on a vainement cherché le fond à cinq cents pieds, et où l'on cultive le froment, le sarrasin, le chanvre, le lin, le pavot, le tournesol, le maïs et le tabac. La méthode adoptée dans beaucoup d'endroits est de semer ou planter par longues bandes de quatre-vingts pieds de large sur plusieurs kilomètres de longueur ; si bien que le voyageur, n'apercevant aucune habitation pendant qu'il roule le long de ces champs, dans sa brizka ou son szeker, se demande où peuvent bien demeurer les gens pour qui l'on a fait ces routes, ou si des esprits bienfaisants descendent la nuit labourer et semer ces étendues sans fin de maïs et de blé dorés.

Le sol étant si fertile, les moissons, je l'ai dit, sont merveilleuses, en dépit de deux inconvénients : la sécheresse d'une part et les inondations de l'autre. On attribue, en grande mesure, la première à l'absence d'arbres, une des particularités qui frappe lorsqu'on entre dans l'Alföld. Pour remédier à cette sécheresse, on plante dans certains districts de nombreux bouquets d'arbres, tandis qu'ailleurs on s'efforce d'établir des canaux d'irrigation. Mais les inondations sont un mal sans remède. Chaque année, il se livre de vraies batailles entre les flots du Danube, de la Theiss et de la Marös, ses tributaires, et leurs infortunés riverains. A mesure que le lit des cours d'eau s'élève, les digues s'élèvent aussi ; mais quand un dégel soudain se produit dans les hautes Carpathes, nulle barrière artificielle ne résiste à la terrible pression qu'il lui faut supporter : la digue s'écroule, comme à Szegedin, et les eaux couvrent le pays. D'autres phénomènes se produisent encore, désastreux pour l'agriculture : les rivières coulent sous terre. Dans les saisons sèches, elles drainent le sol en attirant à elles toute l'humidité ; dans les temps de pluie, leurs eaux débordées, filtrant à travers le terrain spongieux, convertissent les plaines en un vaste marais. Ce n'est pas tout : le Danube change perpétuellement son lit ; il lui arrive de s'éloigner à plusieurs kilomètres de villes et de villages situés sur ses bords et d'en aller rejoindre d'autres. Les géologues déclarent qu'à une période préhistorique cette plaine formait trois mers intérieures, et il est impossible de parcourir ce bassin du plus grand fleuve d'Europe sans se dire que, dans les siècles futurs, les eaux submergeront de nouveau l'Alföld. En dépit de ces désavantages, les Magyars aiment leurs plaines comme les Suisses leurs montagnes, et ils ne voient rien de plus beau dans la nature.

Les routes de ces steppes ne sont le plus souvent qu'un petit sentier recouvert d'herbe, tracé par le passage des chariots, et l'on s'y égare trop facilement. Nous arrivons à un point où deux de ces sentiers se rencontrent. Notre cocher est embarrassé. Le sentier de gauche semble se terminer par un champ de blé, celui de droite aboutir à une ferme à demi cachée dans un bouquet de buissons. Pendant qu'il réfléchit, nous découvrons une longue charrette, qui rampe paresseusement le long du premier des deux chemins : c'est le seul genre de véhicule que nous ayons rencontré depuis Fured.

« Ho ! hé ! Soger ! crie notre cocher. Le chemin de Stuhlweissemburg ? »

Par malheur, le mot de Soger, qui, dans ce sens, signifie Allemand, est tout ce qu'il y a de plus insultant pour un Magyar.

« Frère ! » riposte une voix sauvage, accompagnant ce mot

d'une exclamation qui résonne comme un juron. En même temps, le charretier serre si brusquement les rênes que sa charrette se place en travers de notre chemin, et son attelage s'en va dans le marais. Alors, se dressant sur son siège, il embrasse lentement et majestueusement du doigt tout le cercle de l'horizon, et nous crie : « Là-bas ! »

Les Hongrois ont une aversion enracinée pour les Allemands, en tant qu'individus, et pour tout ce qui est allemand. Feindre de prendre un Magyar pour un fils de cette race détestée est une injure d'usage assez fréquent, et qui ne manque jamais son effet.

Après un délai d'une demi-heure pour dégager les bœufs embourbés et remettre la charrette dans sa première position, nous reprenons notre route. Nous traversons des villages dont les maisons à un seul étage sont si uniformément bâties, qu'avec leurs pignons blancs, tous tournés dans la même direction, on les prendrait pour des tentes. Partout, en Hongrie, l'observateur sera frappé de deux choses : d'abord, à quel point les habitudes domestiques de ce peuple, ses costumes, sa cuisine, gardent l'empreinte de l'Orient ; et ensuite, la ressemblance de leurs demeures actuelles, au moins par la forme et la disposition, avec celles de leurs ancêtres, les Touraniens nomades. L'aspect général d'un village hongrois est celui d'un camp, et il suffit d'aller de Pesth à Presbourg pour s'en convaincre. La voie ferrée suit tout le temps le Danube ; par-dessus ses vastes flots, on remarquera çà et là, à mesure que le train vous emporte, comme des milliers de tentes groupées au pied ou sur les pentes des collines. Si c'est la première fois qu'on parcourt la Hongrie, on pourra croire que toute une armée est campée là ; jusqu'au moment où l'on découvrira, en entrant dans un village, que ce qui de loin semblait de blanches tentes n'est, après tout, que des maisonnettes. Les Hongrois offrent un curieux mélange de particularités faciles à faire remonter à leurs ancêtres ougro-finnois, et d'autres qu'ils gardent en commun avec leurs anciens vainqueurs, les Turcs.

Qu'y a-t-il, par exemple, de plus oriental que les *agàs*, ou puits hongrois? Regardez celui que nous venons de rencontrer sur notre route. Il est profondément creusé en terre et entouré d'un petit mur bas; pour monter l'eau, un long bras de levier fixé au sommet d'un mât d'égale longueur porte un seau au bout d'une corde. C'est la reproduction exacte des puits qu'on trouve dans les plaines de l'Hindoustan; c'est sans doute près d'un puits semblable que le serviteur d'Abraham rencontra Rébecca, et que Jacob vit et aima Rachel, dans les plaines de Mésopotamie.

Ces puits primitifs sont créés surtout à l'usage des bergers, pour désaltérer les troupeaux qu'ils font paître dans les vastes espaces laissés sans culture. Dételant ses chevaux, notre cocher Jöszef les conduit à celui que nous venons de rencontrer. Tout auprès s'élève la cabane du berger, faite de paille, en forme de niche. Le berger lui-même, grand Magyar drapé dans sa peau de mouton, sort de sa demeure, aide à tirer l'eau et présente à nos chevaux le seau, débordant du frais breuvage.

Et puis nous repartons, et ce sont de nouvelles fermes isolées, entourées de palissades de bois et d'abris pour le bétail. Près de ces enceintes, incliné de côté comme sous le poids de la lassitude, un grand crucifix de fer rouillé allonge fréquemment sur la route son ombre mélancolique.

Notre automédon, qui fume vigoureusement depuis le départ, se décide à quitter sa pipe, et la plaçant, pour plus de sûreté, dans le haut de sa botte droite, commence à sommeiller. András, assis près de lui, sommeille de même; les chevaux sommeillent; nous sommeillons; toute la nature en fait autant dans ce calme brûlant des dernières heures du jour. Les troupeaux las cessent de brouter; et le berger, non pas celui que nous avons quitté il y a une heure, mais un autre tout semblable, dort roulé dans sa bunda, son chien montant la garde près de lui.

Nous atteignons un village, où nous nous décidons à passer la nuit. Notre entrée fait sensation. Tous ceux des habitants qui ne sont pas déjà dans la rue s'y précipitent, suivis de leurs cochons, également curieux de voir ce qui se passe. Notre voiture, à peine arrêtée, est entourée d'une foule bruyante, qui accable András de questions. Notre vaniteux Magyar débite à mi-voix une série de mensonges; pour s'approprier un reflet de la fausse gloire qu'il nous prête. Un personnage s'avance à la hâte; tout le monde lui fait place, et nous n'avons pas de peine à reconnaître le curé. Sans nous interroger, comme ses paroissiens, il nous prie de considérer sa maison comme la nôtre tant qu'il nous plaira d'y rester. La foule appuie cette invitation; le Hongrois est très hospitalier. Mais notre guide a trouvé une auberge passable. Nous remercions donc le bon prêtre.

La fogado est un vaste bâtiment irrégulier, la cuisine au centre; des charretiers y boivent du slivowitz (eau-de-vie); une forte odeur d'ail parfume l'atmosphère. A droite, la chambre d'honneur, succinctement meublée, avec d'étroites fenêtres de prison.

Dans un coin, deux paysans se tiennent à l'écart. En nous voyant entrer, ils se lèvent et ôtent leurs chapeaux.

« Ce sont des nobles! » murmure l'hôtesse; des « seigneurs de la sandale », comme on les appelle pour s'en moquer, parce qu'ils n'ont pas de quoi acheter des bottes.

Ces aristocrates rustiques sont en réalité des paysans qui se sont, eux ou leurs pères, distingués sur le champ de bataille, ou au service du pays, et ont reçu des lettres patentes leur conférant certains privilèges légaux.

La fogado couvre un espace considérable. Dans ce pays, on ne songe pas à économiser le terrain; toutes les pièces sont de plain-pied, et encadrent une vaste cour bordée d'arbres verts et d'arbustes fleuris, dans des caisses. Au delà sont les étables, et plus loin encore un bouquet d'arbres, sous lequel bivouaque une bande de tziganes.

Un homme à cheval ramène une armée de moutons; une femme passe et repasse avec des seaux pleins de lait, la tête couverte d'un mouchoir bleu, le costume rouge, brun et orange.

Les auberges de campagne sont bien moins fréquentées qu'avant la création des chemins de fer. Dans ce temps-là, en hiver, les routes devenaient impraticables; les villageois étaient obligés de s'approvisionner d'avance, ou d'attendre que le printemps vînt les délivrer de cette captivité. Même à présent, il semble que leur vie doit être fort triste quand le froid étend sa main de glace sur la vaste plaine. Pourtant c'est, dit-on, une population gaie et heureuse. Durant les longs soirs, près des grands poêles, ils lisent les vers de leurs auteurs patriotiques, ils improvisent en s'accompagnant, ou composent pour la télinka, sorte de flûte primitive, ces tristes et plaintives mélodies qu'on entend partout dans la campagne magyare. La solitude a fait une âme contemplative et poétique à ces paysans de l'immense et silencieux Alföld. Dans leurs moments les plus joyeux, ils ont toujours une nuance de mélancolie.

Le mauvais état des routes est dû surtout à l'absence de pierres, et aux dépenses énormes qu'il faudrait faire pour apporter des matériaux sur une aussi vaste étendue.

Le bois est presque aussi rare. Dans certains districts, les maisons sont de simples huttes de boue, couvertes d'un chaume de maïs; les fermiers, faute de granges, enterrent leur blé dans le sol.

La nuit tombée, des feux de bivouac étincellent çà et là. Au mois d'août, on en voit de tous côtés. Les nuits étant glaciales, malgré la chaleur du jour, les moissonneurs allument des tas de gerbes qu'on ne ménage pas dans ce pays d'abondance. La distance étant trop grande pour rentrer chez eux, ils couchent en plein air tant que durent leurs travaux. Dans quelques endroits, on moissonne au clair de lune, ce qui produit un effet très pittoresque.

Après leur modeste repas de pain noir et de lard fumé, les ouvriers ont une heure de repos; ils s'étendent autour des feux; l'un d'entre eux improvise sur une mélodie populaire. Parfois on danse au clair de lune; à défaut de tzigane, un paysan prendra sa télinka, un autre sa cornemuse. Partout, l'habitant de l'Alföld se retrouve le même, nature à demi sauvage, pleine de bonté et de noblesse instinctive. En été, les Slovaques de la haute Hongrie descendent dans la plaine, et malgré l'immensité à moissonner, les bras ne manquent jamais.

Le son rythmé d'un orchestre nous décèle la présence de nos amis les tziganes. On danse dans une des dernières maisons du village. Les voici, en effet, au haut bout de la chambre, s'escrimant de leur archet. Pour laisser plus d'espace aux danseurs, ils ont escaladé le poêle, et au milieu des nuages de poussière et de tabac, on dirait un groupe de démons. Dans une pièce voisine, une table est chargée de nombreux plats décorés de fleurs : mariage ou baptême, la moitié du village est rassemblée. Quels cris, quels battements de semelles, quel bruit sonore d'éperons accompagnent les vertigineux tournoiements des danseurs ! Les longs rubans flottent, les petits pieds des jeunes filles, chaussés de bas violets, effleurent le sol sous leurs courtes jupes rouges.

Au dehors, les grenouilles protestent par un assourdissant concert, et un hibou, qu'a réveillé ce tapage, pousse son cri lamentable du haut de la tour de l'église, auprès de laquelle la croix abrite de son ombre les tombes verdoyantes. Mais nous rentrons, en serrant nos manteaux, car la nuit, en Hongrie, il y a toujours de la fièvre dans l'air.

VIII

L'AURORE DANS L'ALFÖLD

Il n'existe en ce monde rien d'aussi irritant, d'aussi désagréable qu'un lit hongrois. Non seulement il est trop court pour qu'on s'y puisse étendre, mais, malgré son apparence luxueuse, — car même dans ces « cabarets de Juifs », comme dit dédaigneusement András, le linge est des plus fins et les draps et les oreillers brodés à tous les coins, — les dimensions des couvertures sont tout juste de la largeur du lit, le drap de dessus est cousu au couvre-pied, et le tout glisse sur le plancher au moindre mouvement de l'imprudent dormeur.

Comment d'ailleurs fermer l'œil? La chambre d'honneur touche à l'étable : le moindre coup de pied des chevaux menace de renverser la cloison ; les bruits de chaînes, les cris des charretiers qui partagent le logis de leurs bêtes, complètent le désagrément de ce voisinage.

Ne pouvant dormir, je vois, bien avant l'aurore, les feux de la plaine s'éteindre successivement. Le jour va paraître. J'entends qu'on trait les vaches; le bras géant de l'agas s'agite mystérieusement, car le berger, que nous ne pouvons voir, commence à puiser de l'eau. Au soleil levant, tout le village entoure le puits; femmes et jeunes filles font leur provision pour la journée. Prince ou paysan, le Hongrois est chevaleresque, et l'âge et la faiblesse sont les premiers servis. Dans l'ardeur de cette occupation, le berger a rejeté son vêtement à longs poils qui lui donnait l'air d'un ours gigantesque. Voici le kisbiro, ou juge du village, qui s'en va paisiblement, avec une dignité patricienne. Là un groupe de paysans, leurs outils sur l'épaule, partent pour le travail d'un pas aussi fier que si l'Alföld leur appartenait en toute propriété.

Le terme de *paraszt* (paysan) signifie, à proprement parler, celui qui cultive le sol, qu'il en soit ou non propriétaire. Depuis 1848, le système féodal n'existe plus en Hongrie. Sur les grands domaines, les ouvriers reçoivent environ huit cents francs par an, le logement et la nourriture. Sur les petits, on les paye souvent en nature; ils se chargent de fournir la semence, de cultiver et de récolter, et on leur abandonne en échange la moitié du produit.

Notre voiture reprend sa navigation à travers les boues de la plaine, où elle subit un roulis rappelant celui de l'Océan. Plusieurs de ces marais sont remplis de sangsues, ce dont nous nous sommes aperçus jadis à notre premier bivouac. Les Serbes et les Bulgares en font grand commerce; les marchands viennent à époques fixes les recueillir dans l'Alföld et en Bessarabie, et les expédient ensuite dans toute l'Europe.

En passant devant une cabane de berger, un chien à museau de loup nous poursuit et nous attaquerait sans l'intervention de son maître. Ces chiens de l'Alföld sont sauvages et très dangereux.

Notre guide, auquel nous découvrons un vrai génie pour le ravitaillement, a garni les coffres de la voiture d'abondantes provisions. Nous ne sommes donc pas inquiets pour nous-mêmes, mais nos chevaux ont besoin de repos et de pitance. La vue d'un petit village nous engage à faire halte, mais il ne s'y trouve ni auberge ni álás; il semble inhabité. Voici bien les maisons blanches rangées le long de la route poudreuse, et sous les pignons les « porte-paroles » abandonnés. Mais nulle trace d'habitants !

Une porte s'ouvre, et nous voyons paraître une femme armée d'un fuseau. Après avoir parlementé, András nous rapporte l'heureuse nouvelle qu'il y a derrière la maison un hangar pour mettre les chevaux, ajoutant que si ses « nobles maîtres » daignent poser les pieds sur l'indigne poussière et honorer de leur présence l'humble demeure de la veuve d'un *berlo,* etc. etc., ce qui signifie en prose que, si nous voulons plonger jusqu'à la cheville dans la poussière soulevée et nous frayer un chemin à travers une bande de cochons, nous pourrons nous reposer sous le toit du fermier défunt. La femme nous souhaite la bienvenue en nous baisant la main. Toute maison hongroise est d'une propreté scrupuleuse ; les deux objets qui attirent d'abord l'attention sont le grand poêle fixé au milieu de la pièce, et le petit lit sur lequel s'empilent jusqu'au plafond d'innombrables édredons revêtus des enveloppes de toile les plus fines et les plus blanches. Ces édredons, dont la ménagère est très fière, indiquent, par leur nombre, la fortune du logis. Les fenêtres, d'un vert éclatant, sont garnies de pots de fleurs sous leurs rideaux de mousseline. Aux murs, des lithographies criardes retraçant les faits de l'histoire nationale, et, dans les maisons catholiques, un crucifix et une image de la Vierge. Ici, il y a en plus un portrait d'homme en grand costume magyar, par un artiste de province : sans doute le portrait du feu berlo lui-même.

Quand nous reprenons notre route, le soir descend déjà. Moulins à vent qui tournent sans cesse, marais salés où la poule d'eau nous salue de son cri monotone, collines de sable que le vent n'élève que pour les détruire... Au ciel se montre un point noir : c'est un aigle qui plane, les ailes immobiles ; il commence à descendre en traçant des cercles ; tous les oiseaux ont disparu : cailles, faucons, oies et canards sauvages. Ce roi de l'air, l'aigle impérial, passe souvent dans la plaine, mais sa demeure est dans les forêts des Carpathes, où il se nourrit de marmottes, de jeunes renards et de daims. La plupart des oiseaux, dans les forêts de la Hongrie, sont d'une grande beauté et d'une rare splendeur de plumage. Ceux-là, cependant, n'ont pas de voix ; mais dans certains districts, les bois sont pleins de rossignols qui chantent tout le long du jour et de la nuit.

IX

ALBE ROYALE

La soirée est brûlante ; il y a dans l'air un présage de tempête. Les feuilles des robinias pendent languissamment, et les nuages qui montent à l'ouest obscurcissent le soleil. De larges gouttes commencent à tomber, soulevant sur le sol altéré des globules de poussière... Voici l'averse ! Elle éteint la pipe de Jöszef, et il n'est que temps, car il fume sans interruption depuis la première heure du jour. Des torrents de pluie inondent les glaces de notre brizka, et remplissent les vastes bords du chapeau de brigand de notre cocher.

Une grande ville se montre au loin, fort importante, d'après le nombre et la variété des clochers et des tours qui dominent ses maisons basses. Jöszef, ôtant de sa bouche la pipe avec laquelle il continue à faire semblant de fumer, et l'allongeant dans cette direction, prononce lentement les mots : « Székes Féjévár », comme s'il nous présentait quelque métropole.

A mesure que nous nous en rapprochons, nous sommes moins favorablement impressionnés ; cette ville, si imposante de loin, paraît située au centre d'un immense marécage. Nous entrons au galop dans ses faubourgs, selon notre habitude ; le cocher ménageant toujours, pour produire cet effet, le peu de forces de ses maigres chevaux. En tournant un angle, nous accrochons une enseigne, ou nous écrasons presque un groupe de gamins en bottes et gatyas, occupés à faire des pâtés de boue ; enfin la voiture s'arrête si court, que nous sommes presque projetés dans les bras de notre hôtelier.

La ville qui jouit de ce nom sonore « Székes Féjévár », est la capitale du comitat ainsi nommé. Elle compte vingt-trois mille habitants ; elle a été fondée au xie siècle par saint Étienne, et est fort intéressante pour les archéologues, car elle occupe le site d'une cité romaine. Plusieurs fois détruite par les Turcs, auxquels elle se rendit en 1543, sous Soliman le Magnifique, elle n'a plus de débris antiques ; mais elle n'est pas dépourvue pour cela de curieux monuments, surtout la cathédrale et l'église Sainte-Marie, construite par l'infatigable monarque qui changea son nom païen de Waïk pour celui d'Étienne, et fut le premier roi chrétien de la dynastie d'Arpad[1].

Pendant des siècles, les souverains de la Hongrie vinrent se faire couronner à Székes Féjévár, et non moins de quatorze rois y sont enterrés, entre autres saint Étienne, saint Ladislas et Mathias Corvin. Le nom allemand de la ville est Stuhlweissenburg (blanche forteresse du trône). On la nommait en latin *Alba regalis*, d'où Albe royale. En 1777, après l'expulsion des musulmans, l'impératrice Marie-Thérèse y établit un siège épiscopal.

Le lendemain de notre arrivée est un dimanche ; les cloches sonnent depuis l'aurore, et malgré la pluie persistante, la foule emplit les rues, se rendant aux offices. La majorité de la population, en Hongrie, appartient à deux formes du protestantisme : le calvinisme, ou l'église luthérienne. Il y a aussi une forte proportion de catholiques. Le rite grec est professé chez les Slo-

---

[1] Saint Étienne, fils du voïvode Geyza et d'une mère chrétienne. Sa naissance fut, dit la légende, annoncée par un ange (973) ; il épousa Gisèle, fille du duc de Bavière, et, élu voïvode ou chef suprême, se fit le missionnaire de son peuple. Il envoya une ambassade au pape Sylvestre II, qui lui conféra le titre de roi, et se fit alors couronner en l'an 1000. Ses réformes politiques lui valurent le titre de fondateur de la monarchie ; les premières lois écrites de la Hongrie s'appellent décrets de saint Étienne. Un soulèvement s'étant produit contre ces coutumes nouvelles, Étienne vainquit les rebelles à la sanglante bataille de Veszprim, et fit bâtir à Bude une grande église en souvenir de cette victoire. Le Clovis et le patron de la Hongrie mourut en 1038.

vaques de Transylvanie; les Ruthènes, qui occupent les pentes orientales des Carpathes; les Slavons et les Serbo-Croates, le long des rives de la Save.

Les églises protestantes sont nues et pauvres; celle où nous entrons est blanchie à la chaux, et les chants discordants des fidèles déchirent les oreilles. Quel contraste avec la chapelle catholique, au sanctuaire vaguement éclairé, tout plein des fumées de l'encens ! Des hommes et des femmes prient avec une dévotion ardente, les mains jointes ou les bras en croix, devant les petits autels noircis par les âges. Prosterné dans une chapelle latérale, un homme contemple en extase l'effigie assez médiocre d'une sainte, entourée de naïfs ex-votos. « Mais c'est Jöszef ! » C'est en effet notre cocher, dont la laideur est transfigurée par une expression de piété et de ferveur, et dont la physionomie lourde reflète en ce moment un rayon d'amour divin. Que vient-il demander à la sainte; quel miracle a-t-il obtenu, cet honnête et simple cœur ?

Nous quittons la petite chapelle, le laissant à sa prière. La rue est pleine de gens qui reviennent chez eux, de femmes aux coiffes blanches et aux jupons courts, très courts; le père de famille marche en tête du groupe. Les hommes du peuple ont gardé, comme un précieux legs de leurs dominateurs musulmans, une forte tendance à regarder la femme comme un être inférieur.

Dans l'après-midi, la pluie cessant, la population sort pour se promener. Le Magyar-Miska (campagnard) et sa compagne, dans ses plus beaux atours, marchent cette fois côte à côte, aimable concession du seigneur et maître, sans doute « parce que c'est fête ». Les belles filles magyares, les *kisléany,* sont là avec leurs grandes bottes, non seulement brodées, mais ornées de cuir de diverses couleurs, leurs cheveux nattés en une seule tresse qui pend sur le dos, allongée encore par des rubans de nuances vives. La réputation de beauté des Hongroises n'a rien d'exagéré. Leurs traits ne sont pas très réguliers, mais le type est d'une distinction extrême, et elles ont une grâce et une noblesse de démarche qui, chez la moindre d'entre elles, feraient honneur à une grande dame. Il n'est pas jusqu'aux visages des hommes,

Pesth. (1717)

noircis par les été brûlants, et portant la marque des morsures glaciales de l'hiver, qui ne plaisent singulièrement à la longue; l'on finit par aimer ces rudes physionomies et à discerner sous leurs manières un peu brusques et leur aspect un peu farouche une vraie bonté de cœur.

Du reste, que personne ne dédaigne le simple costume du paysan de ces contrées; car, malgré son manteau de peau de mouton, ses vastes pantalons de toile (gatya), et sa chemise qui descend à peine à la taille, cet homme est quelquefois le propriétaire d'une vaste portion du sol de l'Alföld. Le costume de Bagi Jöszef (en Hongrie le nom de famille précède toujours le nom de baptême) n'est pas plus luxueux, quoiqu'il soit à la tête d'un revenu d'un demi-million de florins. Les *gatya* sont si amples qu'on y emploie parfois dix ou quinze mètres de toile; et c'est ainsi vêtu, avec la courte chemise à manches volumineuses, que Bagi Jöszef (le nabab de l'Alföld, comme on l'a surnommé) parcourt son immense domaine. Hiver comme été, les deux sexes ne quittent guère la petite veste de peau de mouton ou *ködömny*, brodée du côté du cuir en laine et en soie de couleur; pour les hommes, les manches de ce vêtement sont un pur ornement, car ils portent d'habitude la veste jetée sur l'épaule.

Les costumes varient légèrement dans chaque village, et cette marque distinctive sert à en faire reconnaître les habitants. C'est souvent le nombre ou la place des boutons du ködmöny. Si légère que soit cette différence, le paysan magyar en est fier, et une fille mariée dans un autre village portera toute sa vie le costume de son lieu de naissance.

Le soleil qui empourpre les dômes et les clochers de la petite ville épiscopale nous décide à faire le tour de la place, où de coquettes jeunes filles se promènent avec leurs chaperons, de graves matrones, la tête entourée du fichu blanc que portent toutes les femmes mariées. Les jeunes *betyärs* paradent aussi dans toute la gloire de leurs *czimák* (bottes) neuves, au pied de la statue de Vorosmárty, le Schiller hongrois. Ce nom de betyär, qui désigne souvent un brigand, s'applique par ironie dans le peuple aux jeunes gens qui affectent l'élégance et des airs conquérants. Le betyär met sur l'oreille son chapeau orné d'un bouquet de fleurs fraîches ou d'un panache de longues herbes fleuries. András est un vrai betyär, et sa personne fait une vive impression sur le public d'Albe royale.

L'attelage loué à Fured est si mauvais, que nous voulons nous en procurer un autre. Le *vorspann*, ou système de relais, est aboli depuis l'inauguration du chemin de fer. Autrefois, pour voyager en Hongrie, il fallait être porteur d'un ordre d'un magistrat à tous les juges de village, leur enjoignant de fournir des chevaux; chaque relais était de vingt-cinq à trente kilomètres. On allait ainsi de Vienne à Pesth en y mettant plus d'une semaine. Obtenir un ordre semblable était regardé comme une grande faveur, accordée seulement aux militaires ou à ceux qui voyageaient pour le service de l'État. La voiture était la grande carriole remplie de foin, encore en usage. En arrivant à la station, le voyageur n'avait qu'à envoyer son vorspann au juge de l'endroit, qui faisait avertir le paysan dont c'était le tour de fournir des chevaux.

Quoique cet état de choses n'existe plus, nous nous procurons sans difficulté ce que nous désirons, car les chevaux ne sont pas, en Hongrie, un luxe coûteux; il suffit de les prendre dans la puszta et de les atteler à l'équipage du voyageur. Les nôtres sont empruntés à l'écurie de l'hôtel, et c'est vraiment un charmant petit attelage qui nous attend cette fois, le matin du départ. Nous allons donc continuer notre route avec un peu plus de rapidité et de plaisir. Mais une altercation s'élève entre notre nouveau cocher et celui d'une leiterwagen, ou carriole, vide. Nous avons entendu de nos fenêtres les injures échangées, qu'András se charge de nous traduire. Le conducteur de la leiterwagen a déclaré au nôtre que ses chevaux étaient des rosses, et qu'avec cette lourde voiture, il ne serait jamais à Pesth le soir. C'est un défi! En prenant nos places, nous remarquons la physionomie sombre de l'homme, justement fier de son attelage. Les deux cochers se lancent des injures nouvelles; puis le nôtre fait claquer son fouet et part au grand galop sur le pavé inégal, rasant les boutiques, jusqu'à ce que nous soyons en pleine campagne, au milieu d'océans sans bornes de froment et de seigle.

Bientôt nous entendons galoper derrière nous. Sándor (Alexandre), notre nouveau cocher, se dresse sur son siège et regarde par-dessus la capote. Il se rassied sans rien dire, en serrant les rênes. C'est un Magyar, et nous connaissons ces natures violentes et passionnées, une fois qu'elles sont hors des gonds. La carriole gagne du terrain, mais Sándor lâche la bride à ses vigoureux petits chevaux, avec une caresse du fouet qu'ils savent comprendre, car ils partent d'un galop fou, tantôt enfonçant dans le sable, tantôt labourant le sol marécageux, mais plus vite, encore plus vite! Sándor, toujours droit sur son siège, retourne parfois la tête pour lancer d'offensantes épithètes à son antagoniste, maintenant sur nos talons, ou exciter ses chevaux par des cris sauvages qui sifflent entre ses dents serrées. La carriole nous rattrape et nous courons côte à côte. Nous arrivons à un marais, et elle prend de l'avance; la voici à cinquante mètres devant nous, car elle est vide, et sa longue caisse flexible et légère se plie aux difficultés du chemin. Le poids de notre voiture commence au contraire à épuiser nos vaillantes petites bêtes. Les lèvres de Sándor se contractent; sa figure devient plus farouche; il mourra plutôt que de se rendre. Secondés par notre guide, nous crions, nous supplions. Sándor ne nous écoute pas plus que si nous étions des enfants. Avec l'air féroce d'un sauvage prêt au combat, il se met debout sur son siège, et pousse ses chevaux du geste, de la voix et du fouet. Nous rattrapons la carriole; la lutte devient de plus en plus chaude! Voici une profonde ornière; cette fois, nous allons verser! Mais non : une violente secousse, un violent effort de nos coursiers pour se dégager, et nous roulons... seuls, car notre concurrent reste en arrière, honteusement vaincu. Alors, arrêtant ses nobles bêtes fumantes, Sándor se dresse de nouveau et agite son grand chapeau avec un rire ironique.

« Ah! mes chevaux sont des rosses! Ah! je ne serai pas à Pesth ce soir! Tu ne recommenceras pas de sitôt à injurier les chevaux des autres. »

Il tire lentement sa blague de cuir, remplie de tabac grossièrement haché, récolté dans son jardin, et savoure une pipe bien gagnée.

Nous sommes avertis que nous approchons de la capitale de la Hongrie en apercevant le Danube. Le long de ses rives plates et sablonneuses, sont arrêtés de nombreux trains de bois et des moulins flottants. C'est d'abord le village de Promontorium, avec ses curieuses habitations souterraines, creusées dans le roc calcaire, puis nous traversons les faubourgs de Bude. Cahots, éclaboussures, craquements de tout l'équipage ; la route est défoncée comme un champ labouré. Aux fenêtres des maisonnettes à un seul étage, brillent déjà des lumières. Nous descendons une colline au galop, et, passant sous le grand tunnel de Schlossberg, nous débouchons tout près du pont suspendu, où les grands lions couchés semblent, farouches, contempler la nuit.

X

PESTH

Cette belle ville, propre, gaie, avec ses superbes hôtels, est l'image du peuple magyar. Rien de faux, pas de prétentions mesquines, pas de stuc. Les hôtels ont l'air de palais et sont bâtis en bonnes pierres, à défier l'épreuve du temps. La magnifique situation de la ville sur les bords du Danube, ayant en face d'elle Bude sur son roc, et le majestueux Blocksberg s'élevant à pic au-dessus des eaux, est une des plus belles choses qu'il y ait au monde. Mais il faut que la soirée soit belle, la température douce. Qu'il fait froid à Pesth ! Le sang se glace rien que d'y songer.

Depuis quelques années, cette capitale, qui menace de rivaliser avec Vienne, s'est transformée d'une manière merveilleuse. L'absence de pierres dans l'Alföld a créé des embarras fort sérieux. Mais les Magyars, très patriotes, donnent généreusement pour tout ce qui contribue à la gloire ou au bien du pays, et dans leur zèle, il leur arrive même d'outrepasser leurs moyens. Le musée national, superbe édifice, a été bâti au moyen d'une souscription. Le pont suspendu est une des curiosités de Pesth et le triomphe de deux ingénieurs anglais, MM. Tierney et Clarke. Ce magnifique ouvrage a coûté plus de onze millions. Son ouverture centrale est beaucoup plus large que celle du célèbre pont de Ménaï[1].

---

[1] Le pont tubulaire de Ménaï, jeté sur le détroit de Ménaï, entre l'île d'Anglesey et la côte du pays de Galles, est d'une telle hauteur que les plus grands navires passent au-dessous, voiles déployées.

La solidité en fut éprouvée d'une assez singulière façon, car on l'inaugura, en 1849, en faisant franchir le Danube à l'armée de Kossuth, poursuivie de près par les Autrichiens. Pendant les deux premiers jours, il y défila deux cent soixante canons et soixante mille hommes, dans tout le désordre d'une retraite précipitée.

A un précédent voyage, nous nous sommes trouvés à Pesth au moment de la débâcle des glaces. Rien de plus fantastique que ces grands blocs emportés par le courant rapide, heurtés les uns contre les autres, et allant battre les massives piles du pont avec un bruit semblable à une décharge de mousqueterie. Cette débâcle est un sujet d'anxiété pour les riverains du fleuve, surtout pour les villes de Bude et de Pesth, après le souvenir de la catastrophe de 1838. Si un dégel trop subit a lieu dans le cours supérieur du Danube, les eaux comprimées, brusquement mises en liberté, se précipitent, faisant éclater la glace sur leur passage et lançant en l'air des blocs énormes, qui vont retomber sur la rive et écrasent plus d'un petit bateau amarré le long du bord.

L'appréhension excitée par l'attente du dégel est si vive, qu'on emploie le canon d'alarme pour avertir si un semblable danger menace, et l'on brise la glace elle-même à coups de canon, afin de laisser un libre passage aux eaux emprisonnées. Depuis le commencement de ce siècle, il n'y a pas eu moins de quatorze inondations, dont la plus désastreuse a été celle de 1838. En 1877, les habitants des deux rives furent jetés dans une vive consternation : la neige, ayant fondu de très bonne heure dans les montagnes du Tyrol, avait fait monter les eaux du Danube à une hauteur alarmante, et la glace les arrêtant un peu au-dessous de Pesth, les blocs roulés par le fleuve s'entassaient les uns au-dessus des autres et formaient une véritable barrière.

« C'était comme une grande montagne de glace, » nous dit un Magyar que nous rencontrons sur le pont, occupé comme nous à regarder les flots puissants du terrible fleuve, et avec lequel nous engageons la conversation en allemand.

« *Ach! lieber Himmel!* Nous avons passé trois nuits sans nous coucher; Bude était sous l'eau, et les maisons au moment d'être

Pesth. — Place François-Joseph, et vue du Blocksberg (mont Saint-Gérard).

emportées par les eaux qui montaient toujours, menaçant d'envahir Pesth. »

Mais il ne faut pas nous attarder sur le pont, ou la nuit sera tombée avant que nous ayons achevé notre promenade. Devant nous se dresse la silhouette hardie des montagnes de porphyre, déjà voilées d'ombre ; en face, l'orgueilleuse citadelle de Bude, qui a bravement soutenu, en trois siècles, vingt sièges de musulmans ou de chrétiens. Au sommet de son roc, avec ses jardins en terrasse et ses magnifiques escaliers descendant jusqu'au fleuve, s'élève le palais royal, et près de lui les ruines d'une église dédiée jadis à la croix, mais qui a porté à plusieurs reprises sur son fronton sacré le croissant des infidèles.

Au bout du pont, nous montons en droszky et nous nous faisons conduire au Blocksberg. Quel superbe et étrange panorama on voit se déployer de son sommet! Pesth est splendide avec ses magnifiques palais, ses coupoles et ses clochers dorés! Plus bas, l'autre cité jumelle, Bude, dont le nom dérive de celui de *Bleda*, qui lui fut donné jadis par Attila en mémoire d'un de ses frères ; ville si vieille, si étrange d'aspect, qu'oubliant les longs siècles écoulés, on serait tout prêt à y voir les Huns avec leur grand chef, dont la cour et le camp occupaient, dit-on, cet emplacement même. Un peu au-dessus, à l'endroit de l'ancien fort, se dresse la citadelle, hérissée de canons, d'où un pacha turc gouverna jadis la moitié de la Hongrie.

La population réunie de Pesth et de Bude, la ville moderne et la vieille cité, monte à plus de deux cent mille âmes.

Des hauteurs où nous sommes, nous dominons tout à fait cette citadelle, témoin de tant de luttes sanglantes. Quels tragiques récits feraient ces pierres si elles pouvaient parler! Quel frappant contraste entre ces deux villes, séparées par le Danube, qui roule ses flots, aujourd'hui calmes et souriants, avec une séculaire indifférence pour les maux qu'il a faits ou dont il a été le témoin, enveloppant de ses replis de frais îlots, et parsemé de steamers qui d'en haut ont l'air de jouets d'enfants. Au second plan, les collines de Bude, toutes revêtues de vignes, qui donnent diverses sortes de vins : l'ofner, l'adelsberger, et un autre cru appelé « sang de

Turc », que la rancune toujours vivante des Hongrois a gratifié sans doute de ce nom barbare. Au delà, les plaines de sable, le grand Alföld baigné d'une chaude vapeur aux teintes harmonieuses, et, tout à fait sur l'arrière-plan, les montagnes du Mátra[1], flottant dans la brume, dessinent leurs sommets sur l'azur.

Si on a beaucoup entendu parler des costumes hongrois, on est forcément désappointé en arrivant à Pesth; car le chemin de fer, qui a dépouillé la Suisse et le Tyrol d'une grande partie de leurs charmes, commence à faire ici lentement son œuvre, et la civilisation de l'Occident amène peu à peu à disparaître, non seulement les costumes, mais les coutumes primitives de cette partie de l'Europe orientale. C'est une source de vifs regrets pour les Hongrois de la vieille école, qui regardent ces changements comme un mauvais présage, dû à l'influence allemande. Il arrive encore de rencontrer dans les rues un homme coiffé d'un immense chapeau de castor, et l'on voit bon nombre de peaux de mouton et de manteaux doublés de fourrures; mais pour retrouver ces costumes, qui faisaient l'admiration du voyageur, il faut pénétrer plus avant dans le pays. Le vrai Magyar est pourtant conservateur dans l'âme; il ne repousse pas le progrès, mais il faut que ce progrès parle hongrois, pense à la hongroise, et soit surtout rebelle à toute action allemande.

Il en coûte fort cher de séjourner à Pesth. Un florin n'y va pas plus loin qu'un franc à Paris, et vaut le double. L'argent austro-hongrois, la monnaie de papier, est d'ailleurs chose exaspérante. En revanche, les fiacres, appelés ici *confortables,* tandis qu'en Transylvanie ils portent le nom allemand de *Gelegenheiten* (occasions), sont excellents et peu coûteux. Nous en prenons un pour nous conduire au *Stadwäldchen* (Bois de la ville). Selon l'habitude, les chevaux partent au galop, tournant court, enfilant les rues encombrées, jusqu'à la large voie qui mène en pleine cam-

[1] On prétend que les trois pointes qui figurent sur l'écusson hongrois représentent les trois groupes de montagnes dont s'enorgueillit le pays magyar : le Mátra, le Tátra et le Fátra, tous trois appartenant à la chaîne des Carpathes.

pagne, et au bout de laquelle nous apercevons les grands arbres du parc populaire.

Des flots vivants se pressent sur les quais, chargent les bateaux, qui à toute minute heurtent les pontons. C'est un vrai jour de fête ; le soleil est brûlant, mais une faible brise fait flotter le pavillon hongrois, rouge, blanc, vert, non seulement aux mâts des petits steamers, mais à tous les endroits où l'on a pu l'accrocher. Les grands omnibus découverts passent par vingtaines ; sous leurs tentes de toile, s'abritent de joyeux et paisibles visages. La *Radial-*

La source de l'île Marguerite.

strasse que nous suivons est bordée de belles maisons et de jolies villas à l'italienne. A l'entrée du parc, on est assailli par les marchands de bonbons, dans de petites échoppes drapées de mousseline blanche, car tout est ici d'une propreté exquise.

Ce parc, cher à la population de Pesth, était un vaste marécage. On l'a drainé en y établissant un lac artificiel, et cette nappe d'eau, avec ses cygnes et ses barques de toutes couleurs, fait la joie des promeneurs, qu'on y voit ramer ou pêcher avec une gravité étonnante. Pour le bourgeois de Pesth, un tour sur les chevaux de bois et une promenade dans les allées est une nécessité de chaque dimanche. S'il en était privé, sa chope de bière elle-même perdrait de son charme, et il faudrait au moins une émeute ou une inondation du Danube pour l'empêcher de s'y rendre.

De loin, nous sommes salués par le bruit discordant des musiques de foire, le roulement des tambours, le tapage des voix. Il y a là des théâtres en plein air, des danseurs de corde, des divertissements de toutes sortes, sans oublier les fameux chevaux de bois, tous variés et pittoresques : ménagerie complète ici ; plus loin, les douze signes du zodiaque représentés par des monstres grotesques ; ou bien encore de grands cygnes de bois doré traînant des chars. Les Magyars sont si accoutumés à ce genre d'exercice, qu'ils tournent avec une vitesse stupéfiante, sans que l'ombre d'un sourire vienne égayer leur gravité.

Disant adieu à ces scènes bruyantes, nous nous faisons conduire au bord du Danube, où nous prenons le bateau pour l'île Marguerite. Là, notre entourage appartient aux sphères les plus élevées, et la seule distraction est une musique militaire. Cette belle île, couverte de gazons, de fleurs et de grands arbres, est la propriété de l'archiduc Joseph, qui, dit-on, dépensa plusieurs millions à l'embellir. Jadis, dit la légende, une fille de roi s'y retirait pour prier ; elle était jeune et belle, on la nommait Margárita, la Perle, et de son nom l'île a pris cette appellation gracieuse : la Perle du Danube.

Assis sous les tilleuls, dans le feuillage desquels luisent des centaines de lampes, nous nous croyons transportés au pays des fées. Notre prosaïque *lämmerbraten* (rôti d'agneau) et notre « sang de Turc » se transforment en ambroisie et en nectar. Il est vrai que nous retombons sur terre quand on nous présente la carte à payer ; mais comment se fâcher après une telle journée? A notre droite, cependant, un groupe de corpulentes Allemandes, des voyageuses, car sans cela elles parleraient hongrois, peut-être des Viennoises, — la mode à Vienne étant de critiquer tout ce qui est magyar, — passent leur temps à dénigrer le pays, les habitants et le repas. Nous entendons leur voix rauque et gutturale répéter : « Jämmerliches Brod (misérable pain), schlechtes Fleisch (mauvaise viande), » tout en consommant cette *misérable* nourriture en quantités qui nous laissent stupéfaits et rêveurs.

A gauche, un trio d'aimables Hongroises gazouillent dans leur langue expressive. On a dit qu'en ce pays la beauté des femmes rappelait celle des Circassiennes. Parfois l'étranger remarque parmi elles un type hébraïque, grec ou espagnol. La nature a été moins prodigue à l'égard des hommes, grands, mâles, de taille souvent majestueuse, mais chez qui la beauté du visage n'est pas, comme pour les femmes, une règle à peu près générale. De temps à autre, on retrouve chez un individu isolé la trace de l'origine tartare, sans que les anthropologistes puissent expliquer complètement la transformation complète de la race, non seulement pour les traits et la taille, mais surtout la forme du crâne. Les Lapons et les Finnois, qui appartiennent à la même souche, n'ont plus avec les Magyars aucun point d'analogie.

Un célèbre orchestre tzigane doit se faire entendre ce soir au restaurant de Jägerhorn, et c'est par là que nous voulons terminer notre journée. En plein air, dans la cour de l'hôtel, des tables sont disposées pour l'auditoire. La dernière note de la Marche de Rakotzky vient de s'éteindre. Un court intervalle, et nous retenons notre respiration pour mieux écouter un admirable récitatif en mineur, plainte passionnée du violon, vraie musique de tziganes. Les couteaux et les fourchettes restent suspendus, (suivant la coutume, aussi générale ici qu'en Allemagne, le public soupe pendant le concert), les bras retombent, tout semble effacé par le souvenir que ces vibrations réveillent dans l'âme de chacun, douleur ancienne ou récente, qui remplit les yeux de larmes involontaires. Un solo suit le prélude. Rien de curieux comme d'examiner le chef d'orchestre, qui est en même temps « premier violon », et guide les autres musiciens de son archet. Tous ses nerfs vibrent avec son instrument ; son âme passe dans les cordes ; il appuie contre elles sa joue, comme s'il écoutait un écho mystérieux, et le violon semble vivre et lui répondre. Les dernières notes mourantes causent à l'auditeur une tension presque douloureuse, et c'est un soulagement lorsque l'orchestre reprend un bruyant ensemble. Dans le restaurant, la vie suspendue renaît, les bouchons sautent, les fourchettes et les couteaux se heurtent. A l'orchestre résonne le sonore czimbalom, sorte de large lyre posée sur une table d'harmonie, dont l'exécutant frappe les cordes avec de petits marteaux garnis de ouate, ce qui donne autant de son qu'un grand piano et produit des effets extraordinaires. La basse tonne, la mesure change brusquement, et, malgré le tapage et la furie de ce rythme insensé, les musiciens font leurs rentrées avec une admirable précision. Enfin ils déposent leurs instruments et se promènent dans la cour, où ils recueillent des félicitations. Mais bientôt ils recommencent, ils recommencent toujours!

Notre séjour à Pesth est terminé pour cette fois. Le lendemain, nous le quittons à regret, pour nous engager de nouveau dans les chemins de traverse de l'Alföld.

XI

LES CAVERNES DE GLACE

Partant du sud-est de la Hongrie, qu'elles séparent de la Roumanie, et s'étendant sans interruption jusqu'aux provinces de Galicie et de Bukovine, s'élèvent les majestueuses Carpathes, qui entourent comme une ceinture de pierre les deux tiers de la plaine hongroise.

Au pied du groupe le plus élevé de la chaîne s'étend le comitat de Gömör, pays d'une beauté et d'une variété d'aspect merveilleuses, où sur les montagnes croissent le sapin et le lichen arctique, tandis qu'à leur base prospèrent la vigne, le tabac et le maïs. C'est dans ce pays, à quelques kilomètres de la cité minière de Dobsan, en hongrois Dobsina, que se trouvent les cavernes dont il s'agit.

Depuis longtemps, on en soupçonnait l'existence, car on avait remarqué une fissure constamment remplie de glaces, à une hauteur où la neige ne séjourne que quelques mois. Un jeune Magyar, du nom de Ruffiny, eut le courage d'y descendre le premier, il y a quelques années, suspendu à une corde. Il se fraya un chemin au milieu des blocs de glace qui bordent l'entrée, et tantôt glissant sur des pentes rapides, tantôt plongeant dans les précipices, il atteignit enfin une vaste salle, dont sa lampe de mineur lui révéla les merveilles. Une plaque, fixée au roc, commémore le nom de ce jeune audacieux et la date de la découverte.

C'est par une journée brûlante que, laissant nos voitures au pied de la Dusca, montagne qui renferme ces cavernes, nous en commençons l'ascension, en traversant d'abord un bois de pins. A mi-hauteur, on a une vue magnifique sur la vallée, et sur le roc du Spitzenstein qui s'y dresse comme un cône, les maisons forestières, groupées autour, ont l'air de jouets d'enfants. Nous arrivons au plateau, et un courant d'air glacé, sortant de la fissure, nous avertit que nous sommes au but. On descend par un rude escalier de bois, le long d'énormes rocs, et l'on appelle le guide, dont la voix arrive du fond de ces abîmes avec un écho assourdi, tandis que ses pas retentissent, par un singulier effet d'acoustique, comme autant de coups de canon.

En dépit de l'extrême chaleur, le sol est tapissé, dans un rayon de trente pieds, d'une épaisse couche de gelée blanche, et chaque pointe de roc frangée de glaçons. Le guide paraît enfin. Nous descendons à sa suite l'étroit escalier, couvert, ainsi que la balustrade à laquelle nous nous cramponnons, d'un revêtement de cristal. Nous arrivons ainsi au Petit salon, parqueté de glace et semé de blocs de différentes formes : au centre, deux énormes piliers carrés s'appellent « les Tombeaux ». Dans un angle, une cascade semble jaillir d'une fissure de la voûte calcaire et roule ses vagues jusque sur le sol ; le silence et l'immobilité avertissent seuls que c'est un bloc de glace. Illuminée, elle produit un effet superbe.

Un étroit passage, incomplètement exploré, mais qu'on suppose aboutir à d'autres cavernes, conduit au Grand salon, lequel est séparé du premier par un mur de roc. La glace s'écrase sous les pieds, le sol est glissant comme du verre. Le Grand salon confond par sa beauté et son étendue. La hauteur n'est pas proportionnée, puisqu'elle ne mesure que douze à treize mètres, sur cent douze de long et cinquante-quatre de large. Les murs de cette vaste salle sont constellés de milliers de glaçons d'un pouce de diamètre, ressemblant à des bouquets d'anémones ou d'autres fleurs, dont les reflets changeants scintillent sous les feux des lampes de magnésium. En examinant ces glaçons, nous voyons qu'ils sont hexaèdres et fixés au roc par une de leurs pointes : on les dit formés par les vapeurs humides qui flottent dans l'air glacé et se congèlent au contact plus froid encore de la pierre. La voûte de la salle est soutenue par trois énormes piliers de glace, qui s'élèvent du sol comme des stalagmites et s'y reflètent ainsi qu'en un miroir.

Partout règne un silence de mort; nous n'entendons que nos propres voix et le clapotement des gouttes d'eau qui filtrent à travers le rocher. Les pas d'un autre guide, descendu pour allumer les lampes dans une caverne inférieure, font au-dessous de nous un grondement de tremblement de terre. Nos paroles, renvoyées d'écho en écho, jusqu'en des recoins mystérieux, en ressortent avec des intonations étranges et railleuses, et il nous semble être entrés dans un monde surnaturel.

Les trois colonnes géantes sont creuses; nous y pénétrons, et nous nous trouvons entourés d'un rideau translucide. Appuyé à la plus large, se voit un cône de cristal, en forme de tente d'Arabe, dont il porte le nom. On suppose qu'il provient d'une quatrième colonne, renversée par une convulsion du glacier.

Les glaçons de ces cavernes sont de deux sortes: pour les uns, la congélation a été instantanée, et ils contiennent d'imperceptibles bulles d'air qui les rendent opaques comme de l'albâtre. Lorsque la congélation s'est faite lentement, la transparence est parfaite. La température varie dans ces cavernes, suivant la saison, mais on n'y sent aucun courant atmosphérique. La boussole y subit un effet singulier: l'aiguille, placée horizontalement, est tout à fait affolée; dans toute autre position, elle se tourne vers le sol.

Un escalier de cent cinquante marches, en partie de bois, en partie taillé dans la glace, et deux petits ponts jetés sur des précipices, conduisent à ce qu'on appelle le Corridor, l'endroit le plus fantastique, où d'énormes rocs gisent comme des Titans foudroyés, sur lesquels se penchent des fantômes blancs, immobiles et rigides dans leurs draperies transparentes.

Ce corridor, de deux cents mètres de long, est fermé d'un côté par une muraille calcaire, et de l'autre par un massif de blocs de glace.

Le guide rampe sur les mains et sur les genoux pour illuminer, et nous révèle à mesure les choses les plus merveilleuses:

draperies et franges élégantes, cascades, grottes et palais de fées. Aux gros blocs, se suspendent des glaçons d'une variété incomparable : palmes, fougères, fleurs, fils de perles. La glace de ces cavernes croît lentement d'année en année, quoiqu'il s'y produise un léger dégel ; le meilleur moment pour les visiter est avant cette époque, en mai ; car ensuite le sol est détrempé, et un certain nombre des beaux cristaux que j'ai décrits se détachent de la muraille. On suppose que ces grottes traversent la montagne de part en part, et que leurs eaux s'écoulent par un ruisseau qui sort de terre à sa base, et dont les eaux sont extrêmement froides. Dans les fentes des rocs, on a découvert des ossements d'ours brun. Sauf quelques papillons à demi gelés à l'entrée, ce sont les seules traces de vie qu'on y ait jamais découvertes.

Dobsina est blottie au milieu des montagnes. C'est une petite ville proprette, aux curieuses maisons inclinées, avec des fenêtres si petites et si haut perchées, que chaque habitation semble une forteresse en miniature. La rue principale est bordée, à gauche, d'un ruisseau, où des femmes battent, avec une vigueur hongroise, du linge fort usé.

A l'hôtel, le meilleur, sinon le seul, on nous introduit dans notre appartement par un étroit balcon de bois. La chambre n'est pas luxueuse, mais elle est propre : le dîner est également bien préparé, quoique le menu ne se compose que de bœuf et de pommes de terre.

Le directeur d'une des mines de cobalt du voisinage, pour lequel nous avons une lettre d'introduction, vient nous prendre le lendemain, en leiterwagen, pour nous conduire aux mines de Femberg et de Maria-Stoller. L'ascension est pénible, les torrents débordés ayant ravagé la route. Toutes ces montagnes sont creusées comme de vraies ruches. On voit partout de petites ouvertures, qui font des points noirs sur les pentes escarpées, et qui sont entourées de tas de terre, semblables à de gigantesques fourmilières. Après une ascension d'une heure, nous pénétrons dans la mine, et nous suivons la galerie principale sur une longueur de cinq cents mètres environ. La pierre d'où l'on extrait le cobalt est d'un pâle gris-

Les cavernes de glace de Dobsina.

rougeâtre, presque terne, et se rencontre seulement en compagnie du kalkspath, substance blanchâtre semblable à l'albâtre, sorte de carbonate de chaux cristallisé, très compact et très fin, qui perce le roc comme une veine blanche. Les mineurs suivent soigneusement ce filon, qui contient l'objet de leurs recherches, l'argent et le nickel s'y trouvant souvent joints au cobalt. Le son creux des coups de pioche nous parvenait des galeries inférieures, où les ouvriers extrayaient le minerai, à la faible lueur de leurs lampes.

L'exploitation de cette mine avait été autrefois commencée par les Romains, qui l'abandonnèrent, peut-être devant l'invasion d'Attila, à une centaine de mètres de l'entrée. Il est aisé de distinguer le point précis où ils s'arrêtèrent, leur mode de travail étant tout différent de celui qu'on emploie aujourd'hui. En retrouvant, encore fraîches, les traces du ciseau romain qui enlevait le roc morceau par morceau, nous admirions l'énergie et la persévérance de ce grand peuple.

Le minerai de cobalt, qui fournit le bleu délicieux si cher aux artistes, est envoyé en Angleterre ou en Saxe, car c'est dans ces deux pays seulement qu'on a les procédés pour séparer le métal précieux des autres substances avec lesquelles il est combiné. Il semble impossible que nous arrivions sans accident au bas de la montagne, tant la descente, au retour, est rapide. Tremblants d'être précipités sur la route, nous nous retenons de toute notre force aux barres latérales de la carriole, lorsqu'un cahot plus violent que les autres rompt la courroie qui attachait la planche servant de siège. Nous tombons à la renverse sur le lit de paille dont notre voiture est heureusement garnie, et comme l'humilité est chose salutaire, nous y restons jusqu'au bout du trajet.

XII

UNE TEMPÊTE DANS LA MONTAGNE

Au pied du Tátra, et dans ce même comitat de Gömör, tout au fond du délicieux vallon de Stracena, roule un ruisseau du même nom ; Stracena signifiant, en langue slave, « disparu » ou « hors de vue ».

A notre départ de Dobsina, nous faisons l'ascension du Langenberg, et nous voyons bientôt à nos pieds la petite ville entourée d'un splendide amphithéâtre de montagnes, sommets s'élevant au-dessus des sommets, jusqu'à ce que les derniers s'effacent dans le lointain brumeux. A gauche, une route conduit dans une gorge sauvage, où l'on descend par de superbes forêts de pins ; un ruisseau, clair comme le cristal, suit la route, accompagnant les clochettes de nos chevaux de sa mélodie douce et mélancolique. La beauté et la grandeur alternent ici avec des contrastes saisissants.

Tantôt d'énormes fragments de rocs ont roulé des hauteurs jusqu'au milieu du sentier, et des pics abrupts se montrent à nous sous un aspect farouche. Mais partout les arbres revêtus de lichens, le gazon couvert de myosotis, adoucissent de leur verdure ces lignes austères. L'air est frais, car c'est le matin, et la rosée baigne encore les herbes et tombe des branches de pins, suspendant à chacune de leurs aiguilles une perle de cristal. Soudain le chant du ruisseau se tait, ses eaux coulent moins abondantes, il s'attarde comme à regret. Ne le quittons plus des yeux, car bientôt il va disparaître, comme l'indique poétiquement son nom allemand *Florenseufzen,* — soupir du sol, — avec un soupir.

C'est là encore un des phénomènes si fréquents dans ce pays. Le lit du torrent, de nature calcaire, contient une fissure par laquelle l'eau s'écoule, pour reparaître un peu plus bas à travers une autre fissure, et aller se jeter dans le Göllnitz.

Cette vallée que nous avons traversée est celle du Gráben, et nous n'entrons dans le vallon de Stracena qu'à partir du village de ce nom, simple groupe de huttes en bois habitées surtout par des bûcherons et des ouvriers attachés aux forges du duc Auguste de Cobourg. A droite, s'élève le Macsáshegy, ou Pic du Chat; à gauche, le Hanneshöh, revêtu de pins, portail digne du magnifique défilé où nous allons pénétrer.

A travers la gorge roule la rivière Göllnitz, vrai torrent impétueux qui se brise sur d'énormes pierres couvertes de mousse. De chaque côté, de puissants remparts de rochers cachent presque le ciel et nous enferment comme dans une prison.

Laissant notre voiture, nous grimpons à la suite d'un guide slovaque un étroit sentier qui, à travers un chaos de rocs et de pierres détachées, mène à une prairie tapissée de fleurs alpestres. Cependant nous ne nous arrêtons que pour respirer, jusqu'à un point où se déploie devant nous un vrai paysage suisse : les monts Tátra, coiffés de neige, fendent le ciel de leurs pics aigus. A quelques pas, une source intermittente jaillit dans une cuvette parsemée de débris calcaires. L'eau vient de disparaître, car les cailloux sont encore humides, et nous regrettons de n'avoir pas précipité notre marche. Elle monte jusqu'à une certaine hauteur, et y reste une demi-heure environ. L'intervalle entre ses départs et ses retours varie de deux à trois heures. Autrefois une roue de moulin, mise en mouvement par l'eau, faisait retomber un marteau sur une plaque de métal, pour avertir toute la vallée que les eaux avaient reparu. Les daims connaissaient ce signal et arrivaient aussitôt pour boire.

L'étroit défilé dans lequel on entre ensuite défie toute description. Des rochers s'élèvent pareils à des remparts en ruines, tout prêts à s'écrouler sur nous. La route descend toujours ; elle devient si étroite qu'elle laisse juste la place de notre voiture, et c'est une impasse, car une énorme pyramide barre le chemin. Quelques pas encore, et un angle de la route nous montre un tunnel, le célèbre Felsenthor. Un aigle s'envole avec un cri sauvage d'une fissure à trente pieds au-dessus de nous. Il tonne un peu depuis une heure, mais nous n'y avons pas fait attention, quand de larges gouttes de pluie commencent à tomber, et un coup de tonnerre retentissant ébranle la gorge.

« Nous allons avoir un orage ! » s'écrie András, sautant du siège pour relever la capote de la voiture.

Après le Felsenthor, la route s'élargit assez pour nous permettre d'accélérer notre marche ; le cocher excite ses chevaux, et nous partons d'un train vertigineux. Au sortir du défilé, ce sont de vastes prairies, s'étendant au pied de montagnes toujours couvertes d'énormes pins. Ces forêts des Carpathes ont une grande beauté. Mais le ciel a pris une teinte plombée, et déjà à l'horizon un énorme rideau sombre indique que la pluie nous gagne de vitesse. De temps à autre, un sillon de feu se dessine sur les nuages, attiré par la pointe de quelque pic géant. Un vent violent amène sur nous l'orage ; la capote de la voiture grince comme si elle allait être emportée. De gros grêlons nous assaillent et frappent les chevaux avec tant de force qu'ils refusent d'avancer. Bientôt nous sommes transpercés par une pluie torrentielle. Quelles que soient les qualités de notre voiture, elle n'a jamais été faite pour résister à un orage de montagne.

András, enveloppé jusqu'aux yeux dans sa peau de mouton, nous annonce par-dessus l'épaule que nous approchons d'un *alas,* et, cinq minutes après, nous voici enfin sous un abri. L'alas en question, sorte de vaste grange, est rempli d'attelages de bœufs, avec leurs bouviers slovaques en grands chapeaux de feutre, souliers de peau non tannée, attachés autour de la jambe par des lanières de cuir, gens de mine formidable, avec leurs grands couteaux enfilés dans la ceinture, mais en réalité les êtres les plus inoffensifs du monde.

Notre intention était de regagner Dobsina par une autre route, après avoir exploré la vallée de la Stracena ; mais à présent nous sommes résolus à ne pas faire un pas de plus. En face, nous apercevons une auberge assez humble ; mais notre expérience du pays nous dit que nous y trouverons des matelas propres, et avec nos couvertures de voyage nous nous arrangerons pour y passer la nuit.

Nous nous trouvons dans les provinces nord-ouest de la Hongrie, habitées par les Slovaques, branche de cette grande famille slave qui peuplait sans doute autrefois tout l'Orient de l'Europe, du Volga à la Baltique et à l'Adriatique, et occupait la plus grande partie de la Hongrie, jusqu'à ce que l'invasion des Magyars les chassa de la plaine et les obligea à se réfugier dans ces régions montagneuses du Felföld. Le terme *Slovaque* ne sert qu'à distinguer cette branche de ses frères, les Slaves de la Hongrie méridionale ; cependant beaucoup de ces Slovaques sont les descendants directs des Tchèques moraves, cette partie du pays ayant appartenu, au temps des conquêtes d'Arpad, à la principauté de Moravie.

A travers l'océan de boue qui entoure le hangar, et me fait comprendre l'utilité des grandes bottes hongroises, nous nous dirigeons vaillamment vers l'auberge au perron de pierre. Un long corridor voûté nous mène à la cuisine, dont les murs sont tapissés de vases de cuivre de toutes formes, brillant à s'y mirer. Sur les bancs, des Slovaques, gens tranquilles, pensifs, dont quelques-uns ont les cheveux bouclés, et, en dépit de leur étrange costume, la physionomie presque efféminée. Les Slaves hongrois, du nord ou du sud, se reconnaissent au premier coup d'œil par le contraste qu'ils offrent avec l'air mâle et énergique des Magyars. Presque tous ont la figure douce, les yeux bleus et les cheveux blond doré.

La maison, joliment située sur la pente de la montagne, est une combinaison de ferme et d'auberge, car de la fenêtre de notre chambre, par-dessus un autre océan de boue, nous assistons à la tonte des moutons, opération confiée ici aux femmes. Les infortunés moutons, n'ayant que la peau et les os, sortent d'un air piteux des mains des tondeuses, en frissonnant sous la pluie. On les élève, dans le nord de la Hongrie, seulement pour la laine et pour le lait, qui sert à faire le fromage slovaque, objet de grand commerce. Pendant que nous nous séchons au feu de la cuisine, les femmes entrent tour à tour boire du slivowitz, leur boisson favorite, et apportent avec elles une forte odeur d'étable.

Notre hôte, également Slovaque, parle cependant allemand, comme presque tous les aubergistes hongrois. C'est un jeune homme de vingt-cinq ans, un peu déconcerté de notre arrivée, car il n'est pas habitué à recevoir de semblables voyageurs, et notre guide a pris soin qu'il appréciât suffisamment cet honneur et cette gloire. Dès que nous parlons de repas, il manifeste une consternation peu encourageante. Nous suggérons la ressource invariable en cas de famine, le paprika hendl.

« Ah! malheureux que je suis! j'ai tué ce matin ma dernière poule, une si belle volaille qui n'avait que trois ans; si leurs seigneuries veulent m'en croire... j'ai du saucisson de plusieurs espèces et de bonne qualité, mais leurs seigneuries n'en veulent pas? »

Certes non; nous connaissons le saucisson slovaque, par trop imprégné d'ail. Il s'arrache les cheveux.

« N'avez-vous pas d'œufs? » demandons-nous en désespoir de cause, notre appétit augmentant à mesure que s'éloigne l'espoir de dîner.

Son visage s'illumine.

« Des œufs? des œufs d'oie! un plein panier que j'ai acheté tout à l'heure. »

Bref, nous ne mourrons pas de faim. Des œufs d'oie, du pain noir, du fromage slovaque et du slivowitz : quel menu!

Pendant le repas, notre hôte nous raconte son histoire. Il est né à Felka, à la base des monts Tátra : c'est donc un Zipser, et non un Slovaque; mais il a épousé une jeune fille slovaque, et à la mort de son père il est venu s'établir dans le pays de sa femme. Sa mère veuve habite une chaumière voisine. C'est l'anniversaire du baptême de leur enfant, et sa femme l'a conduit à ses propres parents. Tout cela débité d'un seul trait.

Slovaques de la vallée de la Pruszina.

Dans la chambre d'honneur, j'aperçois, près de la fenêtre, un rouet et deux petits souliers à grands talons; puis, à un clou, un bonnet d'enfant. Le tableau est complet, et il nous semble connaître déjà cette modeste famille. Une heure plus tard, une voix aigre et dure résonne dans la cuisine; l'homme lui répond avec douceur, cherchant à la calmer. C'est la belle-mère; mon cœur s'emplit de compassion pour la propriétaire des pauvres petits souliers.

« Elle a les clefs; comment donner du linge? Des étrangers et personne pour les servir! Jamais je n'en aurais fait autant étant jeune femme! Qu'a-t-elle besoin d'aller chercher autre chose que son ménage et son mari? Elle est déjà trop heureuse! Elle n'a rien apporté en se mariant, pas vingt aunes de toile de ménage, rien que sa jolie figure. C'est toujours ainsi! » ajoute maussadement la vieille.

La pluie cessant, nous faisons le tour de la maison, que longe un trottoir en bois. L'air est chargé d'une odeur résineuse, et de toutes parts nous arrive un bruit de cascades. Au loin, une cloche tinte l'Angélus; l'ombre gagne la vallée. Nous apercevons une charrette qui s'approche lentement; le cheval a des bouquets aux oreilles et des branches de pins ornent les brancards. Dans une gloire de soleil couchant, la jeune femme contemple avec orgueil son enfant endormi. Mais en apercevant sa belle-mère sur le seuil, son sourire s'efface; elle baisse tristement la tête et rentre à la hâte dans la maison. La vie est la même partout; partout on retrouve les mêmes épreuves domestiques.

A la nuit tombante, András, rayonnant, vient nous annoncer qu'il s'est procuré quelques truites, et qu'il a obtenu du curé du village un petit rôti de veau, que nous l'engageons à réserver pour le lendemain. Sans lui, nous ne pourrions nous tirer d'affaire dans cette province dont la population parle un langage incompréhensible pour nous, et où il est souvent difficile de trouver des chevaux. András sort vainqueur de toutes les querelles; il a un tempérament de combat, utile avec nos cochers.

Par la fenêtre éclairée, j'aperçois un joli tableau : la jeune femme, souriante malgré ses yeux humides, berce en chantant son enfant; autour d'elle, la cuisine, avec ses pots de cuivre et ses longues cuillers; le feu projetant des ombres sur le mur, — un de ces sujets d'intérieur chers aux vieux maîtres. Mais András vient troubler ma rêverie, en m'annonçant que les truites sont cuites à point.

XIII

SLOVAQUES ET RUTHÈNES

Le surlendemain de l'orage, nous quittons Dobsina, où nous sommes revenus prendre nos bagages. Nous comptons laisser à Poprád notre lourde voiture, et explorer la chaîne des monts Tátra.

Le pays a toujours le même aspect. Les montagnes de Gömör sont peu variées ; la flore seule présente de réelles différences, suivant l'altitude et l'exposition. Nous traversons un superbe défilé, le long d'un torrent, et au milieu d'une forêt de pins, auxquels se se mêlent des bouleaux et des ifs d'une grosseur extraordinaire. Le soleil ne peut pénétrer au fond de cette gorge ; on n'y entend que la hache du bûcheron, qui abat des arbres pour les charbonniers. Ici, les pins sont d'une espèce plus délicate, dont les aiguilles retombent au bout de frêles tiges pareilles à des fils. Sur le versant sud de la montagne, nous perdons toute trace de ce lichen dont les franges blanchâtres drapaient les arbres de haut en bas ; l'atmosphère est plus douce ; des fleurs sauvages, des insectes et des papillons éclatants rompent la monotonie de la forêt. Au sommet de la gorge, on a le plus beau panorama de cette région alpestre : au-dessus de nous, des pics voilés de neige ; au-dessous, plongeant dans un précipice de deux mille pieds, les yeux vont chercher l'étroite vallée froide et bleuâtre, empruntant un air de grandeur à son sévère encadrement de grands pins. L'ascension nous a pris deux heures. Dès que nous redescendons l'autre versant, nous retrouvons le lichen et les majestueux conifères de deux cents pieds. La route est excellente ; nous roulons avec une rapidité à donner le vertige, en regardant ces gouffres prêts à nous engloutir à chaque brusque tournant.

Devant un alas, notre cocher s'arrête au milieu de l'inévitable océan de boue, dételle ses chevaux et nous abandonne à notre sort. Impossible de quitter la voiture ! Les Hongrois, fidèles à toutes les traditions, n'ont pas idée de réparer les routes, même à leurs portes. Dans la plaine, cela s'explique par l'absence de pierres ; mais ici, où elles abondent, il ne faudrait qu'un peu d'énergie.

Au bout d'une heure interminable, les chevaux sont remis au brancard, et deux hommes vigoureux ôtent leurs bottes et retroussent leur gatyas, pour plonger dans le bourbier et en arracher les roues. La route devient de plus en plus exécrable ; notre voiture menace d'être mise en pièces par les ornières ; nos personnes ne sont plus que plaies et bosses ; notre humeur tourne à l'aigre, et c'est avec joie que nous voyons devant nous une nouvelle montagne à gravir. Au moins, nous irons lentement, au lieu de cette course effrénée qui finira par nous disloquer.

En montant, nous laissons les ifs derrière nous ; c'est une région nouvelle : des sapins jaunes entremêlés d'épicéas et de mélèzes d'une grosseur prodigieuse, parmi lesquels çà et là un bouleau argenté pousse sa haute tige droite, couverte de mousse brune. Nous dépassons des chariots de charbon, traînés par des bœufs endormis, six ou huit par attelage, et plus loin une troupe de ces magnifiques animaux conduits par des Slovaques dont les couvre-chefs ont de telles dimensions qu'ils ne pourraient, sans se décoiffer, s'approcher à quatre pieds les uns des autres. Outre les Slovaques, il y a dans ce district une petite quantité de Ruthènes, autre branche de la même famille. Ils appartiennent les uns et les autres à l'Église grecque, qui leur impose des jeûnes accablants, en moyenne quatre par semaine, car les fêtes des saints sont nombreuses, et chacune a sa vigile.

A deux heures, nous sommes à Wernár, village ruthène, et nos souffrances se terminent pour le moment. Dans la cuisine de l'auberge s'abritent, en même temps que nous, un jeune veau, des oies, de nombreux pigeons. La ménagère est occupée à boulanger. La paix ne règne pas toujours dans cette Arcadie, car une altercation vient d'avoir lieu entre le mari et la femme ; peut-être l'a-t-il battue, habitude assez fréquente chez les maris ruthènes. Mais à l'opposé de notre petite Slovaque, elle ne verse pas des larmes en secret ; elle riposte vigoureusement, se plaint très haut et tempête en achevant sa besogne et en arrosant de pleurs la pâte qu'elle pétrit.

D'autres voyageurs arrivent dans une longue charrette à cinq chevaux attelés de front : une jeune fille et son grand-père, planteur de tabac, qui possède des terres dans la plaine de Gömör.

« Vous êtes Anglais ? s'écrie en riant la jeune fille. Vous venez de Londres, de si loin, pour voir un pays où il n'y a ni magasins ni belles maisons ! Pourquoi y venez-vous ? »

Nous cherchons en vain à lui faire comprendre nos motifs ; elle nous regarde comme des échappés d'une maison de fous. La conversation est interrompue par l'arrivée des charretiers que nous avons dépassés en route, et nous nous précipitons dehors pour revoir les grands chapeaux. La vaste cuisine s'emplit de Slovaques et de Ruthènes, gens les plus tranquilles du monde, entrant sans bruit, vidant leur mesure de breuvage national, et repartant.

D'après le dernier recensement, il y aurait 470 000 Ruthènes dans la partie nord-est de la Hongrie et deux millions de Slovaques au nord-ouest. Les premiers descendent, dit-on, d'une tribu russe, venue à la suite d'Arpad.

Durant les trois heures qui suivent, nous avons tout le loisir d'étudier ces deux races. Le costume est presque identique, sauf la coiffure : les Ruthènes portent de lourds bonnets de peau de mouton noire et frisée, qui de loin ont l'air de cheveux hérissés et leur donnent un aspect sauvage. Leur vêtement se compose d'une veste flottante et de larges pantalons en laine grossière, blanche à l'origine ; d'énormes ceintures de cuir, d'un demi-pouce d'épaisseur, constellées de clous de cuivre, soutiennent leur couteau, des ciseaux, une blague à tabac, un briquet et autres objets utiles. Ils sont si curieux à voir que je me mets à en dessiner un. Je suis bientôt entourée d'une foule joyeuse, avide de regarder mon album, quand je vois entrer un individu, dont le chapeau est si vaste que son propriétaire a toutes les peines du monde à passer par la porte de la cuisine. C'est sans doute « le dernier genre ». Deux de ses camarades le saisissent, et me l'amènent, quoique l'autre, furieux, fasse tous ses efforts pour se dégager.

András, appuyé d'un chœur de voix, lui explique qu'une noble dame anglaise (András roule de gros yeux) est venue tout exprès dans ce pays pour remporter des portraits de Slovaques. Il devient alors immobile comme une statue, bien que je doute fort qu'il ait compris cette imposante communication. Après avoir fait le portrait de trois chapeaux, je m'apprête à fermer mon album, quand une voix douce et plaintive, dit derrière moi : *Io som Slovinsky* (je suis Slovaque). Ce nouveau suppliant désire si ardemment être immortalisé, que je ne puis résister à ses instances. Au fond de la cuisine, une vieille chèvre danse au son d'une cornemuse, et partage avec moi l'attention générale. Après avoir achevé mon dernier modèle, qui a insisté pour voir reproduire le moindre clou de sa ceinture, j'espère en être quitte, quand je m'aperçois qu'un jeune Slovaque, encore plus mélancolique et plus tranquille que les autres, cherche à attirer mon attention ; je fais semblant de ne pas m'en apercevoir. Dix minutes plus tard, je retrouve mon Slovaque en larmes ; il faut bien s'exécuter encore une fois.

Une distribution générale de slivowitz nous vaut une telle popularité, qu'un vieux bonhomme, borgne et boiteux, saisit ma main et la baise avec respect. J'entends d'ici, à travers l'Alföld et le Felföld, les chuchotements des belles dames de Londres :

« Affreux, vulgaire ! Fraterniser avec des paysans, des sauvages malpropres ! Cela ne se fait pas ! »

A cinq heures, nous sommes à Poprád, où, pour escalader les sommets neigeux de Titra, nous abandonnons tout superflu ; nous disons adieu momentanément à notre guide et à la vieille voiture qui nous a transportés sains et saufs, non sans peine, à travers la Puszta et les gorges sauvages.

XIV

LES MONTS TÁTRA

Quel merveilleux horizon de montagnes bleues et de pics coiffés de neiges rencontrent nos regards, au-dessus des toits noirs et pittoresques de Poprád, lorsque nous traversons au galop les rues de la petite ville, accrochant presque un chariot oublié au milieu de la chaussée, suivant l'habitude hongroise, plongeant dans une ornière inattendue, sentant notre voiture tanguer et rouler comme une barque sur une mer houleuse! Enfin, au sortir de la ville, nous voyons surgir de la plaine de Poprád le splendide Tátra, portant jusqu'au ciel ses sommets revêtus d'un manteau d'hermine.

Ce groupe imposant, appelé par les Hongrois « Carpathes centrales », sans doute parce qu'il se trouve à l'extrémité de la chaîne, a environ 116 kilomètres de long sur 44 de profondeur, et s'élève brusquement comme une muraille, sans étages inférieurs. Cette singulière région ne contient pas moins de cent douze lacs ou étangs que les gens du pays, des colons allemands établis là depuis le xiie siècle, appellent du nom poétique de *Meeraugen*, « yeux de la mer. »

Après les villages de Felka et de Schlangendorf, on pénètre dans une forêt de pins. Le Tátra, exposé au vent du nord, a une végétation fort tardive, et les diverses espèces de conifères y arrivent à une altitude beaucoup moins élevée qu'en Suisse, sauf le mélèze, si singulier que cela paraisse. Sur les limites de la forêt, la plupart des arbres à feuilles caduques ne sont pas encore éveillés de la torpeur de l'hiver. A mesure que nous montons la pente très boisée qui revêt de ce côté le pied de la montagne, nous entrons dans un épais brouillard ; car la mince couche de vapeur, qui de la plaine ressemblait à une ligne argentée, devient, lorsqu'on y arrive, un nuage de plusieurs kilomètres d'épaisseur. Le soir tombe rapidement, et l'impénétrable muraille de sapins accroît l'obscurité. Depuis deux heures, nous n'avons rencontré âme qui vive, ni aperçu l'ombre d'une habitation. Soudain notre conducteur quitte la route pour entrer au plus épais du bois par un sentier à peine tracé. Est-il de connivence avec les brigands ? Sa mine un peu sauvage éveille les soupçons. Je me sens fort troublée : ce silence, cette solitude, cette tristesse commencent à agir sur nos nerfs. L'un de nous finit par exprimer cette sensation à voix très haute, dans un langage peu parlementaire, et le cocher s'arrête tout net, comme s'il avait compris, car il allonge le bras et nous indique que c'est « là, derrière les arbres ».

Une lumière réjouissante perce le brouillard, nous révèle un chalet, puis un second, puis un troisième, et une allée sablée nous amène à la porte du *sanatorium* de Schmecks.

Le son des voix sur le balcon, les lumières qu'on apporte sur le large escalier de bois extérieur, le bon feu qui égaye la petite salle à manger, tout cela nous semble plein de charmes. Nous sommes à une altitude de près de 1000 mètres, et le feu n'est pas chose superflue ; il fait beaucoup plus froid qu'en Suisse. Quelle joyeuse musique que le pétillement des bûches de sapin dans les poêles ouverts, et quelle bonne odeur résineuse !

« Demain, si vous regardez de bonne heure par votre fenêtre, vous verrez toute la chaîne, » nous dit le directeur du sanatorium en nous souhaitant le bonsoir.

Nous voici à demain. Je me précipite à la fenêtre, et je crois rêver en ne voyant qu'un ciel trouble et brumeux. Il est trop tôt ; attendons que le soleil soit levé. Cinq minutes plus tard, je constate qu'après tout ce n'est pas un pan de ciel, mais un brouillard, car voici, au-dessous de ma fenêtre, deux têtes de sapins qui en émergent comme des spectres grisâtres. L'air est glacial, et je frissonne en ouvrant ma porte-fenêtre pour passer sur le balcon qui contourne le châlet; aussi je rentre à la hâte, et, m'enveloppant de ma couverture, je fais contre fortune bon cœur et me mets à classer mes dessins.

A sept heures, l'oreille est charmée par un bruit de tasses et de soucoupes. Un pas lourd dans l'escalier; on frappe. Une jeune paysanne aux joues roses paraît, tenant un plateau chargé d'une cafetière fumante et d'appétissants petits pains.

Neu-Schmecks est un groupe de beaux chalets construits au cœur de la forêt par le docteur von Sontagh, qui a créé un sanatorium dans ce lieu pittoresque. Lorsqu'il nous aborde, dans la salle à manger, nous le reconnaissons immédiatement pour l'avoir vu la veille à la gare de Poprád, où il accompagnait un ami. Il n'est rentré qu'après notre arrivée.

« Je crains, si ce brouillard persiste, que vous ne puissiez faire d'excursion aujourd'hui; mais vous pourrez toujours voir la cascade de Kolbach; si vous permettez, je vous y conduirai. »

Comme cette cascade est sur le chemin des Cinq-Lacs, que nous comptons bien voir avant de quitter la montagne, nous nous décidons, pour aujourd'hui, à flâner dans les alentours. Le brouillard se dissipe un peu, à mesure que la journée s'avance, et s'il ne permet pas à la vue de s'étendre bien loin, les allées tournantes qui mènent aux petites cascades voisines, les temples et les kiosques bâtis pour l'agrément des touristes, nous fournissent assez de distractions pour un jour.

Dix minutes de marche dans un étroit sentier bordé de bruyères, de mousses, de fleurs alpestres de toutes couleurs, et nous sommes aux *Bad Schmecks,* « Bains Schmecks, » nom trop prosaïque pour ce lieu ravissant auquel je tiens à rendre sa jolie appellation hongroise de Tátra-Fured. Le comte Stéphen Czaky fut le premier, en 1797, à découvrir ces sources minérales et à attirer sur elles l'attention publique. Il y en a du reste plusieurs autres dans les environs. La saison des bains commence le 15 mai, et dure jusqu'en septembre. Outre les établissements destinés aux baigneurs, il y a de nombreuses maisons pour les personnes qui veulent y venir en villégiature. Des observations météorologiques démontrent que la température du versant méridional des monts Tátra est assez égale, la chaleur ne devenant jamais excessive en été, et le thermomètre se maintenant en hiver à plusieurs degrés au-dessus du point auquel il descend dans la plaine. Les brouillards montent difficilement jusque-là, ou se dissipent vite ; l'air est clair et limpide, le ciel bleu. Un observateur désintéressé nous dit que pendant la saison la plus dure de l'année il y a à Tátra-Fured des journées où la température est délicieuse, et ceux qui l'ont visité à cette époque en gardent une impression inoubliable. Les sombres bois d'arbres verts au-dessous desquels se détache l'éblouissante blancheur des pics neigeux, les profondeurs bleuâtres qui se creusent à leur base, les ombres douces et nacrées projetées par les cimes, l'océan de vapeur qui roule sur la plaine ses vagues agitées, la transformant en une vaste mer d'où surgissent, comme un rivage abrupt, les lointaines montagnes de Gömör font un tableau merveilleux, disent tous ceux auxquels il a été donné de le contempler.

L'hiver de 1879-80, si dur et si rude, chacun peut s'en souvenir, sur presque toute l'étendue de l'Europe, fut extrêmement doux à Tátra-Fured ; le thermomètre s'y maintint toujours aux environs de 12° à 14° centigrades. Durant ces hivers exceptionnels, l'airelle croît en abondance au milieu des sapins, en compagnie de fougères des espèces les plus résistantes, dont les frondes éclatantes se mêlent au vert plus sombre des feuillages persistants. Les fleurettes bleues de la véronique, les fleurs dorées de la benoîte des montagnes s'y épanouissent librement, aussi fraîches qu'en été, tandis que dans la partie inférieure de la chaîne, mal enveloppée de son manteau blanc, les rochers et les sapins noirs et sauvages font un pittoresque contraste avec les champs de neige étincelants des régions supérieures.

Un étranger aurait peine à croire sur parole à cette température exceptionnelle à une telle altitude, si des observations météorologiques, répétées plusieurs années de suite, n'en attestaient le fait. Elle est due, sans doute, à l'extrême sécheresse de l'air, l'absence de pluie et de brouillard, et à ce que les hautes cimes

Le sanatorium de Schmecks.

garantissent du vent. Dans toute la région des monts Tátra il n'y a pas de véritables glaciers, mais de vastes champs de neiges éternelles dans quelques-unes des vallées tournées au nord; on y rencontre d'ailleurs les traces évidentes de l'existence des glaciers à une période plus ancienne. La neige ne séjourne guère sur les pics après le mois de juin, leurs pointes aiguës n'offrant pas de surfaces planes où elle puisse s'entasser. Les monts Tátra sont la frontière septentrionale de la Hongrie et le mur naturel qui la sépare de la Galicie ou de l'ancienne Pologne.

XV

FANTÔMES DU BROUILLARD

« Vous aurez demain un temps superbe pour votre ascension aux Cinq-Lacs ! s'écrie le docteur. Tenez, on voit admirablement le Königsberg ! »

Et il désigne une grande montagne, à droite, que le soleil couchant enveloppe de ses rougeurs.

« Mais le baromètre baisse ! interrompt le directeur de l'établissement.

— Notre meilleur baromètre est le Königsberg, réplique le premier, qui tient à sa théorie favorite. Voyez ! il n'y a pas un atome de nuage le long de ses crêtes. Il ne peut pas être question de pluie ni de brouillard, quand même le baromètre baisserait. »

Nous commandons chevaux et guides pour le lendemain, six heures. Il faut partir de grand matin, afin de pouvoir rentrer le même soir. A six heures, lorsque nous descendons le perron de la villa Sontagh, il nous semble qu'on nous enveloppe d'un drap mouillé. Des naseaux de nos montures sortent d'énormes bouffées de vapeur : les cheveux et les moustaches du guide et du porteur de provisions sont emperlés de gouttelettes. Mais il est entendu qu'il doit faire beau.

En attendant, ce n'est pas chose agréable de se frayer un passage sous les branches lourdes de pluie. Notre ardeur diminue à mesure que nos vêtements s'imprègnent d'humidité. Pourtant nous avançons, nous efforçant de paraître pleins d'espoir, sinon d'entrain. Mon cheval, animal indescriptible, n'a pas seulement le trot dur et fatigant, mais refuse de se laisser conduire, et n'obéit qu'à la voix de son maître, qui lui parle comme s'il était doué de la faculté de comprendre le patois zipser, allemand corrompu en usage dans ces montagnes.

« Voyons, Minsh! regarde où tu vas! Voici un trou! A droite, Minsh! en arrière, ne descends pas si vite. Oh! cher Minsh! ne va pas si près du bord, ou *elle* va tomber! »

Ces exclamations consolantes m'arrivent de loin. Minsh possède en outre la désagréable habitude de considérer attentivement tous les objets qu'il rencontre, sans doute par amour de s'instruire, mais à la frayeur de l'infortuné qu'un faux pas peut faire rouler dans le précipice. Cependant il a ses qualités et surtout une haute idée de son importance, prend des précautions quand la route lui paraît dangereuse, et se gare adroitement des nombreuses pierres dont elle est semée.

« C'est bon signe quand on voit des fils de la Vierge, » dit notre nouvel ami le docteur, qui a voulu nous accompagner.

Néanmoins le brouillard s'épaissit toujours et s'enroule autour des pins comme une fumée blanchâtre. Nous atteignons une cabane ou refuge, perché sur un rocher en saillie, d'où, sans le brouillard, nous aurions une vue splendide sur les vallées du grand et du petit Kolbach, et sur le pic du Lomnitz. La cascade mugit au loin, et, après un quart d'heure d'ascension ardue, nous la voyons se précipiter d'une hauteur de quatre cents pieds sur d'énormes blocs de granit qui la divisent en jets sans nombre, jusqu'à ce qu'elle bondisse par-dessus un immense mur de rochers et nous couvre d'écume.

La végétation qui l'entoure est très variée et très belle. Un petit sentier, à gauche, mène à un endroit où la gorge se resserre, et où l'eau, descendant d'étage en étage, s'est creusée de nombreux bassins. On trouve toujours au fond une grosse pierre, et l'on suppose que cette pierre, pivotant sous l'impulsion de l'eau, finit par creuser dans le roc ces cuvettes polies. En continuant notre route, nous suivons longtemps la magnifique cascade sur laquelle les pins nous ménagent des échappées grandioses ; son tonnerre est si étourdissant, que c'est avec soulagement que nous atteignons enfin une paisible prairie, où nous laissons nos montures pour continuer à pied. Cette prairie est toute violette de crocus en fleur. Nous franchissons un pont de bois, et nous longeons à son tour le petit Kolbach, coulant sous les larges branches des krummholz (pin mugho ou pin rampant), sorte d'arbre-nain qui ne s'élève pas à trois ou quatre pieds de terre et dont les rameaux noueux et tordus prennent, comme le dit son nom allemand *bois tors*, les formes les plus anguleuses et les plus grotesques. Ce pin, qu'on ne rencontre jamais dans ces montagnes à moins de quinze cents mètres d'altitude, trace autour du Tátra une véritable ceinture large de 300 mètres, et cesse complètement ensuite. Le docteur von Sontagh n'est jamais parvenu à en faire croître dans le jardin de son établissement, à quelques centaines de mètres plus bas.

Le brouillard s'est en partie dissipé et nous marchons avec plus de courage, non sans peine, dans un lit de torrent desséché, dont les pierres roulantes ajoutent fort à la fatigue. Tout autour, nous apercevons des traces de chamois, mais notre groupe bruyant doit effaroucher de loin ces timides animaux.

« A coup sûr, il y en a beaucoup ici, nous dit le docteur en traversant un taillis de krummholz particulièrement serré, et je parierais dix contre un qu'ils nous épient à travers les branches ; ils se réfugient toujours dans ces fourrés impénétrables, au moindre bruit de pas. »

Le gibier abonde dans la montagne. On rencontre dans ses forêts presque toutes les espèces communes aux autres contrées, sans parler des loups et des ours. Les chamois et les marmottes fréquentent les parties plus élevées, et les pics servent d'asile au vautour et à l'aigle doré.

Après deux heures d'ascension, pendant lesquelles nous allons enfonçant de plus en plus dans la neige, le brouillard recommence à épaissir. Nous ne voyons pas à un mètre devant nous, et je perds de vue tous mes compagnons. Tout à coup une voix de stentor me crie du sein de l'obscurité, si près de moi que j'en tressaute de frayeur : « Où êtes-vous? » et je les vois se dessiner comme des ombres fantastiques dans le brouillard, à trois pas. Puis nous reconnaissons, accroupi à l'abri d'un rocher, notre porteur de provisions, en train d'allumer le feu, car nous sommes au *Feuerstein,* « pierre du feu, » où nous devons arrêter. Nous avons laissé derrière nous toute végétation, sauf les herbes; on ne voit plus, au-dessus de la nappe de neige, que de longues touffes de gazon brun et dur, qui pendent des rocs les plus abrités. Une tristesse extrême enveloppe cet océan de blancheur où quelques blocs de granit font des taches noires. D'autres excursionnistes ont laissé là un gros tas de branches de krummholz, mais ce bois est humide et refuse de s'allumer. Nous frissonnons pendant une demi-heure en déballant nos provisions; cette patience est récompensée par une belle flamme. Notre guide revient nous dire qu'il est impossible d'atteindre aujourd'hui les Cinq-Lacs, et nous éprouvons un vrai soulagement, tout en nous croyant obligés de protester.

Les touristes passent souvent la nuit à l'abri de ce rocher pour voir lever le soleil et faire l'ascension du Lomnitz, le second des sommets du Tátra, ce qui, du point où nous sommes, demande encore trois ou quatre heures de marche. Le Gerlsdorf, qui a 2 667 mètres, et l'Eisthal, qui en a 2 647, sont les deux autres principales montagnes de la chaîne. Les deux pics les plus difficiles à escalader sont l'Eisthal et le Lomnitz; le sommet de ce dernier est une plate-forme de granit de 45 pieds environ de circonférence, où il est presque impossible d'arriver.

Le docteur Sontagh, hardi montagnard et chasseur habile, nous faisait le récit d'une chasse au chamois quand le guide nous appelle :

« Vite ! les nuages se lèvent, on voit admirablement le Lomnitz et l'Eisthal. »

Nous quittons à la hâte la voute de rocher qui nous abrite. Comme si la main d'un géant invisible tirait un rideau, les vapeurs qui enveloppaient tout de leur voile sombre montent, montent toujours, découvrant de puissants sommets, et nous laissant voir la chaîne sans fin des pics : flèches, pinacles, dômes gigantesques, entassés les uns au-dessus des autres, abrupts, dentelés, terminés par de fines aiguilles. Quelques nuages s'y accrochent encore, achevant le caractère sauvage et fantastique de ce spectacle, car les pointes semblent isolées, comme suspendues dans l'air.

Pendant notre descente, le brouillard, qui a complètement abandonné les vallées pour s'entasser au-dessus de nous, s'entr'ouvre et nous laisse apercevoir le Schlangenberg, la perle de la partie sud du massif, porté sur des vagues de nuages, et tout blanc de neiges nouvelles. Les voyageurs qui viendront quinze jours plus tard perdront beaucoup, car les montagnes sont incomparablement plus belles sous ce manteau étincelant.

Nous retrouvons nos montures dans la prairie ; Minsh, las d'attendre et croyant sentir déjà son alas, ne m'a pas plus tôt sur son dos, qu'avec un hennissement et un malin signe de tête aux camarades il part au grand galop à travers les sapins. « Arrête, crie son maître d'un ton suppliant, arrête, mon ami, les arbres sont trop serrés. *Elle* sera tuée, bien sûr. Ah ! Minsh, que les saints te pardonnent ! »

Ne résistant pas à ces prières, Minsh s'arrête tout court ; je retrouve mon chapeau accroché à une branche, et nous regagnons la villa sans autre incident.

XVI

EN MONTAGNE

Tátra-Fured offre de tous côtés de charmantes excursions, même à une heure de marche à travers la forêt. D'abord les *Räubersteine,* « pierres des voleurs », trois énormes blocs de granit dont on ne peut s'expliquer la présence en cet endroit qu'en supposant qu'ils ont été apportés des hauteurs par quelque descente de glaciers. Vingt pas plus loin, près d'un bloc moins considérable, on a une échappée magnifique sur la plaine de Poprád, à 1 000 mètres au-dessous. Le panorama est aussi gracieux qu'étendu ; les petites villes et les villages dont la plaine est semée, si laids de près, ressemblent à des jouets d'ivoire ou d'argent, lorsqu'un rayon de soleil fait étinceler les maisonnettes et les clochers blanchis à la chaux.

Les plaines d'où s'élève le Tátra appartiennent au comitat de Zips, province habitée presque exclusivement par des colons venus au xiie siècle de la Saxe méridionale, ce qui explique comment la langue allemande est parlée dans toute cette région de la Hongrie, peuplée surtout de Slaves. L'œil erre sur ces plaines souriantes, arrêté par quelques montagne : le Königsberg, le Baba, le Borzova et le *Teufelshochzeit* (Mariage du diable). Le voyageur qui visite pour la première fois cette partie des Carpathes commence souvent par une excursion à la première de ces montagnes, ce qui peut se faire de Poprád en une journée, afin d'avoir d'abord une vue d'ensemble de toute la chaîne des monts Tátra.

Les environs immédiats de Tátra-Fured sont si charmants qu'on ne se lasse pas d'errer dans les allées étroites de la forêt odorante, et d'écouter les cascades traversées de ponts rustiques qui viennent rouler tout près des chalets. Notre promenade favorite était le pavillon, joli kiosque situé au pied du Gersldorf, dont il est séparé par une forêt de pins. J'étais particulièrement impressionnée par le coup d'œil qu'on a de cet endroit sur la plaine. Aucune habitation n'est en vue, rien que la plaine elle-même et les longues lignes d'un vert noir tracées par les forêts. A peine un oiseau ou un insecte anime cette solitude.

Une belle journée nous ayant rendu le courage, nous partons pour le lac Felko. Le sentier pierreux monte rapidement au milieu d'un bois de sapins rouges (*Pinus abies*) appelés ainsi de la couleur de leur écorce. Ces beaux arbres sont revêtus de trois ou quatre espèces de lichen, vert sombre, vert gris ou blanc, qui pendent de chaque branche comme des chevelures de sorcières. Presque toutes les fougères d'Europe croissent en abondance dans le Tátra. Le gibier est nombreux dans ces forêts, et nos chevaux font lever de temps à autre un gros oiseau au ventre bronzé qui s'envole bruyamment de l'épais taillis et effraye nos montures par le battement de ses grandes ailes noires : c'est l'auerhahn, sorte de coq de bruyère très difficile à tirer, car il n'a pas l'ouïe moins perçante que la vue. La seule chance des chasseurs est de le viser quand il chante, car alors il se renverse en arrière, déploie ses immenses ailes et ne voit, n'entend plus rien. Le Tátra est la seule région d'Europe où on le rencontre ; il est beaucoup plus gros qu'un paon, avec d'énormes doigts garnis d'aspérités aussi piquantes que des aiguilles. Sa chair, un peu noire et dure, rappelle cependant celle de l'oie. Le Tátra est en outre peuplé de perdrix, de gélinottes et de *kaiservögeln* (oiseaux de l'empereur), ainsi nommés à cause de la délicatesse de leur chair.

Nous rencontrons également le long du sentier plusieurs trous de marmottes. Cet animal atteint ici la taille d'un lièvre. Pendant leur sommeil d'hiver, les marmottes sont aisément capturées par les chasseurs du pays, qui risquent les plus dangereuses escalades en se servant de *souliers à neige,* sorte de patins assez ingénieux. Nous-mêmes nous commençons à tellement enfoncer dans la neige, même à cette hauteur, que nous sommes contraints d'abandonner nos poneys. Enfin nous gagnons un refuge, récemment bâti, le dernier ayant été emporté par une avalanche. Le paysage est beau et désolé : d'abruptes montagnes, des rocs éboulés, une ravissante cascade, servent de cadre au lac calme et pur. Cette jolie nappe d'eau est située à 1 800 mètres au-dessus du niveau de la mer; sa couleur est d'un beau vert d'émeraude, sauf sur le bord, où elle prend des tons d'aigue-marine. Près de là, on trouve le Jardin, endroit abrité, dont la riche végétation comprend beaucoup de fleurs rares. C'était, dit-on, l'emplacement d'un autre lac, et il y reste un certain nombre de flaques d'eau, sans parler du ruisseau qui arrose ce parterre naturel, et retombe en cascade dans le lac.

Nous nous mettons à chercher des grenats ; une des curiosités du lieu étant ce qu'on nomme le Mur de grenats, roc d'un gris violacé au pied duquel sont semés des fragments incrustés de ces pierres d'un rouge sombre, serrées comme des grains de grenade.

Pour redescendre, nous prenons une autre route et nous débouchons dans un champ de neige glacée, aussi glissante que du verre, qui tapisse une large ravine, tout entourée de pyramides et d'aiguilles de pierre violette. Nous la reconnaissons pour l'avoir vue d'en bas serpenter comme une ligne blanche le long de la montagne. A cette ravine en succède une autre, où l'on enfonce profondément, ce qui est plus désagréable, mais moins dangereux. Une mésaventure nous attend néanmoins. Un mince nuage de vapeur flottant sur la vallée, et que nous suivions d'un œil inquiet, se met à monter et enveloppe tout d'un rideau opaque. L'appel bruyant des guides nous permet seul de retrouver notre chemin. Le brouillard se transforme en pluie battante; nous rentrons au chalet à l'état de noyés. De grands feux nous attendent, car il a plu tout le jour, quoique nous n'en ayions rien su, nous étant tenus la plupart du temps au-dessus des nuages.

Le lendemain, le ciel est limpide; les pins saturés de pluie dégagent sous le soleil une odeur plus pénétrante encore. Pendant notre cavalcade en forêt pour gagner le lac Cszorba, nous voyons de tous côtés des cascades en miniature; enfin, dans son berceau de pierre, nous apparaît le Cszorbasee, un des plus beaux de la région. Un superbe amphithéâtre de pics l'entoure : le Gerlsdorf, le Krivan les blocs géants de la Bastei et du Szolyiszko forment un cercle de dix-neuf kilomètres. Du haut d'un des grands murs de granit qui l'enclosent, le lac est ravissant. Quoiqu'il ait une profondeur de soixante à soixante-dix pieds, il n'a aucun affluent apparent. L'eau en est si limpide qu'on croit n'avoir qu'à plonger la main pour ramasser les cailloux semés sous ses flots. On ne reste pas longtemps près de ses rives sans qu'un aigle royal ne fende le ciel et ne reflète sa majestueuse image dans ce miroir transparent. On dit que ce lac est parfois agité de tempêtes violentes et grandioses. Il se déverse au sud sur les landes voisines ; chose étrange, ses eaux sont amères, peut-être à cause des bois résineux qui y tombent en grande quantité. On suppose qu'il doit exister, au fond, des ossements fossiles analogues à ceux qui ont été trouvés dans le lac Neusiedel. La Société d'exploitation des Carpathes a proposé d'en détourner les eaux, et il est probable qu'on mettra au jour des débris de l'âge de pierre ou de l'âge de bronze.

XVII

CAMP DE BOHÉMIENS

Un cocher hongrois n'a d'autre notion de l'heure que celle que lui fournit le soleil. Greksa Jankó n'est cependant pas un cocher vulgaire ; il respire depuis longtemps l'atmosphère civilisée de Tátra-Fured. Aussi le jour de notre départ définitif n'arrive-t-il que vingt minutes en retard au perron de la villa, avec la plus jolie paire de petits chevaux qu'on puisse trouver.

Adieux généraux et très tristes ; le docteur, sa jolie femme, le directeur, le petit Simon, âgé de quatre ans, le baby qui a cinq semaines passées, tout ce monde vient nous voir partir. Les mains et les mouchoirs s'agitent, les cris de : « Au revoir ! » nous saluent, au moment où nous jetons un dernier regard à la tranquille demeure et à ses aimables habitants.

J'ai déjà parlé du mauvais état des routes, mais je n'ai rien vu encore de semblable à celle qui nous conduit au village de Felka. Ce n'est qu'un léger tracé dans le sable, sans le moindre cailloutage ; nous plongeons, nous remontons, la voiture se balance et craque ; les vaillants petits chevaux tirent. Bref, nous arrivons à Felka, où notre attelage doit être ferré à neuf.

Au pays de Zips, la profession de forgeron n'est pas dévolue aux tziganes, car le brave ouvrier qui lâche sa longue pipe pour entamer l'opération demandée est d'origine teutonne, c'est évident. Nous allons dessiner la vieille église, si originale avec sa grande tour blanche, sa petite coupole rouge au centre du toit. Les gens debout derrière les portes, ou sous des arches massives qui pourraient dater des Pharaons, me regardent furtivement et courent appeler leurs voisins pour jouir de ce spectacle extraordinaire.

Deux heures de trajet nous amènent à Kesmark, vieille ville irrégulière, mais (saluez!) Royale Cité libre[1] et capitale du comitat de Zips, avec 4 500 habitants. Elle est située sur le Poprád, à près de 700 mètres au-dessus du niveau de la mer, au pied du Tátra, du côté de l'est. Les pignons de bois de ses pittoresques maisons surplombent ses larges rues; de chaque pignon part un bras de gouttière, long parfois de quinze pieds, fait d'un tronc d'arbre creusé, dont la projection donne à la rue l'aspect le plus étrange. En outre, chaque toit est surmonté d'une croix ou d'une boule de bois, selon la religion des habitants : catholiques ou luthériens. Ces Zipsers, comme on les nomme, sont une population industrieuse et prospère, digne de l'attention du voyageur, car ils conservent intacts les coutumes et le caractère de leurs ancêtres.

Au centre de la cité s'élève le Rath-haus ou hôtel de ville, érigé en 1461, puis, à une centaine de mètres, un vieux château fort intéressant, qui appartient actuellement au comte Täkóly, lequel l'a restauré et embelli. Cependant ce que la ville offre encore de plus curieux est sa vieille église gothique, datant de 1444, et toute construite en bois. Je voudrais pouvoir décrire ce singulier édifice, ses tours et ses clochetons innombrables, ses grotesques statues, peintes à la détrempe. L'autel et la chaire sont fantastiques : cette dernière est portée par deux anges roses aux ailes d'or, de gros anges bien musclés, aux bras bruns. Cette église est tellement remplie de sculptures, que nous la prenons d'abord pour une église catholique; sur quoi la femme qui nous

---

[1] Quoique avant 1848 la loi ne permît qu'aux nobles d'acquérir des terres, certaines villes avaient droit de noblesse et leurs municipalités jouissaient du privilège d'acheter et de posséder, non en tant qu'individus, mais au nom des villes qu'elles administraient. On distinguait les villes dotées de ce privilège par le titre de Royale Cité libre.

la montre nous dit, avec des protestations indignées, qu'elle appartient aux luthériens. Il est fort triste de penser que ce curieux monument des vieux âges sera détruit pour faire place à un temple de pierre tout neuf, aussi laid que prétentieux, qu'on élève à côté, et qui, dominant déjà l'ancien, semble le regarder avec dédain.

Kesmark sert de quartier général pour de nombreuses excursions, par exemple celles aux « cavernes d'albâtre » et aux lacs Vert, Rouge et Blanc. Mais aujourd'hui nous ne nous y arrêterons que le temps de reposer nos chevaux. Pendant que nous attendons à l'hôtel, nous apercevons sur une table un journal hongrois intitulé : « Osszehasönlitó irodalomtörtenelnu Lapok. » Figurez-vous ce que ce doit être de recevoir une feuille affligée d'un pareil nom, quoiqu'il signifie tout simplement : « Journal de littérature comparée! »

Après avoir quitté Kesmark, nous nous dirigeons vers les montagnes qui dominent la plaine de leur masse imposante. Nous traversons de petits villages endormis et silencieux, aux maisons faites en troncs de sapins, dont les interstices sont garnis de mousse pour empêcher l'air froid de pénétrer. Il n'y a pas de cheminée, et la fumée sort « pittoresquement » par une ouverture du toit.

Au bord du chemin, à l'approche des villages, de petites chapelles sont consacrées à des saints dont elles renferment l'image assez naïve et peinte de couleurs éclatantes. Tout près d'un torrent que nous allons traverser, et qui doit avoir pour habitude de franchir souvent ses bords, une niche au bout d'un grand bâton contient la statue de saint Jean Népomucène, auquel on attribue le pouvoir d'arrêter les inondations et de calmer les flots en fureur. Un peu plus loin, nous reconnaissons saint Philippe, dont l'image vient d'être repeinte de toutes les couleurs du prisme.

Lorsque nous arrivons à l'originale petite ville de Béla, avec ses prodigieuses gouttières s'allongeant à la file du haut de chaque pignon, plus massives et plus longues qu'à Kesmark, la ligne des neiges brille comme de l'argent fondu, et les pointes des pics percent le ciel. Nulle part, ce majestueux groupe de montagnes ne s'offre sous un plus bel aspect. A Poprád, on embrasse toute la chaîne, mais on en est moins rapproché. Ici, les monts se présentent dans toute leur hardiesse sauvage, voilant leurs sommets blancs sous les nuages floconneux qui les traversent de temps à autre; les profonds précipices bleus à leur base rêvent sous la brume de midi, et au premier plan s'étend la plaine couverte de sapins, où des bœufs labourent par attelages de quatre ou de six, retournant nonchalamment la terre opulente et brune. Là-bas, un groupe d'hommes et de femmes, étendus à l'ombre d'un chariot, prennent leur repas, tandis que d'autres sont agenouillés au bord du chemin, devant une des petites chapelles.

Depuis notre départ de Poprád, les routes ont été excellentes. Bientôt, en remontant un défilé situé entre le versant sud du Tátra et le versant nord ou de Pologne, nous rentrons dans la région des antiques forêts, dont le sol est tapissé de cette ravissante fleur alpestre, la gentiane. De temps à autre, nous rencontrons un long chariot de bois de charpente, conduit par un bon Slovaque qui chante en marchant, joyeux lui aussi de cette belle journée; ou bien c'est un piéton qui soulève son chapeau orné de fleurs du chemin, en nous adressant un compliment par malheur inintelligible. Lorsqu'au bout de deux heures nous approchons du sommet de la gorge, nous sommes un instant enveloppés d'un nuage; mais le soleil le dissipe, et nous arrivons au village assez disséminé d'Altendorf, habité par nos amis les Slovaques, car le comitat de Zips est loin derrière nous avec sa population de langue allemande : bientôt nous entrerons dans un district exclusivement peuplé de Ruthènes ou Petits-Russiens, comme on les nomme parfois.

Le village a dû être récemment dévasté par un incendie; beaucoup de maisons ne sont plus que des amas de bois noirci. Une échelle est appuyée contre le mur de chaque logis, toute prête pour la prochaine alerte; car les incendies sont, paraît-il, très fréquents; on se demande même comment une seule maison y échappe; elles sont toutes en bois, et, appuyées les unes sur les autres, elles devraient flamber comme des allumettes.

Les Slovaques de ce district diffèrent un peu de ceux du comitat de Gömör, et au lieu des vastes chapeaux de feutre qui nous ont tant divertis, ils en portent de plus petits, d'une forme originale, mais moins frappante. Du reste, leur costume est le même, et il est impossible de méconnaître leurs traits et leurs allures, ainsi que leur voix basse et mélancolique.

Le bruit se répand que des *Angolok* sont installés à l'auberge. Ce n'est pas que ce nom dise rien de bien clair à nos Slovaques, peu versés dans la géographie; mais ils savent vaguement qu'il existe sur le globe de mystérieuses régions, au delà de l'horizon slovaque, peuplées de gens étranges, parlant une langue inconnue, peut-être marchant à quatre pattes. Tous se hâtent de venir contempler ces échantillons curieux d'une autre race, et s'en vont sans doute fort désappointés d'avoir trouvé des gens tout semblables à eux-mêmes.

Sur les limites du village, nous découvrons, en nous promenant, un camp de bohémiens, composé de deux huttes misérables, faites en planches réunies avec de la boue, et, près de ces chenils humains, une vieille tente usée et rapiécée. Dans une des huttes, j'aperçois une petite enclume : ce sont les forgerons de l'endroit. Ces bohémiens possèdent, en matière de vêtements, un dédain pour le superflu qui est spécial à leur race. Tout en résidant près du village, ils ne sont pas membres reconnus de la commune slovaque. Dès qu'ils nous voient, ils sortent des huttes, comme une nuée de guêpes de leur nid, treize en tout, femmes et enfants, couverts de honteux haillons sans formes ni couleurs. Deux hommes viennent se joindre à eux, la faim et la servitude gravées sur chaque ligne de leur visage; les plus jeunes, prématurément flétris, ont l'aspect d'animaux pourchassés. Non qu'ils soient maltraités par les villageois; loin de là! Mais, descendants d'une race vagabonde, ces bohémiens stables ne sont pas plus civilisés que leurs frères nomades, et ont cette expression triste et opprimée qui est le cachet de leur race et en a fait un peuple marqué et séparé de tous les autres peuples, qu'on reconnaît par tous pays et dans tous climats. Nous nous disons avec effroi que ces pauvres créatures, mal couvertes de haillons noircis, sont cependant nos frères, et qu'ils ont une âme immortelle pour laquelle le Sang divin a coulé, ces êtres demi-sauvages, à la langue mystérieuse, qui croient aux elfes et aux gnomes, et ne connaissent aucune forme de religion, qui, plus dégradés que les sauvages des mers du Sud, semblent ignorer l'existence d'un Être suprême et d'une Providence!

Le gouvernement autrichien exige que les tziganes fassent baptiser leurs enfants; mais ils paraissent ne pas comprendre le sens de ce sacrement. Leur ignorance religieuse est inouïe, surtout à notre époque et dans un pays chrétien. N'est-ce pas là une tâche à prendre, que ces cent cinquante mille parias à convertir?

« Mais comment vivent-ils? » demandons-nous à un homme de tournure fort convenable, qui nous a rejoints par curiosité. Son costume, celui de tout le monde en dehors de la Hongrie, nous a fait supposer qu'il comprendrait l'allemand; c'est d'ailleurs sans doute un Zipser.

« Dieu seul le sait! répond-il, haussant tristement les épaules.

— Enfin, que mangent-ils?

— Tout; des oiseaux pris au piège, des rats, des limaçons et des grenouilles; le czigany ne refuse rien. Cette troupe compte trois hommes de plus, mais ils sont absents, travaillant deçà, delà, pour gagner quelques sous, et volant peut-être dans l'intervalle. Cependant ils viennent à bout de vivre. »

A la maigreur des pauvres créatures, je juge que c'est à grand'peine, d'autant que les aliments énumérés ne sont guère nourrissants, et ce souvenir me poursuivra bien des jours.

« Porteraient-ils des habits convenables, si on leur en donnait? demandé-je, me rappelant avec regret la quantité de vêtements défraîchis par le voyage que nous avons laissés à Poprád.

— Oui, ils les porteraient, nous dit notre interlocuteur, qui se trouve être un employé du service des finances. Mais les Slovaques sont pauvres, bien pauvres, et qui donc songerait à donner des vêtements à un tzigane? »

Pendant ce colloque, mon mari, entouré d'un groupe de paysans à l'entrée du village, s'amuse à faire courir les gamins. Parmi eux se trouve un petit tzigane, auquel il a exigé qu'on fît sa place. Mais celui-ci, arrivant invariablement le premier, il est nécessaire, après quelques tours, de donner aux autres de l'avance, ou il remporterait tous les kreutzers; tandis qu'un jeune Slovaque, dont la mission en ce monde paraît être de traîner un gros bébé, pleure si lamentablement de ce que son fardeau l'empêche de courir, qu'il faut le consoler en lui donnant sa part de menue monnaie. Ensuite c'est le tour des tout petits, ceux de quatre ans. En vain la cloche rappelle à l'école ; en vain le prêtre, en longue robe, vient voir lui-même quelle peut être la cause de ce retard. Une véritable insubordination s'est emparée de ce petit peuple ; les gamins slovaques n'écoutent plus ni le maître ni Sa Révérence, et, sur mon intercession, ceux-ci accordent un congé pour tout l'après-midi.

Enfin on propose que les hommes luttent de vitesse à leur tour, et notre cocher prend part à cette course. Jankó a fait une vive impression sur les braves Slovaques, grâce à la livrée des Sontagh : gilet rouge, veste de hussard et culotte bleue, le tout brodé de tresses jaune d'or. Le village entier vient assister à ce spectacle, même les nourrissons, qui geignent plaintivement, et reçoivent des corrections supplémentaires de leurs petites bonnes, à peine plus grandes qu'eux. Dans toute mon existence, je n'ai jamais vu autant d'enfants que dans ce village slovaque.

Les plaisirs de la journée se terminent par une pluie de kreutzers, que tous se précipitent pour ramasser, et nous partons au galop, accompagnés des bénédictions et des acclamations de la multitude, dont nous avons fait le bonheur avec la magnifique somme, divisée à l'infini, de quatre florins et demi.

XVIII

LE COUVENT ROUGE

Dans ces pays perdus, non seulement on n'a que des idées vagues sur les divisions du temps, mais on est extrêmement primitif dans la façon de calculer les distances. Ces braves habitants des Carpathes ne vous disent pas que tel endroit est à tant de kilomètres ou de lieues, mais à une journée, une demi-journée, ainsi de suite. On nous a dit, au départ matinal de Tátra-Fured, que Neumarkt était à une bonne journée de voyage, mais qu'en marchant bien, nous y serions avant la nuit. Grâce à notre arrêt, il est quatre heures passées quand nous quittons le village d'Altendorf, qui n'est guère qu'à un tiers du chemin. Il y a donc peu de chance pour que nous voyions poindre les clochers de Neumarkt avant le lever du soleil, mais nous poussons en avant, quoique la perspective de passer la nuit dans une auberge slovaque ne soit pas pour nous charmer; au pis aller, nous bivouaquerons en plein air; ce ne sera pas la première fois.

A gauche, s'élève un rocher hardi et presque perpendiculaire, revêtu de majestueux sapins. A ses pieds, coule le rapide et silencieux Dunajecz, dont les flots, quoique parfaitement limpides, rendus presque noirs par l'ombre que projette ce singulier feuillage, séparent la Hongrie de la Pologne. Nous le traversons sur un pont couvert, au toit soutenu d'énormes poutres, encadrant de petits tableaux exquis, où les rocs, la rivière et les pics lointains se groupent tout exprès pour le plaisir des yeux. Devant nous, à droite, c'est une rangée de rocs volcaniques, dénudés, et dont la couleur est presque celle du vermillon. Pas une touffe d'herbe n'y croît; mais à leur pointe la plus élevée se dressent les ruines séculaires du Rothe Kloster, le Couvent Rouge, tandis qu'en face, sur l'autre rive, le Kronenberg, ou Mont couronné, porte fièrement un sommet déchiqueté, pareil à un diadème. C'est peut-être le site le plus frappant de toute la Hongrie, et il vaut la peine qu'on vienne le contempler.

Pendant que nous gravissons la sente escarpée qui mène au monastère, nous rencontrons à mi-côte un moine, étranger comme nous à ce district, et qui revient complaisamment sur ses pas pour nous servir de guide. La couleur rouge des murailles dénote que ce cloître-forteresse a été construit avec les tufs volcaniques qui forment la masse des rocs environnants, et cela explique comment ces murailles massives sont aussi dégradées, et comment cellules et réfectoire ont disparu. A la suite de notre conducteur improvisé, nous marchons à pas muets, évoquant l'époque où cette enceinte voyait passer tout un flot de vies humaines, aujourd'hui éteintes.

Nous croyons entendre le bruit amorti des sandales, les psalmodies à mi-voix de la milice pieuse. Une paix et une solennité surnaturelles semblent envelopper ces vieux murs; l'Angélus vient à tinter, et le bon moine qui nous accompagne se prosterne pour réciter les trois Avé Maria.

Une visite à l'église, restée dans un assez bon état de conservation, complète notre promenade. Ces ruines appartiennent à l'évêque d'Eperies, du rite grec uni; tous les ans, il s'y fait un pèlerinage, et la messe y est célébrée en grec. Nous voudrions rester plus longtemps sur ces hauteurs consacrées, mais le jour descend; il nous faut reprendre notre voyage.

Au delà du couvent, deux routes se rencontrent, et Jankó, hésitant, s'informe auprès d'une femme qui s'en va d'un pas lourd, pittoresquement vêtue d'une jupe bleue et d'un corsage rouge, avec un mouchoir également rouge autour de la tête.

Nous sommes maintenant en Pologne, et quoique nous ayons

à peine franchi la frontière, les villages changent déjà d'aspect. Les maisons sont plus propres, autrement bâties, le toit est fait de longues planches minces, placées l'une sur l'autre. Sans doute pour accroître le danger en cas d'incendie, les habitants en recouvrent la moitié de chaume. La vie rurale est très pittoresque en Galicie. A tout moment, des scènes nous rappellent, par la composition et la couleur, les tableaux de Cuyp. Voici un de ces sujets aimés des vieux maîtres hollandais : un pont rustique, au premier plan d'une vaste lande, avec un fond de collines vagues. Près du pont, une jeune fille, dont le vêtement rouge donne la note vive demandée, fait boire dans une auge ses moutons et ses chèvres. Le coucher du soleil colore le ciel d'une belle teinte safran, et tout ce paysage est empreint de calme et de repos.

Vieilles églises de bois, solitaires, aux clochers à jour ; bergères chassant devant elles des vaches ou des troupes d'oies qui allongent vers nous leurs cous de serpent ; vieilles portes, presque chinoises, où des femmes filent debout ou assises ; mélancoliques cimetières dormant tout seuls sous le ciel noir... Et puis nous laissons tout village derrière nous et nous entrons dans une large vallée, fermée d'un côté par des collines noires de sapins, de l'autre, par une longue rangée de ces pics dénudés qui caractérisent le Tátra septentrional. A mi-chemin, nous voyons arrêtés trois hommes aux grands chapeaux de brigands, et mon cœur bat plus vite quand je m'aperçois qu'ils se mettent à nous suivre. L'un d'eux pose la main sur le timon de la voiture et parle à Jankó, sans mauvaise intention, après tout. Lui et ses compagnons sont de braves paysans attardés au retour du travail, et ils demandent, par politesse, d'où nous venons. Heureusement notre cocher comprend un peu le polonais.

« A quelle distance sommes-nous de Neumarkt ? »

Jankó se retourne pour nous traduire la réponse en allemand.

« Deux bonnes heures. »

Si la réponse avait été « deux heures », nous aurions passé outre ; mais nous avons appris à nos dépens la signification de l'adjectif ci-dessus. Nos bons petits chevaux commencent à être rendus ; la nuit est sombre, et les lanternes de la voiture ne sont pas garnies; ce serait une marque de prévoyance sans précédent chez un cocher hongrois.

Des nuages épais cachent la lune et les étoiles. A la première ferme qui montre au bord de la route sa lueur hospitalière, nous nous informons si nous ne sommes pas loin d'un village. Un homme paraît, ses longs cheveux rangés derrière ses oreilles comme ceux d'une femme; il est suivi de sa ménagère, dont la taille opulente est enfermée dans un corselet de velours noir lacé sur une guimpe écarlate aux larges manches blanches. Elle est charmante ainsi, dans l'encadrement de la porte ouverte; et au milieu de la pièce, près de la table servie pour le repas du soir, nous apercevons le berceau de l'enfant, le premier bébé polonais dont j'aie occasion de faire la connaissance.

A dix minutes de là nous trouverons un village.

« Mais les étrangers viennent de loin; ne veulent-ils pas entrer et se réconforter un peu? »

Nous ne pouvons accepter cette offre cordiale. Notre voiture repart, et lentement la porte se referme. L'obscurité nous semble deux fois plus profonde. Il nous reste du bonheur paisible qui enveloppe la modeste demeure un souvenir très doux.

Enfin nous voyons luire de nombreuses lumières rouges, nous passons une barrière primitive, faite d'un tronc de sapin suspendu en travers de la route, et nous entrons dans le village, dont les maisons sont beaucoup mieux bâties que toutes celles de la Hongrie septentrionale. Dans l'enceinte formée autour de chacune d'elles par une haie, des groupes se chauffent autour de grands feux brûlant en plein air; il y a là quelque chose de fantastique et d'aussi peu européen que possible. Nous demandons à deux hommes, couchés près de l'un de ces feux, le chemin de l'auberge; ils se lèvent aussitôt, se découvrent et répondent, le chapeau à la main, aux questions du cocher, comme d'autres l'ont fait déjà tout le long de la route. L'auberge est un peu plus loin; on s'offre à nous y conduire. C'est un long bâtiment à un seul étage, au milieu d'une espèce de cour. Au bruit inattendu des roues (les voyageurs doivent être ici un événement rare), quelques personnes apparaissent à la porte, semblables à des ombres noires sur un fond lumineux.

« Y a-t-il des chambres ? Peut-on nous recevoir pour la nuit ? » demande Jankó en polonais.

Un long colloque s'ensuit. Il paraît que cette maison n'est pas une véritable auberge, qu'il n'y en a pas dans le village, mais qu'on loge quelquefois les étrangers ici. Une femme s'approche de la portière et nous parle en allemand. Nous sommes les bienvenus sous son toit, quoiqu'elle ne puisse nous offrir qu'une hospitalité des plus humbles, « indigne de nobles seigneurs comme nous. »

Enfin, si nous voulons entrer, nous en jugerons par nous-mêmes.

C'est une grande maison irrégulière, toute en bois, où l'on entre par une véranda élevée de quelques mètres. La salle commune est d'une propreté admirable; la batterie de cuisine qui orne les murs semble nous souhaiter aussi la bienvenue par son éclat. On nous conduit dans la chambre des hôtes, que toute famille suffisamment aisée tient sans cesse préparée pour l'étranger qui passe, dans ce pays aussi hospitalier que la Hongrie. Le mobilier est, en effet, des plus modestes, mais fort propre, et nous ne désirons pas autre chose.

A côté, une laiterie, où de larges brocs de lait répandent dans toute la maison une agréable odeur de crème; puis une vaste étable où logent plusieurs vaches et leurs veaux, et sur laquelle prend jour la fenêtre de notre chambre. Une lanterne est suspendue à une poutre, et un homme âgé donne à Jankó du maïs pour ses chevaux.

Quand nous rentrons dans la salle, une jeune fille sort de l'ombre du porche et vient me baiser la main.

« Les étrangers sont anglais, dit, en façon de présentation, notre alerte hôtesse, à laquelle nous avons confié ce fait intéressant. Ils viennent du pays où poussent le sucre et le café, bien loin d'ici. Ah! je me rappelle avoir appris cela quand j'allais à l'école ! »

Elle tire de sa vaste poche un trousseau de clefs, et ouvre une armoire pour y prendre du linge blanc filé au logis. Une nappe est déjà étendue sur la longue table, dans un coin de la salle ; on compte évidemment que nous partagerons le repas de la famille. Au nord du Tátra, si chaudes soient les journées, les nuits sont toujours froides, et il n'y a guère que six semaines de l'année où il ne gèle pas. La chaleur du feu nous est donc fort agréable. Assis près de la cheminée, nous suivons les mouvements de la mère et de la fille, en jupons courts et corselets rouges ; elles s'agitent l'une et l'autre pour préparer le souper, sans paraître intimidées par la présence des étrangers.

On nous réserve la place d'honneur, au haut bout de la table, déjà garnie d'une nappe plus fine et des plus belles porcelaines, que la jeune fille a sorties d'une petite armoire vitrée. Dès que le simple repas, composé d'un énorme plat de pommes de terre frites, d'un ragoût quelconque et d'espèces de crêpes, se trouve prêt, le vieillard que nous avons aperçu dans l'étable entre à son tour. Ses cheveux blancs retombent sur ses épaules ; il nous baise aussi la main et nous accueille cordialement.

« Heureux ceux qui reçoivent sous leur humble toit l'étranger et l'homme sans foyer ! » nous dit-il en allemand fortement mêlé de slave.

Comme tous les paysans ses voisins, il a passé sa vie dans les travaux de la campagne, ce qui ne l'empêche pas de nous adresser ces mots avec une dignité et une noblesse qui feraient honneur à un gentilhomme pourvu de seize quartiers.

Après une courte prière, récitée dans une langue à nous inconnue, et que tous entendent debout, on nous invite à nous mettre à table. Le souper fini, pendant que les femmes se hâtent de tout remettre en ordre, nous voyons entrer le curé du village ; c'est un homme fort supérieur, comme instruction, à ce qu'est souvent le pauvre clergé de ces provinces reculées, et il nous fournit un grand nombre de renseignements utiles sur le pays que nous devons parcourir.

Outre sa population propre, la Galicie ne contient pas moins de deux millions et demi de Ruthènes, appelés aussi Rusniaques, parlant un dialecte russe, et appartenant, comme les Slovaques, à l'Église grecque.

Les Polonais, au contraire, comme nous aurons l'occasion de le constater, sont fervents catholiques, fort attachés à leur foi et zélés observateurs des lois de l'Église. Depuis le partage de la Pologne, au siècle dernier, et l'occupation de la Galicie par l'Autriche, la langue allemande s'est de plus en plus généralisée dans les classes supérieures; mais le peuple reste obstinément fidèle à son dialecte slave, qu'il entremêle pourtant d'expressions germaniques.

Tandis que nous causons avec le curé, deux jeunes gens, qui semblent frères, entrent sans cérémonie et s'asseoient de l'autre côté du foyer; ils restent tout déconcertés de se trouver en face d'étrangers. Sans doute on s'attendait à leur visite, car aussitôt une boisson chaude et sucrée, ressemblant à du punch, circule à la ronde, sans oublier la maîtresse de maison et sa fille, qui sont venues fermer le cercle autour du feu. Cette dernière, jolie enfant de dix-sept à dix-huit ans, se place d'un air timide sur le banc, près de son grand-père, semblant éviter les nouveaux venus. Le bonhomme lui adresse une plaisanterie qui la fait rougir jusqu'au front. Craignant de gêner cette petite société, nous leur disons bonsoir, enchantés que le hasard nous ait fait connaître un intérieur galicien.

Les premières lueurs du jour sont saluées par d'inexplicables bruits, de nombreuses voix de femmes avec des rires sonores et le nom d'Yetta maintes fois répété. Un peu plus tard, nous découvrons qu'on célèbre aujourd'hui même le mariage de la gentille paysanne avec un des jeunes gens de la veille. Malgré notre désir d'assister à des noces polonaises, nous prenons congé de ces braves gens. Convaincus qu'ils ne nous demanderont rien, nous glissons une gratification dans la main de la mère, qui la refuse avec une expression de chagrin. Il faut que j'affirme qu'il s'agit d'un cadeau de noces, pour faire accepter à Yetta un petit médaillon.

« Un souvenir ! Ah ! ce n'est pas nécessaire ; nous ne vous oublierons jamais, jamais ! »

Et nous disons adieu à ce village hospitalier.

XIX

ZAKOPANE

C'est grande fête à Neumarkt. Hommes, femmes et enfants sortent des portes voûtées, le rosaire ou le livre de prières en main, pour se rendre aux vêpres. Des groupes pittoresques sont agenouillés dans l'enceinte verdoyante de l'église : vieillards aux longs cheveux blancs, vieilles décrépites aux coiffes singulières; autour d'eux, jeunes filles et femmes vêtues de toutes les nuances du rose pâle au rouge vif, la tête et les épaules enveloppées d'une écharpe blanche. A l'intérieur, la foule est compacte. Quelle curieuse vieille église, avec ses autels latéraux, ses niches creusées dans des endroits invraisemblables, au sommet de larges escaliers de pierre, couverts de formes agenouillées et tellement pressées qu'au demi-jour du sanctuaire le mur semble revêtu d'un bas-relief colorié, avec figures de grandeur naturelle. Tous chantent en polonais les psaumes du jour. Ni chantres ni instrument d'aucune espèce pour soutenir les voix, mais l'assistance s'y donne de tout cœur. Hommes et femmes se répondent, verset par verset, et si leurs voix ne sont pas toujours harmonieuses, leurs cœurs du moins s'associent aux paroles du Psalmiste. « Rendons grâce au Seigneur, car sa miséricorde est éternelle. » Je n'ai jamais rien vu de plus émouvant : ces costumes singuliers, ce vieil édifice, ces attitudes pieuses, tout accentue l'impression. En nous voyant entrer, ils nous font place, sans bruit, ni regards distraits, ni curiosité malséante.

Dans l'assistance, outre les costumes des paysans, nous remarquons plusieurs personnes d'un rang plus élevé, et nous faisons connaissance avec la vraie polonaise, long vêtement de drap noir à demi collant, bordé de large dentelle d'or, aussi beau que seyant.

Tout cependant n'est pas agréable à Neumarkt (ou Norvytarg en polonais). L'auberge est des plus malpropres : dans l'étroite cour, au-dessous de notre fenêtre, et sur laquelle ouvrent la cuisine et l'étable, trop rapprochées, nous apercevons quelques Juifs traînant des robes noires graisseuses. Les Juifs galiciens, tout en ayant les cheveux courts, gardent devant deux longues boucles en tire-bouchon, qui leur pendent de chaque côté du visage, et s'ajoutent, pour leur donner un aspect comique, aux grands bonnets de velours ronds et évasés dont ils se coiffent. Quelle que soit leur fortune, parfois considérable, leur malpropreté répugnante est la même. La salle commune est pleine de ces personnages, qui parlent bruyamment de *jochs* de terre et de tas d'or. Un coup d'œil sur la cuisine nous décide à laisser voiture et chevaux se reposer ici et à en louer d'autres pour nous conduire séance tenante jusqu'à Zakopane, village situé au pied du Tátra septentrional, où nous espérons trouver un gîte moins prétentieux, mais plus propre.

En attendant, nous faisons un tour par la ville, et nous sommes abordés par un gentilhomme polonais, arrivé le matin même de Cracovie.

« D'un bout à l'autre de la Galicie, nous dit-il, les auberges sont tenues par des Juifs, la plaie du pays. »

Ils encouragent les paysans à consommer chez eux, à crédit, des liqueurs fortes, car le rusé Juif sait bien que chaque débiteur possède quelque morceau de terre, héritage de plusieurs générations successives. Le paysan galicien vit durement et goûte fort son verre de slivowitz ; il ne faut pas le pousser beaucoup, pour qu'il en boive davantage, surtout à crédit. Mais tôt ou tard arrive l'échéance ; impossible de payer une dette accumulée depuis des années. Les petits objets de valeur disparaissent d'abord du pauvre ménage ; puis il faut hypothéquer la terre.

Chasseurs de chamois.

Dans certains districts, des villages entiers sont ainsi passés aux mains des usuriers juifs.

Les Polonais observent scrupuleusement les jours de fête; il nous faut chercher longtemps pour en trouver un qui consente à nous conduire. Enfin l'hôte, d'une mine chagrine, vient nous prévenir que notre équipage nous attend. Sous cette dénomination pompeuse, c'est une charrette dont les côtés sont faits de deux planches brutes; les banquettes ont heureusement le luxe inaccoutumé d'un dossier, qui n'est autre qu'une barre de fer. Les chevaux, grandes bêtes osseuses à la robe grise, sont ornés de brides et de pompons en cuir rouge. Nous devons faire un effet imposant, quand nous nous lançons à fond de train sur la route mal pavée au bout de laquelle les grands pics se dressent sous leur linceul de neige.

Un crucifix : notre cocher se découvre; un second : il se découvre encore. Un groupe de paysans fait de même. Je n'ai jamais vu sur les routes un tel luxe de crucifix et de chapelles. Voici un champ cultivé gardé par un calvaire. Tous sont peints en noir et or, et leur état témoigne du respect qu'ils inspirent. Deux routes se rejoignent : un saint en protège l'entrée; chaque ruisselet est sous la protection de saint Jean Népomucène. Dans les villages, c'est une seconde population de statues de saints. Un des plus vénérés, en apparence, est saint Nicolas. Outre sa bienveillante mission près des enfants, il est ici chargé de veiller sur les abeilles, et dans la majesté de sa mitre d'or et de sa robe violette, il s'abrite au milieu des ruches. Les villages galiciens font du reste honneur à leurs saints patrons : on n'y voit aucune trace de misère, et les maisons, construites en troncs d'arbres, respirent l'abondance.

Une église dont nous apercevons le clocher au milieu des arbres fait retentir à toutes volées son petit bourdon fêlé. Les paysans se hâtent à cet appel. Les femmes ont leurs beaux costumes : une jupe bleu sombre, sur laquelle s'étagent des vêtements de plusieurs nuances de rouge éclatant, harmonieusement dégradées. Toutes ont sur la tête l'écharpe de mousseline aux bouts garnis de dentelle ou de franges, qu'elles mettent pour aller à l'église. Le costume du sexe laid est moins pittoresque : un long vêtement de grossier drap brun, aux manches fort larges, lui-même fort vaste de partout, est leur parure du dimanche; il a seulement une garniture de drap rouge fort compliquée, découpée en lanières de plus en plus étroites. On dirait, quand elle est neuve, une lourde bordure de petits grains rouges. Les cloches ont cessé leurs appels. Sur les pentes, des femmes rentrent les chevreaux à l'étable, car les nuits sont toujours froides. Demain, elles rangeront leurs beaux habits, jusqu'au prochain dimanche, dans le grand coffre dont chaque maison est pourvue; et sous leurs vêtements quotidiens, sales et fanés, elles travailleront aux champs comme des hommes.

L'épaisse forêt s'entr'ouvre en face de nous; une superbe montagne nous barre le passage de ses escarpements dénudés, dont de maigres sapins garnissent la base. En avant coule le Dunajecz, rivière limpide comme le cristal, qui parfois prend des airs de lac, mais qui n'est aujourd'hui qu'un étroit ruisselet, dans la profondeur de son lit de cailloux blancs. A droite, le cocher nous désigne un vaste bâtiment carré à un seul étage, et, avec une mimique expressive, nous indique que c'est là où nous devons dormir ce soir.

Après l'avoir congédié, nous pénétrons dans un corridor dallé, d'un aspect peu réconfortant, sur lequel ouvrent toutes les chambres. Un coup d'œil sur la vaste cuisine, d'où s'échappent des odeurs savoureuses, nous garantit une parfaite propreté. La table est servie pour quatre convives, dont un *graf* (comte) allemand, grand chasseur, à en juger par son costume. Il ne lui manque que l'arc et les flèches pour faire un parfait Guillaume Tell. Dans la conversation, il est question de chamois, de daims et même d'ours. Le repas achevé, nous restons seuls, et l'hôte nous annonce qu'il y aura demain une chasse au chamois, organisée pour « monsieur le comte ».

« Mais il a neigé hier dans la montagne; ils auront du mal à grimper là-haut. A partir de quatre heures, le bruit qu'ils feront vous empêchera de dormir. »

Une chasse au chamois! le rêve de mon enfance! J'entends

bien me lever avant le soleil et voir partir les chasseurs. Qui sait si notre excursion de demain ne nous permettra pas d'assister à leurs hauts faits !

Nous nous informons de la route qu'ils doivent suivre, et nous commandons nos chevaux pour sept heures, décidés à aller à cheval aussi loin que possible et à grimper ensuite à pied ou à quatre pattes, s'il le faut. Un guide nous escortera, muni d'un panier de provisions. Je m'endors avec l'idée que je touche à l'accomplissement d'un des rêves de ma vie.

XX

LES CHASSEURS DE CHAMOIS

Longtemps avant le jour, car l'aurore descend tardivement dans cette gorge profonde, nous avons été réveillés par des bruits affreux, quelque chose d'atroce et d'indescriptible : un trio (on nous le dit plus tard) de trompes de bouviers, suivi de salves de carabines, qui éveillent tous les échos des sévères montagnes, et tirent enfin M. le comte de son appartement. Nous-mêmes, nous obéissons à cet appel impératif : l'air vif des montagnes dispose plus à l'appétit qu'au sommeil ; aussi n'a-t-on pas de mérite à se lever matin. La troupe de chasseurs, au nombre de sept, y compris les rabatteurs, se réconforte avant le départ avec une tasse de café. Ils se sont adjoint plusieurs porteurs pour les provisions et les menus bagages, attachés sur leurs dos comme des havre-sacs. Le jeune comte, équipé de pied en cap, sans que rien manque à la correction de son costume de Guillaume Tell, s'entretient confidentiellement avec l'hôtelier. Il porte, roulé autour de son corps, une corde et un filet, dont nous ne pouvons concevoir l'usage. Est-ce un hamac, ou bien un filet pour pêcher dans un des lacs ?

A l'heure désignée, nous sommes à cheval, et, traversant le Bystre, torrent écumant au bord duquel s'élève une fonderie, nous gravissons un sentier escarpé qui monte en pleine forêt. Nous sommes bientôt dans la région du krummholz. Nos petits chevaux, peu accoutumés à des fardeaux humains, — je soupçonne le mien de n'avoir jamais eu sur le dos autre chose qu'un sac de farine, — manifestent à notre égard un véritable antagonisme, malgré leurs noms bibliques, Abraham et Sarah. Le premier fait de son mieux pour se débarrasser de moi en se frottant contre les arbres et les buissons épineux, ou en marchant sur l'extrême bord des précipices. Nous faisons de grands progrès dans la langue polonaise; quand nous voulons aller plus vite, nous caressons le couple patriarcal avec une ronce qui nous tient lieu de cravache, en criant d'un ton de commandement : *Iedj prentko!* et pour arrêter : *Stui!*

Au bout d'une heure et quart, nous atteignons un vallon, où nous laissons les chevaux. A la suite de notre guide, nous frayant un chemin à travers les branches emmêlées du krummholz, dont le sol est couvert, nous sommes bientôt au pied du Felsenkegel, d'où nous avons une vue magnifique sur la partie nord-ouest du Tátra, appelée ici les Krapak. Si beau que soit le coup d'œil, impossible de nous attarder ; nous avons encore une longue course à faire avant d'atteindre le lac Noir et le lac Glacé, autrement dits, dans la langue du pays, *Czarny Staw* et *Zamarly Staw*. Enfin nous apercevons le premier devant nous, chaudement blotti entre les montagnes qui l'enserrent. Après le lac Cszorba, c'est un des plus ravissants de la chaîne. A l'ouest de son bassin, de forme ovale, flotte, calme et tranquille, un petit îlot rocheux, couvert de sombres krummholz. Pas une ride ne trouble le miroir de l'eau. Ici, comme à l'étang de Felka, règne un silence absolu; pas un oiseau, pas même un insecte bourdonnant! Le pic de Kóscielec reflète son angle puissant dans ces eaux d'un vert sombre.

« Par les temps orageux, nous dit notre guide en le désignant, il lance dans le lac d'énormes fragments. Je l'ai vu un jour que, pris par une tempête, j'ai dû me réfugier sous ce rocher là-bas. Il était effrayant. Les pierres pleuvaient de sa face, comme si le géant versait des larmes de pierres, et elles faisaient jaillir l'eau du lac à la hauteur d'un jet colossal. »

Il continue à nous parler de ses montagnes, ainsi que tant de guides dans les Alpes, comme si c'étaient des êtres vivants et surnaturels. Ces lacs, loin des hommes, avec leurs eaux sombres et calmes, exercent une influence mystérieuse ; leur silence nous gagne ; on se sent pris par un enchantement, la nuit suivante, j'en ai le cauchemar.

Le lac Glacé, à plus de 1 800 mètres au-dessus du niveau de la mer, est situé à l'est du Czarny Staw (lac noir). Une courte mais difficile escalade, en franchissant d'énormes blocs de granit, nous amène à un étroit plateau, d'où nous l'apercevons dans son berceau de neiges. Là encore, impossible de décrire la grandeur et la sublimité du spectacle. Entouré de bastions gigantesques, dont les ravines et les fentes sont remplies de vastes nappes blanches qui descendent jusqu'à ses bords, serré dans cette étreinte glacée, muet, immuable, c'est une des choses les plus lugubres et les plus impressionnantes qu'on puisse concevoir. Un grand aigle doré s'envole soudain d'une fissure et fend l'air de ses ailes immobiles. Nulle végétation, pas même une petite plante alpestre, ne peut croître sur ces rocs arides. Tout est stérile et comme maudit. L'œil cherche en vain l'issue de ce labyrinthe de pierre ; là-bas cependant s'ouvre une étroite gorge, par où nous nous échappons.

Notre porteur de provisions s'est occupé à ramasser du bois et quelques poignées de mousse sèche sur les pentes inférieures de la montagne. Après un repos d'une heure près d'un excellent feu, et un dîner assaisonné par la marche et le grand air, nous reprenons vaillamment notre route, pour arriver au but : une corniche élevée d'où l'on a une vue splendide sur presque toute la chaîne, jusqu'aux Alpes de Liptau.

A nos pieds, s'étend le plus élevé des cinq lacs, à une altitude de près de deux mille mètres. Entre tous les pics, le Krivan règne sur ces terres désolées, quoiqu'il ne soit pas le plus élevé, l'Eisthal et le Lomnitz le dépassant encore. Je ne crois pas avoir vu, même en Suisse, de panorama aussi imposant. En Suisse, les montagnes sont, pour ainsi dire, civilisées ; dans le Tátra, elles sont sauvages, arides, abruptes ; elles ont plus de rudesse de contours ; on dirait que la terre, dans un accès de frénésie, les

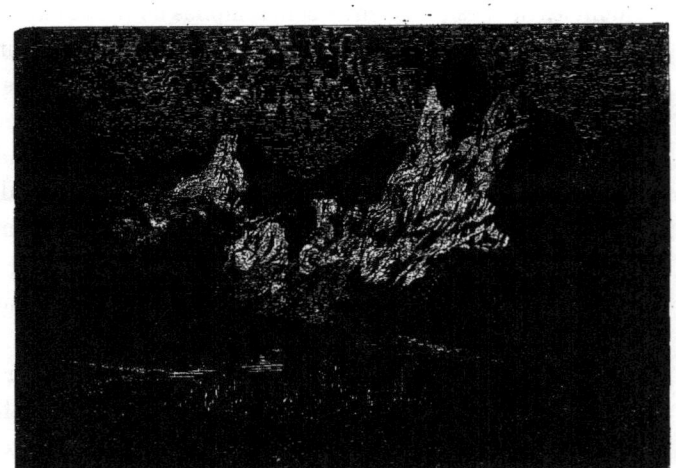

Dans les Carpathes. — Les pics du haut Tâtra.

a projetées, au hasard, de son sein. D'après les lois généralement reconnues, la neige devrait couvrir toute l'année ces hautes crêtes; au contraire, quoique d'énormes masses de neige séjournent parfois tout un été au fond d'une ravine, on ne voit pas un seul pic toujours revêtu de neige. Cela tient sans doute à l'excessive déclivité des pentes; tout glisse au premier dégel.

Non loin du point où nous sommes, on aperçoit la perle des lacs du Tátra, le Fischsee (lac des poissons), et la pyramide rocheuse du Meerauge (yeux de la mer); mais nous avons assez grimpé pour un jour, et nous pouvons nous reposer sur nos lauriers. Quoique la battue se soit faite aux environs, pas un appel ni un coup de fusil ne nous est parvenu. Cependant nous apercevons sur un champ de neige une tache noire de la grosseur d'une mouche; avec la lorgnette, nous distinguons un piéton, armé d'une longue canne: peut-être un de ces pauvres mendiants qui gagnent leur vie à ramasser des racines de gentiane.

« Descendons au-devant de lui, dit F***, pris de compassion. Le pauvre diable doit mourir de faim; nous lui donnerons le reste de nos provisions; le guide et le porteur sont incapables de dévorer davantage en un jour. »

Mais quelle est notre surprise quand, de plus près, nous reconnaissons M. le comte, qui a passé son temps à herboriser, pendant que nous le croyions à la poursuite des rusés chamois.

« J'ai laissé les hommes là-haut, nous dit-il sans se déconcerter. Ces gens ont une façon de chasser et une patience incompréhensibles pour nous autres gens de la plaine. Je ne vois pas le plaisir qu'on trouve à geler tout un jour derrière un rocher couvert de neige, pour attendre un chamois qui ne passe pas. Au bout d'une heure, j'en ai eu assez. »

Cependant il n'a pas perdu son temps, car il a recueilli plus de vingt échantillons de fleurs alpestres, la *Gentiana frigida,* que nous avons vainement cherchée, celle de toutes les gentianes qui croît à l'altitude la plus élevée.

Au coucher du soleil, rentrée générale. Pour dîner, soupe de tétras, ragoût de daim rouge à la sauce d'airelles et rôti de kaiservogel (oiseau de l'empereur). Si nous ne devenons pas de vrais montagnards ! Les Polonais d'hier sont remplacés par de nouveaux voyageurs venus de Schmecks pour faire l'ascension de l'Eisthal. Ils nous disent que le brouillard persiste là-bas, et nous nous félicitons d'y échapper sur ce versant du Tátra.

XXI

EN ZIGZAG

Une dernière et joyeuse journée consacrée à escalader le Nosol, et à parcourir à cheval la belle vallée de Kóscielysko, termine notre séjour à Zakopane. Cette fois, nous sommes accompagnés du comte lui-même, l'air bénévolement farouche, la longue moustache cirée pour la circonstance. A son côté, pend un baril en miniature, rempli d'un breuvage réconfortant; il est armé de son fusil, car il se peut qu'un chamois ou un daim, — ces animaux étant si peu farouches! — traverse le sentier. Enfin il porte sur l'épaule un drapeau écarlate, dont l'usage reste pour nous un mystère.

La belle forêt d'arbres verts où nous montons en zigzag est, en cette saison, un vrai parterre, et nous nous arrêterions à chaque pas, sans les rappels à l'ordre de notre guide. En nous aidant du bâton du Tátra, forte canne pointue surmontée d'une hachette, dont tous les montagnards se servent, nous nous accrochons aux racines et aux branches, et nous arrivons à gravir cette crête inaccessible autrement, tant elle est perpendiculaire. Vers le sommet, une récente tempête a ravagé la forêt : tout est bouleversé; des pins gisent comme des géants vaincus; de jeunes mélèzes sont brisés ou courbés jusqu'à terre.

« La tempête a renversé quatre cents arbres, rien qu'ici, » dit le guide. Depuis que nous parcourons les Carpathes, nous ne cessons de nous étonner qu'il y reste un seul arbre debout. Non seulement ces forêts séculaires sont victimes des vents du nord et des coupes impitoyables des paysans; mais il est extrêmement rare de rencontrer de jeunes plants destinés à les renouveler. Les forêts sont si vastes, que le bois n'est pas prêt de faire défaut; mais il est triste de voir disparaître la plus belle parure de ces montagnes.

Nous arrivons au sommet du Nosol. Depuis vingt minutes, l'ascension a été des plus difficiles; mais nous en sommes récompensés par un magnifique coup d'œil sur tout le pays. Au-dessous de nous, le gros village de Zakopane, dont les maisons, bâties par groupes, suivant la coutume polonaise, ont l'air de vrais joujoux. Au sud, le sommet rocheux du Giewont, singulière montagne divisée en deux pointes semblables à des pyramides, qui, à une certaine époque de l'année, servent d'horloge au village : le soleil, à midi, se trouvant immédiatement entre elles deux.

L'édelweiss croît en grande abondance sur le Nosol; ses feuilles d'argent et ses fleurs laineuses contrastent avec le bleu des gentianes. J'étais assise, en train d'esquisser rapidement le paysage, lorsque je vois tomber sur mes genoux une poignée de ces charmantes fleurs. C'est un petit enfant qui, avec un autre à peine plus âgé, est monté du village, Dieu sait comme! par un chemin plus court. Leur teint est frais, leurs lèvres roses; ils font des bouquets de gentiane et d'édelweiss qu'ils plantent à leurs chapeaux, et, se jetant sur l'herbe à côté de moi, se mettent à jaser dans leur étrange langue slave et à regarder mon dessin. Le comte et mon mari sont allés escalader la pointe extrême du mont; je suis donc enchantée de cette société imprévue. Tout d'un coup les enfants se mettent à chanter un chant sans rythme, comme un gazouillement d'oiseaux, et brusquement ils se lèvent et s'enfuient.

Je frémis à les voir descendre en courant cette pente vertigineuse, sans regarder à leurs pieds. Leur anges gardiens doivent avoir doublement à veiller sur ces enfants de la montagne; le moindre faux pas les aurait fait rouler dans un précipice de mille pieds.

Mes compagnons revenus, nous allons voir une ancienne moraine, où des blocs de granit et des débris de toutes sortes tracent le lit de ce qui dut être un large glacier. Des roches de dolomite l'entourent; les pierres, comme celles de la vallée de Felka, ont dû être amenées d'une grande distance par la marche des glaces.

Quelques-uns des pins de ce district sont fort singuliers; ils n'ont point de feuillage inférieur, rien que de petits bouquets verts à la pointe de leurs rameaux, où pendent encore des glaçons, et ils ont l'air si vieux, que nos souvenirs se reportent aux antiques forêts de l'Extrême-Orient, où les arbres restent debout par milliers, morts et blanchis, spectres d'eux-mêmes.

Nous avons donné l'ordre, avant de partir, qu'Abraham et Sarah fussent prêts à deux heures pour nous transporter au vallon de Kóscielysko; il faut donc redescendre précipitamment, car nous sommes en retard. Un repas hâtif (le jour décline déjà), et nous partons en cavalcade. La route est excellente, en pleine forêt. L'entrée de la vallée est gardée par deux rocs, qui forment une entrée si étroite, que nous avons peine à y passer. De l'autre côté, nous trouvons une prairie où paissent tranquillement une vache et deux chèvres. A peine la première a-t-elle aperçu le pavillon rouge du comte, qu'elle se met en posture menaçante, cornes baissées. L'offenseur, paralysé de crainte, regarde quelque temps l'animal furieux, qui finit par lui tourner le dos avec dédain.

Non loin de là, une hutte offre au voyageur égaré un asile jusqu'au lendemain; puis nous arrivons à la porte Haute, second passage semblable au premier. C'est là que commence véritablement la gorge. Des deux côtés, les rocs, presque perpendiculaires, affectent les formes les plus fantastiques. Au centre de la forêt, voici un étang aux eaux presque noires, d'où nous faisons envoler une nuée de canards sauvages; mais notre vaillant chasseur a tout apporté, sauf des cartouches; il ne nous sera donc pas donné d'assister à ses prouesses, ce qui est peut-être fort heureux pour nous-mêmes.

Quand nous rentrons à l'hôtel, on nous annonce que les chasseurs sont revenus, rapportant, non seulement des chamois, mais un ours. Les vainqueurs mènent grand tapage dans la cuisine, où ils font honneur à un souper dont ils ont grand besoin. Leur groupe pittoresque ressemble à une bande de brigands ou de flibustiers. Le comte ne paraît pas autrement désolé d'avoir manqué la chasse, mais il prend un vif intérêt au résultat, et nous l'entendons donner des ordres pour qu'on lui envoie les têtes et les peaux. Sans doute elles seront suspendues dans le burg de ses pères, en compagnie de son chapeau à la Guillaume Tell, et la légende racontera qu'en l'an de grâce 188... un graf Ludwig von *** lutta avec un ours monstrueux, et sans armes, par la seule force de son bras puissant, jeta mort à ses pieds le redoutable monstre.

XXIII

YETTA

. . . .

Un an s'est écoulé depuis notre voyage à travers les plaines, notre séjour à Tátra-Fured et à Zakopane. Nous sommes retournés en Angleterre, et aujourd'hui nous voici revenus à Neumarkt, où nous attendons la diligence qui doit nous conduire aux célèbres mines de sel de Wieliczka.

Le fidèle András attend cette fois encore notre retour à Poprád avec l'antique véhicule de notre premier voyage, qui, bien réparé, a conclu un nouveau bail avec l'existence.

Sur le square de Neumarkt, les mêmes Juifs qu'il y a un an, dirait-on, sont encore là, sans autre occupation apparente que de surveiller les passants. Leur attention se concentre actuellement sur le départ de la diligence jaune où nous allons prendre nos places.

Comme il n'y a pas de coupé, nous sommes bien contraints de voyager dans l'intérieur ; nos compagnons sont un grand Polonais maigre, et une jeune femme que, d'après son extérieur, nous jugeons être ruthène.

L'installation présente certaines difficultés ; pourtant nous en venons à bout, et nous voici partis au galop, suivant la coutume. La jeune femme en question se rend à Lubień, ville dont je n'ai jamais entendu parler, mais dont le nom est écrit en grosses lettres sur un énorme carton qu'elle s'obstine à garder sur ses genoux et qui remplit la moitié de la voiture. Je lui fais quelques représentations, mais elle défend si énergiquement et sa boîte et ses droits dans sa langue maternelle, qu'aucun de nous n'aurait le courage de protester davantage, quand même elle y porterait un serpent boa. L'autre voyageur, à la physionomie grave et triste, comme beaucoup de Polonais, ne sait où mettre ses jambes, qui sont un sujet de perpétuelle irritation pour cette irascible jeune personne, malgré les efforts qu'il fait à ses propres dépens pour tenir le moins de place possible. Tout finit par s'arranger, et sauf un éclair passager des yeux noirs de la voyageuse, quand son vis-à-vis lui marche involontairement sur les pieds, rien ne trouble plus notre bon accord.

La distance entre Neumarkt et Wieliczka est de cinquante-sept kilomètres. Les mines sont situées dans le voisinage de la belle Vistule, qui arrose les plaines de la Galicie, et, se hâtant vers le nord, va se déverser dans la Baltique. C'est dans ces fertiles pâturages qu'habitaient primitivement les ancêtres de la race polonaise, ce mot étant dérivé du slave *polska,* champ ou plaine.

Les vastes salines de Wieliczka s'étendent immédiatement au-dessous de la ville du même nom, sur l'immense espace de trois mille mètres de l'ouest à l'est, sur mille cent cinquante du nord au sud, et plongent à une profondeur de deux cent cinquante mètres, divisée en cinq, et par endroits sept étages distincts.

La permission d'explorer ces mines si curieuses est facile à obtenir. Un guide et plusieurs jeunes garçons portant des flambeaux sont chargés de nous accompagner. Après qu'on nous a solennellement revêtus de longues blouses blanches, pour préserver nos habits, nous prenons place dans une sorte d'ascenseur primitif, et nous plongeons dans le puits béant, jusqu'à l'étage supérieur de ces merveilleuses excavations. Nous nous trouvons alors dans une chambre voûtée qui, sans l'obscurité profonde, ressemblerait à un gigantesque hall d'emballage. Des hommes y sont occupés à remplir des barils de sel qui vont être expédiés dans d'innombrables directions. Notre guide nous fait traverser rapidement cette ruche humaine et nous conduit par de longues galeries à des chambres et des salles creusées dans la couche saline elle-même, dure comme de la pierre, et que l'on extrait par blocs.

L'air est parfaitement respirable, et nos jeunes acolytes éclairent les murs blancs avec leurs torches, y faisant étinceler des myriades de diamants. Notre marche ne rencontre aucun obstacle. Nous arrivons sans la moindre fatigue à un lac salé (il y en a seize dans ces mines), où une barque plate attend pour nous transporter sur l'autre bord. A la vue du noir et vigoureux batelier qui nous aide à y monter, nous songeons aux âmes traversant le Styx dans la barque de Caron, suivant la mythologie grecque. Les eaux sombres où se reflètent les torches, les singuliers costumes et les types étranges de nos compagnons, notre propre aspect de fantômes sous nos longues robes blanches, contribuent à évoquer cette idée. De temps à autre un bruit sourd, pareil à un coup de canon, ébranle la mine jusque dans ses fondements : ce sont des ouvriers qui font sauter à la poudre des quartiers de sel.

Ce sel est excessivement compact et sans mélange, sauf à la surface, d'aucune matière étrangère. Depuis plus de neuf cents ans, on exploite les mines ; certaines chambres sont arrivées à avoir trois cents à six cents mètres de long et plus de trente mètres de haut. On trouve de nombreux fossiles dans le roc, qu'on croit de formation tertiaire.

Un des principaux objets d'intérêt est la belle chapelle gothique creusée dans la couche saline elle-même, avec ses statues, son gigantesque crucifix et son autel de sel gemme. Une de ces statues représente sainte Cunégonde[1], à laquelle se rattache la légende de la découverte de la mine. Elle en est restée la patronne, et chaque année, le jour de sa fête, la messe est dite dans cette chapelle en présence de tous les mineurs.

---

[1] Sainte Cunégonde, fille de Béla IV, roi de Hongrie, épousa le roi de Pologne Boleslas, et mourut en 1292 après avoir consacré sa vie au soin des malades et des pauvres et aux pratiques de la plus austère piété. La tradition veut que ce soit en cherchant son anneau de fiançailles perdu, qu'elle découvrit les salines de Wieliczka.

Comme en Hongrie, le gouvernement autrichien a le monopole du sel, et le produit des seules salines de Wieliczka s'élève de cinquante à soixante mille tonnes par an.

Après être revenus de Wieliczka à Neumarkt, nous louons une voiture et nous nous hâtons de partir, car nous voulons suivre le cours du Dunajecz, ce que nous n'avons pu faire l'année précédente. En disant adieu à Neumarkt, nous jetons un dernier regard sur les austères montagnes, plus belles que jamais sous le soleil matinal; pas un nuage ne coupe leurs lignes majestueuses, qui se détachent nettement sur le ciel. Les champs sont remplis de paysans au travail; l'aspect de la contrée est pastoral et gracieux. Mais nous nous sentons gagnés par un si violent appétit, que nous sommes prêts à signer l'assertion du docteur Johnson : « Il n'y a si beau paysage qui puisse se passer d'une auberge au premier plan. » Comme il n'en existe pas une seule d'ici Altendorf, à quatre bonnes heures de chemin, nous nous décidons à déjeuner chez l'excellente famille où nous avons déjà reçu une si parfaite hospitalité et où nous sommes sûrs d'être les bienvenus.

Bientôt nous voici aux premières maisons du village; nous nous arrêtons devant le porche du vieux bâtiment au balcon de bois noir, dont nous nous souvenons si bien. A notre entrée dans la vaste cuisine, nous nous attendons à être reçus comme des amis, avec des exclamations joyeuses. Mais il n'y a là aucune de nos anciennes connaissances : une enfant, un prêtre inconnu qui se lève, nous salue, selon l'usage du clergé hongrois, par les mots *Servus, Domine, spectabilis,* et sort aussitôt.

« Où est Yetta? » demandons-nous à la fillette. Elle ne parle que le polonais; en entendant ce nom, elle désigne l'église, presque en face de la maison, et à sa physionomie solennelle nous comprenons le triste sens de ce geste.

« Et le grand-père? »

Sa main s'allonge encore dans la même direction.

« Quoi! mort, lui aussi! »

En ce moment la *Hausmutter* (mère de famille) arrive et demande ce que nous désirons. Je m'écrie vivement :

« Quoi! Martcha, vous ne reconnaissez pas les Anglais qui se sont arrêtés chez vous l'année dernière, et que vous aviez promis de ne jamais oublier? »

Elle passe la main sur son front, comme pour dissiper un nuage qui voile sa mémoire engourdie, et fond en larmes.

« Yetta est morte! s'écrie-t-elle dès que ses sanglots lui permettent de parler. Elle est morte il y a trois semaines, et son nouveau-né dort avec elle là-bas, dans le « champ de Dieu »!

— Et votre vieux père?

— Il vit toujours, mais il est tombé en enfance. Depuis la mort de Yetta, son esprit s'égare souvent; il reste tout le jour auprès de son tombeau. Nous ne pouvons l'en empêcher. Ah! s'il voulait entrer dans l'église et dire un *Notre Père,* il trouverait la consolation; mais ce grand chagrin lui a endurci le cœur! Il accuse le bon Dieu de l'avoir prise avant lui, lui si vieux! »

Elle nous dit tout cela en s'agitant pour préparer le café et nous servir, tout comme autrefois. Ensuite nous allons avec Martcha au « champ de Dieu », puisque nous sommes sûrs d'y trouver le vieillard. Il y est, en effet, appuyé contre le mur, auprès d'une tombe nouvelle. Sur le crucifix de fer nous lisons, en lettres d'or, le nom de Yetta Poschaska, un mot que nous ne pouvons comprendre, son âge, — dix-neuf ans, — et la date de sa mort.

En nous voyant, le grand-père soulève son bonnet, mais sans nous reconnaître, et reprend sa première attitude. Son regard est vague, sa physionomie n'exprime aucune émotion.

« S'il voulait entrer dans l'église! murmure Martcha. Peut-être le fera-t-il si vous le lui demandez; il n'y est pas entré depuis le malheur!

— Son âme n'est pas là, dit le prêtre, qui nous a rejoints, en montrant le sol, mais là-haut, dans le ciel bleu.

— Je ne puis plus la voir; que m'importe! répond brièvement l'aïeul.

— Viens, père! dit Martcha, le secouant doucement par l'épaule. Les Anglais de l'an dernier sont revenus; ils voudraient voir l'église; ne veux-tu pas la leur montrer?

— Laisse-moi en repos. *Elle* est contente de sentir son grand-père à côté d'elle. Montre-leur l'église toi-même. »

Cependant, lorsque nous entrons dans l'antique édifice, il nous suit lentement, comme attiré malgré lui par le son des voix humaines. Nous examinons les curieux tableaux et les autres objets qui décorent les murailles. En nous retournant, nous apercevons Martcha qui prie avec ferveur au pied d'un autel décoré d'une façon éclatante, et le vieux, à genoux comme elle, mais machinalement, dirait-on, et toujours avec sa physionomie obstinée.

Nous quittons sans bruit l'église, pour errer dans le tranquille domaine des morts. Les grandes montagnes entassent sommet sur sommet, aussi loin que l'œil peut atteindre, et au premier plan se groupent les pittoresques maisons de bois du village, noircies par le temps. En parcourant le petit cimetière, où les tombes sont pressées les unes contre les autres, en songeant à ces mains travailleuses, à ces cœurs bons et tendres qui y reposent, nous ne pouvons concevoir l'état d'âme de ceux qui refusent de croire à notre immortalité. Quel vide affreux doit leur laisser la mort de ceux qu'ils aiment; quelle terrible sensation doit leur causer la fuite rapide de leur propre existence! Ce site est tellement beau et solennel, avec ces monts majestueux veillant sur les humbles tertres de gazon, qu'on s'y sent plus près du ciel.

Ce n'est qu'à onze heures que nous pouvons dire adieu à Martcha, à son vieux père, à leur joli village, et nous remettre en route par la large vallée du Couvent rouge. En approchant des rocs volcaniques sur lesquels se dressent ses ruines orgueilleuses, nous découvrons que la vue est beaucoup plus grandiose lorsqu'on arrive de ce côté, au lieu de venir en sens inverse, comme nous l'avons fait la première fois. En face du couvent, de l'autre côté du Dunajecz, un château est perché sur un massif rocheux; tous deux, cloître et castel en ruines, semblent se menacer du haut de leurs rocs crénelés, tandis que sur des pointes plus basses sont semées de petites chapelles, chacune avec son calvaire et ses saints.

Envoyant notre voiture nous rejoindre à un endroit appelé Scyavniska (prononcez Schevaniska), nous descendons au bord de la rivière, où deux hommes nous attendent avec un radeau commandé d'avance par l'aubergiste de Zakopane. Ce sont des Polonais, mais vêtus en Slovaques, avec le grand chapeau de feutre et d'immenses ceintures.

Les montagnes du Dunajecz sont un point d'intersection dans la chaîne des Carpathes; celles qui continuent à gauche s'appellent les Pienines. Descendre le Dunajecz est une des excursions préférées des touristes. La rivière passe à travers une fente étroite qu'elle remplit tout entière; les murailles de rocher lisse plongent dans l'eau et ne laissent place à aucun sentier le long du bord. Le soleil les a déjà dépassées, de sorte que cette gorge, dont un côté est tout à fait dans l'ombre et l'autre inondé de lumière, produit un effet saisissant, tandis que notre radeau, formé de deux petits bateaux plats solidement attachés ensemble, glisse le long de ses sinuosités.

L'eau du Dunajecz est limpide; les rocs et les arbres s'y reflètent avec une netteté singulière. Par endroits, elle coule silencieuse, sans qu'une ondulation ride sa surface. Ailleurs, elle devient un torrent rapide et bruyant, couvert de vagues écumeuses. C'est une chose qu'il ne faut pas négliger de voir lorsqu'on visite le Tátra.

Sortis de ce beau défilé par le nord, nous arrivons au village de Scyavniska inférieur. Les jeunes Polonaises ont coutume d'attendre l'arrivée des radeaux avec des branches et des guirlandes de fleurs, qu'elles tiennent au-dessus de la tête des étrangers lorsqu'ils descendent à terre. Nous les aurions volontiers dispensées de cette cérémonie; mais elles se sont emparées de nous et elles nous escortent sur la grève couverte de cailloux blancs, nous aidant à en gravir les talus escarpés, riant et bavardant sans que nous puissions, naturellement, les comprendre. Je n'ai jamais rencontré de gaieté aussi franche et aussi bruyante. Enfin, récompensées de leurs peines, elles redescendent à la hâte, faisant rouler les galets sous leurs pieds nus, dans l'espoir de trouver encore quelque triomphateur à couronner de lauriers peu mérités.

Au delà du village, nous gravissons une colline abrupte et nous nous trouvons entourés de chalets de tous les styles. Il y a ici des eaux très fréquentées dans cette saison par les Allemands, comme par les Russes et les Polonais. Tout au sommet nous reconnaissons notre voiture. Le cocher, ne trouvant pas dans le village un endroit où il pût faire reposer ses chevaux, leur avait imposé la fatigue supplémentaire de cette ascension, dans l'espoir de découvrir un alás, mais en vain. Le seul parti à prendre est de continuer jusqu'à Kroschenko et de les y laisser reposer deux heures, ce qui nous obligera à coucher à Altendorf. Nous trouvons bientôt une bonne route postale qui nous conduit à Kroschenko, gros village au milieu de collines vertes.

Il n'y a pas moins de cent quatre-vingt-dix mille Juifs dans cette seule province, et à les rencontrer partout, on croirait qu'ils en sont les uniques habitants. N'importe où nous allons, nous apercevons leurs robes noires, groupées dans la rue principale, ou sur les bancs aux portes des maisons : vieux Juifs aux papillottes argentées ; Juifs d'âge mûr aux papillottes gris-fer ; petits Juifs aux papillottes noires. Ces derniers, drapés comme leurs parents dans de longues tuniques graisseuses, sont les objets les plus comiques qu'on puisse imaginer.

La loterie nationale s'est introduite jusque dans ce village reculé. Nous passons devant un cabaret à la porte duquel l'aigle noir sur fond jaune s'étale dans un cadre ovale, à côté du tableau des numéros gagnants. Nous avons le courage de pénétrer dans ce repaire, et nous le trouvons rempli de femmes de tout âge, qui boivent à longs traits la grossière eau-de-vie de pommes de terre fabriquée dans le pays. Quelques-unes subissent déjà les effets de ce breuvage capiteux et malsain ; mais le cabaretier, un vieux au type trop reconnaissable, plus juif qu'un Juif et plus hébreu qu'un Hébreu, les excite à continuer. Nous nous hâtons de fuir cette atmosphère épaisse ; dans la rue, nous rencontrons d'autres Juifs qui semblent n'avoir pour toute occupation qu'à fumer leurs longues pipes et à parler d'argent. Chaque fois que nous saisissons quelques mots, c'est toujours : « Mille florins... cent florins... kreutzers..., etc. »

C'est un soulagement de trouver au bout du village une église couronnée de sa croix. Dès le seuil, on respire le parfum de l'encens. L'office est achevé, mais la porte reste ouverte. Çà et là, des femmes, prosternées sur les dalles, répandent aux pieds de Dieu les secrets de leurs cœurs, et, se dérobant un instant aux travaux et aux soucis de leurs vies laborieuses, apportent dans ce refuge de paix toutes leurs misères et tous leurs désirs.

XXIII

UN ENTERREMENT DANS LA MONTAGNE

La nuit a tiré ses voiles sur un ciel safran, et les dernières lueurs se sont éteintes sur la coupole de métal de l'église, quand nous arrivons à Altendorf. La modeste auberge, tenue par un digne couple, a, selon la coutume, pour entrée une cuisine dallée; mais derrière s'ouvre une petite salle égayée par un bon feu, et quoique le luxe et les raffinements soient ici chose inconnue, ce logis original est bien supérieur à la généralité des auberges hongroises. Il est vrai qu'un poulet apprivoisé a son nid derrière le grand poêle et qu'un veau ne cesse de mugir dans l'étable avoisinante; mais ces incidents rustiques n'ont rien de désagréable, et nous savons, quant au reste, nous contenter de peu. Dans la cuisine, des Slovaques rentrés des champs boivent leur petit verre de slivowitz, et la salle est pleine de ces hommes à l'air formidable, même à nos yeux, qui les connaissons pourtant, avec leurs ceinturons à plaques de cuivre, leurs longs cheveux, leurs énormes chapeaux cachant l'expression pacifique de leurs traits. Ils sont parfaitement doux et tranquilles; et, ce qui serait extraordinaire dans tout autre pays, nous n'avons pas à nous plaindre de leur voisinage.

A huit heures, nous allons faire un tour dans le village, par un beau clair de lune, et le bruit rythmé des marteaux nous guide vers le camp des bohémiens, où, paraît-il, l'on veille encore.

Nous n'avons pas oublié ces malheureux ; deux femmes nous reconnaissent aussitôt qu'elles nous aperçoivent.

Inglesca ! (les Anglais) !

Leur faisant signe de nous suivre, nous les emmenons à l'auberge, où nous leur remettons des présents fort simples, mais qui, à en juger par leurs remerciements, causeront ce soir une grande joie. Elles se hâtent d'emporter leurs paquets, remerciant toujours, avec ces intonations douces qui semblent un chant plus qu'une parole.

J'ai dit ailleurs l'inflexion mélancolique de la voix chez les Magyars ; la même observation peut s'appliquer aux Slovaques, et à un degré quelconque à tous les habitants de la Hongrie, mais avant tout aux tziganes, particulièrement aux femmes de cette race. Leur voix a un timbre qu'on n'oublie plus ; elle est basse, triste et douce, avec des notes en mineur aussi mélodieuses que le son d'une harpe éolienne ; on croit y entendre vibrer les bruits les plus insaisissables de la nature, les gémissements du vent et des grands arbres, la plainte du ruisseau dans les herbes, le murmure mystérieux de la forêt.

Comme les autres, nous nous asseyons à l'abri du pignon de l'auberge, sur le banc ou *porte-paroles,* et nous causons avec l'hôtesse. Les villageois entrent et sortent paisiblement, vident leur verre et reprennent ensuite leur chemin. Un troupeau défile, se dirigeant vers les grandes plaines : d'énormes moutons osseux, à longues jambes, longue laine rude, cornes en spirale. Ils suivent leur berger comme au temps des patriarches, au lieu d'être poussés devant lui ; cela nous rappelle l'Orient.

On fabrique dans ce district beaucoup de fromage slovaque, et, avec du pain noir, c'est presque toute la nourriture des classes pauvres. Si indigente que soit une famille, elle garde toujours quelques brebis ; parfois on fait soi-même son fromage, mais le plus souvent on confie, pendant certains mois de l'année, le petit troupeau au propriétaire d'une laiterie, qui s'engage à fournir quatorze litres de fromage, et garde le surplus. Souvent ces fromagers réunissent ainsi jusqu'à cinq cents têtes de bétail. Les paysans slovaques passent pour extrêmement pauvres ; ils ne nous ont pas fait cette impression quand, à deux reprises, nous avons parcouru le pays. Je crois qu'ils ont, en effet, peu d'argent ; mais on ne voit chez eux rien de semblable à la misère qui règne dans certaines provinces agricoles de l'Angleterre. Ici, chacun travaille pour soi, à quelques rares exceptions : le Slovaque a toujours hérité de son père quelques arpents de terrain, où il récolte des pommes de terre et du seigle, dont il fait son pain ; il possède en outre une ou deux vaches, quelques moutons, des cochons. Les femmes filent et tissent des étoffes de laine, dont elles font des vêtements. Possédant ainsi chez eux presque tout ce qui est nécessaire à leur simple existence, pourquoi auraient-ils besoin d'argent?

Cependant le bon Slovaque est fort méprisé de son voisin magyar, fier et hautain, qui jadis le désignait par l'expression injurieuse de *tot*, ce qui signifie : « qui n'est pas un homme. » Malgré cela, et tout comme le paysan hongrois, le Slovaque, qui n'est le serviteur de personne, a une dignité calme et un respect de soi que je souhaiterais à nos pauvres, en y joignant son économie et son amour du travail. Une seule vertu manque aux Slovaques : la propreté. Leurs maisons de bois, entourées de trois côtés de petits hangars qui abritent leurs animaux domestiques, sont sales et peu commodes. La pièce qu'ils habitent, décorée de grotesques images coloriées achetées aux foires, mais où le crucifix, on doit le dire, a toujours la première place, est mal aérée et mal meublée, servant à tous les usages, et n'ayant qu'une seule fenêtre étroite.

A l'opposé de leurs sœurs magyares, les femmes slovaques sont fort ordinaires ; mais un bébé slovaque est la plus jolie miniature imaginable. A trois ans, ils sont encore si petits que, cramponnés aux jupes de leurs mères, ils ont l'air de vraies poupées. Leurs figures rondes, leurs grands yeux aux longs cils, leur expression pensive, tout cela m'a souvent inspiré le désir irrésistible de les embrasser, désir que j'ai dû refouler, découragée, après avoir cherché en vain un coin propre sur leurs petits visages.

Le lendemain se trouvant un dimanche, notre intention était

de partir à six heures du matin pour Kesmark, afin d'assister à l'office religieux. A notre stupéfaction, la voiture est repartie avant le lever du soleil. Il est vrai que nous n'avions fait marché avec notre cocher que jusqu'à Altendorf; mais ne trouvant ici nul moyen de transport, nous lui avons demandé, moyennant un supplément de prix, de nous conduire à Kesmark. Que devenir ! La perspective de rester dans notre village slovaque un temps indéfini lui ôte à nos yeux beaucoup de ses charmes. Qui sait dans combien de jours ou de semaines une voiture quelconque passera par ce coin écarté pour nous tirer de peine ! Le brigand est parti sans même payer la nourriture de ses chevaux ; nous avions commis l'imprudence de lui remettre la veille la somme promise pour la première moitié du voyage.

Notre malheur excite une sympathie générale. Les femmes abandonnent leurs vaches pour se joindre aux groupes qui entourent l'auberge. Le bon Slovaque, sortant de son caractère, devient féroce en face de cette injure faite à des étrangers. Quoique habitués à nous plier aux circonstances, nous ne pouvons nous décider à nous servir du véhicule primitif que nous amène en triomphe un trop aimable voisin, pas plus qu'à acheter une paire de chevaux à moitié morts et couronnés aux deux genoux qu'un autre, non moins gracieux, offre de nous céder « par amitié », pour la bagatelle de soixante florins.

Soudain un jeune paysan, désignant la route par laquelle nous sommes arrivés de Zakopane, pousse cette exclamation laconique, dans le patois du lieu :

« *Posri!* (Regardez.) »

Et dans un nuage de poussière blanche apparaît la voiture disparue. Le cocher infidèle s'est donc repenti, et nous revient à toute bride, humble et soumis. Nous nous préparons à donner à la galerie un grand exemple de magnanimité. Une pluie d'injures plus ou moins énergiques le salue dès qu'il est à portée de la voix. Sans manifester la moindre confusion, il fait claquer son fouet, arrête ses chevaux tout court, et désignant leurs jambes, s'écrie triomphalement :

« *Hotovo!* (C'est fait !) »

Alors seulement nous nous rappelons qu'il a parlé la veille de la nécessité absolue de faire ferrer ses chevaux à neuf avant d'entreprendre un si long trajet ; il s'est levé dans ce but, quand tout Altendorf dormait encore, et s'est rendu jusque chez nos amis les Tziganes pour cette opération.

A neuf heures, après avoir dédommagé notre pauvre cocher de nos soupçons par un bon déjeuner, nous nous mettons enfin en route. Dans tous les villages que nous traversons, les habitants se rendent à l'église ; la matinée est belle, mais des nuages de fâcheux augure passent sur le soleil. A l'entrée de chaque hameau, nous retrouvons les bohémiens, qui, ignorant le repos du Seigneur, frappent bruyamment sur leurs enclumes.

Un peu au-dessous du sommet d'une côte assez raide, une longue procession de figures blanches s'avance vers nous. C'est un enterrement qui suit les sinuosités de la route. Le cercueil est porté sur un chariot traîné par deux bœufs blancs ; sous les fleurs qui le recouvrent, nous voyons qu'il est peint en blanc et doré. Cependant ce sont les funérailles d'un simple paysan. Une cinquantaine de femmes le suivent, portant le joli costume du pays, la courte jupe à raies rouges et bleues sur un jupon bleu, la tête et les épaules enveloppées de la grande écharpe de mousseline ; leurs pieds nus foulent la poussière de la route. Ce cortège funèbre est vraiment pittoresque, et nous le suivons du regard jusqu'à ce que nous ayons dépassé le haut de la colline, et qu'une forêt de pins le cache à nos yeux.

A quelques centaines de mètres plus loin, la pluie, qui menace depuis le matin, se met à tomber à flots, et nos parapluies ne peuvent nous garantir. En une demi-heure nous sommes réduits à l'état d'éponges mouillées ; la voiture est pleine d'eau. Dans notre détresse, apercevant une hutte de bûcheron, nous envoyons le cocher y demander asile. Il nous apporte la bonne nouvelle qu'elle est vide, mais qu'un excellent feu y est allumé. Nous nous y réfugions pour attendre la fin de l'orage. Le propriétaire n'est pas absent depuis longtemps, sans doute ; une grosse pile de bois est entassée dans un coin, et nous alimentons le feu sans scrupule, pour sécher nos vêtements trempés. Ce n'est qu'à Poprád que nous retrouverons nos bagages, et nous n'avions pas prévu la possibilité d'un semblable accident en nous dépouillant pour nos pauvres Tziganes. Pendant que nous nous ranimons à cette bonne chaleur, notre cocher en fait autant sous un hangar voisin, où il a allumé un second brasier; les chevaux dételés paissent tranquillement, et nous nous demandons ce que dirait le bûcheron, s'il revenait, en trouvant sa demeure envahie. Mais l'orage est de courte durée ; en moins d'une heure, nous pouvons repartir, laissant sur un banc une petite somme pour notre bienfaiteur involontaire. Sans doute, c'est à nous qu'en voulait ce déluge, car il n'est pas tombé une goutte d'eau à deux kilomètres de là.

En approchant de Béla, nous rencontrons des chariots de tout genre, traînés par deux, trois ou quatre bœufs, et remplis de paysans, qui après l'office regagnent leur logis situé bien loin, au cœur des belles montagnes qui reparaissent à l'horizon. Au pas lent et berceur de l'attelage rustique un membre de la famille lit à voix haute la Bible allemande, et les autres écoutent, tête découverte, les yeux baissés, la parole sacrée. Nous reconnaissons les Zipsers, population germanique et protestante.

Après avoir traversé l'originale ville de Béla, nous gravissons une autre colline, du sommet de laquelle on découvre un magnifique panorama de la province de Zips, dominé par le versant méridional du Tátra. Quelques instants encore, et Kesmark apparaît au-dessous de nous, pareil à un jouet d'enfant, ses maisons blanches étincelant au soleil.

XXIV

NOUS RETROUVONS ANDRÁS

La vieille église luthérienne de Kesmark, avec sa voûte et ses murs grotesquement peints, nous reporte au moyen âge ; le pasteur, dans son costume du xvi⁰ siècle, semble sortir d'un cadre ancien. Un amas de reliques du passé nous attendent dans la sacristie ; un antiquaire en deviendrait fou : vases sacrés, ornements et objets de toutes sortes, remontant à l'époque où cette église appartenait au culte catholique, et si vieux, que deux portraits de Luther et de Calvin, accrochés côte à côte, ont l'air moderne par comparaison. Les deux docteurs de la réforme, oubliant au bout de trois siècles leurs amères querelles, se regardent d'un œil bienveillant.

Une lettre d'András, dans un allemand des plus fleuris, nous attend à Kesmark, pour nous dire qu'il nous est tout dévoué, à partir de ce jour, et qu'il est déjà à Poprád, une semaine plus tôt que nous n'y comptions. Nous voulions explorer les environs de Kesmark ; mais nous nous décidons à rejoindre notre guide le soir même. Quand nous arrivons à Poprád, au coucher du soleil, après un trajet ravissant, les montagnes sont baignées de lueurs roses, et leur ceinture d'épaisse forêt en paraît plus bleuâtre, plus sombre et plus glacée. A l'entrée de la ville, nous reconnaissons András en personne, plus *betyar* que jamais, la moustache encore allongée et retroussée de chaque côté. Confiant dans l'effet habituel de ses bottes et de son nœud de cravate, il se promène avec sa démarche fanfaronne des grands jours; les enfants le regardent bouche bée et lui envoient des baisers du bout des doigts; les jeunes personnes qui prennent le frais sur le pas de leurs portes admirent en lui le type idéal du *Magyar Miska*. Il ne s'attend pas à nous voir et demeure stupéfait quand la voiture s'arrête; mais il nous baise les mains avec transport, proteste en magyar de sa joie en revoyant « ses doux maîtres », et grimpe sur le siège pour nous faire conduire à l'hôtel Tátra.

Cet hôtel est bien nommé : tout ce qu'on aperçoit de ses fenêtres, sauf l'affreuse petite gare, ce sont les grandes montagnes, déta-

L'église évangélique en bois, à Kesmark.

Château des Tököly, à Kesmark.

chant sur un ciel pourpre leurs sommets dentelés. Demain matin, nous repartons pour Neusohl; près de là, habitent des « amis de nos amis », qui nous ont invités à passer quelques jours chez eux à notre retour des montagnes.

« Pourquoi ne pas être retourné près de votre femme? » demandons-nous à András, lorsqu'il vient prendre nos ordres. Nous avons découvert qu'au lieu de profiter de notre second voyage dans le Tátra septentrional pour passer son congé au sein de sa famille, il est tout bonnement resté à Poprád.

« Ah! si mes doux maîtres savaient, soupire-t-il lamentablement, s'ils savaient comme Katicza me traite! »

Ses airs fendants, ses prétentions s'évanouissent, dès qu'il évoque la terrible et gigantesque épouse. Il semble diminuer encore de stature; il est aplati, anéanti, sous la toute-puissante domination de sa ménagère; qui s'en serait douté?

La route de Neusohl se dirige vers le versant occidental du Tátra; nous découvrons que les montagnes les plus basses ont été impitoyablement dépouillées de leurs beaux arbres verts, et nous tremblons à la pensée qu'un jour venant, la dévastation ne monte plus haut, ce qui changerait en peu de temps l'aspect de cette belle et sauvage région. Nous rentrons dans le domaine des grands chapeaux, car ce canton est habité par les Slovaques. Un clocher dominant les légères ondulations de la plaine nous avertit de l'approche de chaque village. D'abord apparaît le petit globe qui porte la croix, puis la coupole de métal étincelant, puis la haute tour blanche, et enfin le hameau, qui sommeille, avec ses maisons sombres, ses lucarnes en demi-cercle, comme des yeux entr'ouverts au milieu des pignons de bois. Çà et là, des femmes, grimpées sur de longues échelles, réparent les toits, bouchent avec du plâtre les dégradations des angles, ou s'occupent d'autres travaux, ailleurs réservés aux hommes, mais qui sont ici le lot du sexe faible, si ce terme peut s'appliquer aux matrones slovaques, dont le développement musculaire est tout à fait remarquable.

Les cochons, à force de vivre dans une constante intimité avec l'homme, sont arrivés dans ce pays à un développement intellectuel étonnant. A notre vue, ils surgissent de chaque côté de la route, mettent la queue entre leurs jambes, et, avec un cri particulier qui tient le milieu entre le grognement et la parole, partent au galop pour informer leurs maîtres que des intrus franchissent leurs frontières. Le physique de ces quadrupèdes n'est pas à la hauteur de leur esprit; ce sont les êtres les plus affreux de leur espèce: couverts d'un poil rouge et ras, pourvus d'une longue crinière rude et hérissée, plus une tête énorme, un dos voûté et l'arrière-train assez court, ils ressemblent beaucoup plus à des hyènes qu'à l'animal de nos basses-cours. J'avais souvent entendu décorer les beaux cochons hongrois du titre de *palatins;* leurs confrères slovaques doivent appartenir à une classe moins élevée.

La route est si mauvaise, que nous allons fort lentement, et les balancements de la voiture nous font redouter, vu son grand âge, qu'elle ne s'entr'ouvre et nous laisse choir sur le sol, couvert de cailloux aussi pointus que des aiguilles. Nous rentrons dans le domaine des grandes forêts; au bas d'une côte un peu raide, András saute du siège et court à la recherche de champignons, qui abondent en Hongrie et sont charmants de formes et de couleurs. Ces champignons, souvent aussi jolis que des fleurs, ne sont pas tous comestibles; les paysans savent fort bien les distinguer, et goûtent particulièrement ce régal. András nous en apporte toute une charge et attire notre attention sur d'énormes limaces à la tête vert émeraude et au corps bleu sombre, reposant dans la mousse humide, une vraie friandise, à l'en croire, surtout accommodées avec nos champignons !

Des chariots de charbon, conduits par nos amis les Slovaques aux grands chapeaux, descendent en zigzag les pentes escarpées. Voici un gros village : le cocher, excitant ses chevaux, entre tout droit dans un álas, où, pour mettre pied à terre, nous éveillons la fureur d'un troupeau de dindons, qui nous fait place de fort mauvaise grâce. A l'auberge, on n'a, comme toujours, à nous offrir que du pain de seigle et du fromage slovaque. Quelques instants après, András vient nous annoncer qu'il est impossible de se procurer un relai, tous les chevaux du village étant aux champs, fort loin de là. Nous le chargeons de découvrir un joli coin retiré, d'allumer le feu, et de préparer notre repas de bivouac tandis que cette fois nous nous occuperons nous-mêmes du relai.

Nous envoyons chercher le *pandûr* du village, qui nous affirme que ni pour or ni pour argent nous n'aurons de chevaux aujourd'hui. Il nous conseille de nous rabattre sur un attelage de bœufs vigoureux, et nous partons en quête d'un charitable paysan qui veuille bien nous en prêter quatre. La curiosité que nous excitons est si grande, que des têtes se montrent à chaque fenêtre et à chaque porte. Les chiens, qui font une sorte de police rurale, se précipitent de leurs chenils et aboient avec rage, jusqu'à ce qu'ils aient constaté que nous sommes sous la garde des pouvoirs publics. Enfin, tout au bout de la longue rue, nous voyons un paysan qui fume sa pipe à une fenêtre ; le pandûr engage avec lui un dialogue en slovaque, et nous annonce que d'ici une heure, un attelage de bœufs sera à notre disposition.

Si patriarcale et primitive qu'ait été jusqu'ici notre manière de voyager, nous n'avions pas encore fait l'expérience de celle-là. Rien de plus lent, de plus monotone, et traînés ainsi au pas tout le long de la route, nous nous sentons reportés à une lointaine époque de l'histoire. Pourtant nous finissons par atteindre le relai suivant, et à huit heures du soir nous sommes à Neusohl, à l'hôtel ***. Nous y avons séjourné avec András, à notre premier voyage ; dès qu'il entre dans l'auberge, on le reconnaît : l'hôte, un Juif allemand, l'embrasse avec effusion, l'appelant « son frère longtemps perdu » ; l'hôtesse est sur le point de répéter la même cérémonie, mais elle domine avec dignité son émotion.

« Et les Anglais! Ils sont là! *Ach!* c'en est trop! »

S'il y a de la place? Vraiment oui! Toute leur maison nous appartient, la plus belle chambre, celle où le roi a couché. Si l'hôtel était plein, ils nous donneraient leur propre appartement, le leur! *Ach!*

Par bonheur, la maison n'est pas pleine, car à notre dernière visite nous avons été honorés de la faveur en question, et nous ne tenons pas à ce qu'elle se renouvelle.

XXV

SUR LE DANUBE

Bien loin de la Hongrie, au sein de la forêt Noire, et dans cette région jadis couverte par la grande forêt Hercynienne, qui du temps de César s'étendait jusqu'aux immenses steppes du nord de la Germanie, se trouve un vallon ombreux[1], où, dans des bassins de marbre entourés de fleurs, jaillit une source limpide, découverte, sept siècles avant notre ère, par les Grecs, qui lui donnèrent le nom d'Ister. Dans ces jours anciens, des voyageurs faisaient de longs trajets, à pied, pour lui rendre hommage au prix de mille fatigues, baigner leurs membres fatigués et désaltérer leur soif dans les eaux fraîches et pures, après y avoir versé une coupe de vin, en libation au dieu du fleuve. Un jour, des bords du lac de Constance, on y vit arriver le fier Tibère, qui voulait, lui aussi, honorer ce ruisselet, ce Danube enfant, la grande artère future de l'Europe. Bien que deux villes se disputent cet honneur de voir naître dans leur voisinage le fleuve géant, allant jusqu'à citer Tacite à l'appui de leurs prétentions, il n'est guère possible de douter que le filet d'eau qui sort de

---

[1] Donaueschingen, château des princes de Furstenberg. Dans un bassin du parc jaillit une source qu'on dit être celle du Danube, quoiqu'on ne donne réellement ce nom qu'au cours d'eau formé par la réunion de la Brigache et de la Brège. Au-dessus du bassin, un groupe symbolise le Danube et les deux rivières susnommées.

terre dans le domaine des princes de Furstenberg, et qu'on y entoure de tant de soins, ne soit le véritable Danube (en allemand *Donau*). Cependant, d'années en années, les controverses se prolongent, et la guerre intestine continue entre les habitants de Donaueschingen et ceux de Saint-Georges, au sujet de cette source que les uns et les autres prétendent posséder.

Revenus à Buda-Pesth après une fort agréable visite à nos amis hongrois dans le voisinage de Neusohl, nous louons un *confortable* (vulgairement fiacre) dès le lendemain, et nous nous faisons conduire, à dix heures et demie du soir, au quai d'où partent les bateaux du Danube pour Semlin et la mer Noire. András est déjà à bord avec nos bagages.

L'embarcadère est couvert d'une foule aussi mélangée que nombreuse, à travers laquelle nous nous frayons difficilement un passage. Le signal du départ est donné aux voyageurs qui s'attardent sur le bord. Les ponts sont chargés d'individus de toutes nuances, depuis le bistre foncé du Bosniaque jusqu'au blond pâle de l'Allemand. La confusion règne dans le grand salon, où chacun se hâte de s'assurer d'une couchette pour la nuit; la cabine réservée aux dames est absolument pleine; les *stewards* se précipitent, chargés d'oreillers, de draps, de couvertures, s'efforçant d'apaiser toutes les exigences. A bord de ces bateaux, l'installation des premières classes est excellente; malheureusement les passagers de toutes catégories, sauf la plus basse, l'adoptent également, car la seconde classe n'a d'autre refuge que le pont lui-même, à l'avant du navire, où sommeillent déjà, roulés dans leurs manteaux, une foule d'êtres déguenillés. Les bateaux express vont maintenant en vingt-six heures jusqu'à Belgrade; mais ils n'avaient pas encore commencé leur service à l'époque de notre voyage, et le bateau ordinaire que nous avions dû prendre en met trente-deux.

L'heure du départ a sonné, le dernier ballot de marchandises est hissé à bord; les derniers adieux échangés, le dernier voyageur franchit la passerelle, et le *Szechenyi,* se détachant de ses amarres, glisse au milieu du fleuve, touche la rive opposée pour embarquer d'autres passagers à Ofen, et s'enfonce dans l'ombre projetée par l'énorme roc perpendiculaire du Blocksberg, dont la lune éclaire le sommet. Des lumières étincellent le long du rivage, les rampes lumineuses des quais de Pesth commencent à s'effacer dans le lointain ; au premier coude du fleuve, les hautes maisons blanches de la belle cité disparaissent tout à fait à nos yeux.

Le Danube, resserré à Pesth dans un chenal comparativement étroit, se divise ici en deux bras, appelés Soroksár et Promontár, entre lesquels s'étend l'île de Czepel, qui a plus de trente kilomètres de long. Après le bourg de Promontorium, aux singulières habitations souterraines creusées dans le roc vif, où deux ou trois mille personnes logent à la façon des anciens Troglodytes, nous arrivons à un gros village de pêcheurs de 9 000 habitants, puis à un lieu nommé Paks, où commencent les grandes sinuosités du fleuve, et les marais qui s'étendent de chaque côté à une très grande distance. Aussi loin que l'œil peut atteindre, on n'aperçoit qu'une surface plate et marécageuse, couverte de roseaux et de longues herbes, sauf aux endroits où le fleuve, débordant de son lit, a formé une série de petits lacs, pareils, sous le clair de lune, à autant de nappes d'argent. Mais bientôt le Danube entre dans les plaines de Somogy, et, emportés rapidement sur ses eaux calmes comme une glace, nous sommes vivement impressionnés de sa grandeur et de sa puissance. Partout il est le maître, et semble tenir tout le pays environnant sous sa domination, roulant à travers l'immense plaine, tantôt l'inondant, tantôt s'y creusant à sa guise un nouveau lit, jusqu'à ce que, grossi du tribut de soixante rivières navigables, il décharge dans la mer Noire l'énorme masse de ses eaux.

Il est une heure du matin. La nuit est si embaumée, si délicieuse, qu'au lieu d'aller, comme les autres, nous étendre sur nos lits étroits, nous restons assis près de l'escalier des cabines, à l'arrière du bateau, jouissant de ce grand silence, au milieu de cette foule d'êtres humains. On n'entend que la respiration bruyante des dormeurs, dans le salon au-dessous, et le pas mesuré du capitaine, qui arpente le pont. De temps à autre, semblant s'enfuir à l'inverse du courant, nous apercevons de petits villages paisibles, endormis sous le clair de lune. Quelle étrange et solennelle impression cause à ceux qui veillent ce grand vide de la nuit! Parfois, rarement, une lumière solitaire se montre à une fenêtre, révélant l'insomnie ou le travail prolongé, au milieu de cet universel repos. Qui sait quels drames de l'existence se jouent derrière ces murs qui les cachent aux regards?

Deux heures de sommeil agité, et nous rouvrons les yeux pour voir Mohácz, où le bateau s'arrête afin de renouveler son combustible. Le soleil écarlate se lève dans les eaux comme un pilier de feu; et le Danube, qui s'est encore divisé en deux bras, un peu plus haut, à Buta, embrasse de nouveau une île de plusieurs kilomètres d'étendue.

A Mohácz, nous débarquons bon nombre de nos compagnons de voyage, que nous avons d'ailleurs semés tout le long de la route depuis le départ. Tous ceux qui restent ont pour destination quelque port éloigné. Voici deux dames turques, emmaillotées de bandes de mousseline sur leurs vastes pantalons serrés à la cheville, et de larges manteaux de soie noire, qui par derrière présentent l'aspect le plus grotesque, lorsque le vent les enfle comme un ballon. Plusieurs enfants les accompagnent, leurs petits doigts teints de henné, leurs yeux agrandis et allongés avec le kohl qui leur donne un lustre et des dimensions extraordinaires. Tout ce monde évite les regards des *giaours,* et s'efforce de se dissimuler dans un recoin du pont. Puis c'est une dame bulgare, vêtue, sur un jupon et un tablier fort longs, d'une sorte de pelisse serrée à la taille par une ceinture brodée; sa tête est ornée d'un bonnet écarlate de la forme d'un fez, couvert de monnaies d'or et d'argent. Près d'elle, son mari porte un costume turc. A leur attitude mâle, leurs formes souples et vigoureuses, ces trois hommes sont faciles à reconnaître pour des Serbes. Ils sont fort distingués, habillés comme des Parisiens et des Anglais, et causent familièrement avec un groupe de paysans, leurs compatriotes, accroupis sur le pont au milieu des passagers de seconde classe; car le vrai Serbe, comme le Monténégrin, se fait une haute idée de la dignité humaine, et le grand principe de leur échelle sociale est l'égalité fondée sur le mérite. Près de moi, une vieille dame serbe, d'un respectable embonpoint, luit comme une pomme rougie par un dernier rayon de soleil. Son petit fez est entouré d'un rouleau de drap écarlate, formant couronne, qui soutient ses cheveux gris. Elle est tout à fait royale, dans sa veste de velours noir richement brodé d'argent; mais elle n'a pas plus de formes qu'un tonneau.

Le grand fleuve roule vers le sud, jusqu'à l'endroit où il reçoit la Drave. Son aspect change alors subitement: ses eaux deviennent plus foncées et plus transparentes, son lit se creuse; il fait moins de détours, et bientôt sert de limite à la province de Slavonie, qui en occupera la rive droite jusqu'à Semlin.

Sur un promontoire, se dressent les tours en ruines de la forteresse d'Erdőd; puis on passe devant la ville d'Illók, et ensuite devant d'opulents villages, dont chacun possède son castel démantelé, témoignage d'une gloire passée. Ici, le fleuve a plus de seize cents mètres de large; au lieu des grands marais frangés de saules et de roseaux, sa rive droite est maintenant couverte d'immenses forêts de chênes où errent d'innombrables troupeaux de porcs. Nous apercevons de loin en loin une hutte de porcher, élevée sur pilotis et pittoresquement adossée à un arbre. De gigantesques chênes, déracinés par les dernières inondations, gisent sur les rives. Les huttes servent souvent d'asile aux brigands, car le *kanász* (porcher) fait à l'occasion partie de cette honorable confrérie.

Un des traits les plus singuliers du Danube, ce sont les moulins à eau, flottant jusqu'au milieu du fleuve; si les steamers, la nuit, viennent à les heurter, ils éclatent bruyamment. Ils sont construits de la façon la plus simple : deux longs bateaux attachés côte à côte, auxquels se fixent l'appareil des roues, mû par le courant. Près d'eux, on voit flotter des objets qui intriguent fort le voyageur : ce sont des bouées fabriquées avec des paquets de roseaux et que les pêcheurs fixent à leurs filets à esturgeons. Parfois sur ces bouées viennent se percher une cigogne ou un pélican, mais plus souvent un faucon blanc ou un héron, qui nous regardent passer tout près d'eux, avec une tranquillité surprenante, presque sans changer de position.

Rien de plus curieux que de voir défiler les embarcations de toutes formes qui descendent ou remontent le fleuve : longs trains de bois de construction, bateaux plats sans quille, la chose flottante la plus singulière qui se puisse imaginer. Quelques-unes de ces nefs primitives portent une cabane, et l'ensemble rappelle les arches de Noé de notre enfance. D'autres bateaux plus considérables portent à Pesth ou à Vienne des chargements de cochons des forêts serbes.

Jusqu'à une époque relativement récente, la navigation du Danube était l'enfance de l'art. Malgré l'importance de cette grande artère européenne, le seul moyen de transport consistait en barques de planches, assez solides pour un seul voyage et qu'on dépeçait à l'arrivée. Ces étranges navires, sans voiles ni rames, suivaient le fil de l'eau. Le premier steamer fut lancé en 1830, mais il resta longtemps le seul. Aujourd'hui circule sur le Danube un nombre considérable de bateaux à vapeur et de remorqueurs.

Du reste, les passagers ne font aucune attention aux pittoresques accidents du trajet. Ils tournent le dos au paysage et s'absorbent dans des méditations très profondes en apparence, ou bavardent entre eux : trois ou quatre Hongroises, deux blondes Allemandes, plusieurs officiers autrichiens. A une heure, la cloche nous appelle à la table d'hôte. Nous ne sommes que vingt convives ; les autres passagers de première classe ont apporté leurs provisions, qu'ils consomment à la dérobée, les tirant de poches ou de paniers mystérieux, provisions qui consistent surtout en morceaux de saucisses qu'on coupe en tranches fort minces et qu'on fait disparaître *ad infinitum*, à la pointe de son couteau. Notre réunion se compose de Hongrois, de Slavons, de Serbes et d'Allemands ; la conversation se poursuit dans cette dernière langue, par politesse pour nous, j'imagine. Le menu est abondant; le poisson servi avec une sauce à la crème, mélange de câpres et de raifort, que je recommande aux ménagères de tous pays. Le raifort est l'assaisonnement favori des Hongrois après le poivre rouge, et ils tiennent ce goût pour les sauces fortes de leurs ancêtres les Avares, qui, dit-on, apprêtaient leur nourriture avec toutes sortes d'épices. Un dessert de melons et de raisins splendides complète le repas : ces beaux fruits ont été pris en passant à Bája, sur la rive gauche, au-dessus de Mohácz; on en fait un commerce considérable.

Pendant le dîner, un jeune Teuton enthousiaste et un vieux Magyar fort têtu engagent une discussion virulente sur les mérites de Gœthe et de Schiller. Les citations assez pédantes de l'Allemand lui valent de son respectable adversaire, devenu tout à fait écarlate, l'épithète de *Spitzbub,* de sot prétentieux, et cette déclaration : qu'il ne sait ce qu'il dit. F*** prend le parti d'intervenir, mais par bonheur une série de secousses qui font vibrer tous les verres, et des appels partant de la rive, nous annoncent que nous abordons quelque part et terminent la discussion.

Nous nous précipitons dans l'escalier pour voir ce qui se passe. De nouveaux voyageurs montent à bord. Une jeune fille tout en pleurs; puis un gentilhomme hongrois et son domestique, ce dernier en superbe livrée vert et or, avec chapeau assorti, surmonté d'une longue plume presque droite. Pendant que nous nous promenons sur le pont, le vieux Magyar de la table d'hôte vient à nous croiser. Il ne nous a pas pardonné d'avoir pris parti contre lui, car je l'entends murmurer entre ses dents serrées, en s'écartant de quelques pas : *Swab!* terme de mépris dont les Magyars font fréquemment usage pour désigner les Allemands, race détestée. Ce mot, et l'expression avec lequel il est lancé, divertissent prodigieusement la grosse dame serbe, qui se trouve assise près de moi. Elle sait que nous sommes Anglais, car nous avons longuement causé avec elle durant la matinée, et elle rit de la méprise à en étouffer.

« Vous nous prenez pour des Allemands? dis-je en abordant hardiment l'ennemi.

— Et qu'êtes-vous donc, je vous prie? » demande-t-il d'un ton hautain, rougissant jusqu'à la racine des cheveux; et, les mains dans ses poches, il se prépare à soutenir l'attaque avec l'amabilité d'un hérisson.

« Nous sommes *Angolók,* si vous permettez, Monsieur.

— *Angolók!* Alors c'est à moi à vous demander pardon ! »

Sa fureur éteinte, il nous tend tristement la main.

« Mais vous ne savez pas tout ce que les Hongrois ont à supporter de ces Swab ! »

Prononcer ce mot injurieux est pour lui un soulagement. Nous devenons les meilleurs amis du monde. C'est un Magyar de la vieille école, haïssant l'Autriche et tout ce qui a une tendance autrichienne. Il a été un des partisans les plus zélés de Kossuth; il a combattu pour son pays en 1849, et nous montre en travers de son front la marque d'un coup de sabre dont il est très fier.

Le comte X***, qui nous a rejoints à Essey, est un homme aussi intelligent qu'agréable. Dès qu'il apprend notre nationalité, il vient nous parler dans notre langue, qu'il sait très passablement; en revanche, il affecte de ne pas comprendre l'allemand. Un peu plus tard, ayant découvert que nous savons le français, il continue la conversation dans ce langage, qui lui est plus familier encore, quoiqu'il ait été plusieurs fois en Angleterre. Beaucoup de Hongrois parlent couramment le français; nous en avons la preuve immédiate, car une barque lourdement chargée passant très près de nous, un certain nombre de voyageurs, tirés de leur apathie par cet incident, viennent de notre côté pour mieux voir, et, le danger d'une collision passé, la conversation, toujours en français, devient générale. On discute les mérites des divers langages modernes. Quelqu'un propose de faire de la musique; un Croate s'éclipse pour reparaître avec une sorte de mandoline, instrument de son pays, sur lequel il exécute une mélodie plaintive, prélude et accompagnement d'une ballade slavonne. Cette navigation sur le Danube est féconde en impressions aussi neuves qu'intéressantes. Où donc rencontrer en même temps des représentants d'un aussi grand nombre de nations? Je me sens presque attirée vers les moins intéressants de tous : ces pauvres femmes turques, que la musique n'a pas sorties de leur léthargie, et dont les yeux vagues continuent, à travers leurs voiles, à regarder couler l'eau. Cette nonchalance m'exaspère, quoique je la sache imposée par l'étiquette musulmane. Je m'efforce du moins de faire jouer les enfants, et j'amène bientôt un joli sourire sur les visages mélancoliques des mères. Peu à peu elles se laissent entraîner, s'enhardissant avec le crépuscule, et nous allons vers l'avant du bateau, qui offre un spectacle étrange. Ce n'est plus ici l'Europe, mais quelque navire d'Orient transportant à la Mecque ou aux monastères de l'Athos les nombreux pèlerins. Voici des groupes de Bosniaques ou Bosniens, couchés sur le sac qui contient tout leur avoir, ou mangeant leur souper de pain noir et de jambon

Roumain et Roumaines.

cru. Là, des Serbes aux mâles allures, des Turcs bronzés, des hommes drapés de haillons aussi pittoresques que malpropres, une atmosphère chargée d'émanations d'ail et d'odeur de peaux de mouton. Dans un coin, un fils de prophète a déployé son « tapis de prière », et prosterne son turban du côté de l'ouest, quoique le soleil soit déjà couché. Tout près de lui, un vigoureux Bulgare aux larges épaules a lui aussi étendu son tapis; il fait le signe de croix grec, tire son fez sur ses yeux, et se couche pour dormir. Plus loin, des Roumains de tous degrés, depuis le citadin de Bucharest, grand, pâle, efféminé, jusqu'au sauvage berger des monts de Valachie aux pieds chaussés de sandales. Dans cette foule, les Juifs restent à l'écart, repoussés par leurs voisins.

Je remarque un orgueilleux Roumain qui se promène à pas comptés, sa démarche hautaine disant qu'il fait remonter bien loin la liste de ses ancêtres. Il fume et regarde avec dédain les groupes entassés sur le pont, quand son pied s'accroche dans le vêtement d'un Juif à cheveux blancs dont les haillons dépassent d'un demi-pouce l'espace laissé libre pour le passage. Le Roumain, avec un indicible mépris, profère une sorte de juron, lance trois coups de pied au malheureux Juif et le somme de s'en aller ailleurs. Au lieu de s'insurger contre cette insulte gratuite, le pauvre homme répond par un regard d'abjection timide, serre ses vêtements autour de lui et roule un peu plus loin.

Nous voici en vue de la forteresse de Petervárad, qui se dresse sur un promontoire de rochers. On l'appelle le Gibraltar du Danube, et elle présente un formidable entassement de murs et de bastions, où le clair de lune fait étinceler les fusils des sentinelles. La ville, qui s'abrite à sa base, rappelle un intéressant souvenir historique : c'est là que Pierre l'Ermite s'arrêta pour rassembler sa grande armée de croisés, un peu débandée par son long voyage à travers toute l'Allemagne. Les remparts de la majestueuse citadelle s'effacent dans la nuit; mais la lune relie par un chemin de lumière tremblante cette côte lointaine avec le sillage de notre bateau.

Nous restons sur le pont, trouvant très doux de glisser dans cet air tiède et parfumé. De l'avant, partent les sons discordants d'une trompe; c'est quelque berger valaque. Nous passons au pied de hautes collines couvertes de forêts séculaires au sommet, tandis que leurs dernières pentes sont revêtues de vignes. C'est l'extrémité sud-est des monts Früskagora. De temps à autre, un village slavon dresse comme un fantôme son grand clocher effilé sur le fond de saphir des collines.

Près de Slankament, les eaux du Danube se grossissent de celles de la Theiss; à l'embouchure de cette dernière rivière, stationnent de nombreux bateaux chargés de blé du nord de la Hongrie. Une collision a lieu avec notre steamer ; le bateau de blé, qui pouvait être coulé, en est quitte pour des avaries. Un jeune Bosniaque s'est embarqué à Petervárad. Sauf son fez et son gilet de satin cramoisi, il porte l'odieux costume de l'Occident ; mais son domestique, grand et beau vieillard qui serait un modèle pour un peintre, a des pantalons turcs en étoffe bleu sombre, une veste brodée, un châle rouge pour ceinture ; un manteau tout galonné et doublé de fourrures jeté sur l'épaule complète ce superbe costume. András ne tarde pas à faire connaissance avec

Semlin.

lui, et je l'entends répéter un peu plus tard à un Allemand que le jeune seigneur possède de grandes propriétés et six cents laboureurs dans la Bosnie occidentale, mais qu'il ne peut en supporter le climat et se rend à Andrinople pour s'y établir. De notre côté, les interrogatoires que nous subissons m'amusent beaucoup. Tout le monde ouvre de grands yeux, en apprenant que nous faisons un voyage de pur agrément :

« Venir si loin ! Et cela doit coûter si cher ! »

A onze heures, nous voyons briller les lumières de Semlin. Il se fait un grand mouvement sur le bateau, car beaucoup de passagers débarquent. Les maîtres d'hôtel courent après ceux qui n'ont pas payé leur note ; la « seconde classe » remet sur le dos havre-sacs et paquets, et encombre déjà les abords de la passerelle. Quelle tour de Babel! quelles figures sauvages et effrayantes surgissent de l'obscurité, et quels cris, quels hurlements, lorsque les voyageurs, dont ces commissionnaires fantastiques viennent d'apporter le bagage, leur mettent leur argent dans la main!

Nous nous félicitons de ne pas avoir à débarquer, surtout en pleine nuit, au milieu de cette farouche cohue.

XXVI

DÉFILÉS ET CATARACTES

De bonne heure, ayant aujourd'hui de grandes choses en perspective, nous secouons le sommeil et la paresse. Durant la nuit, nous avons passé devant Belgrade et Semendria, devant une vieille forteresse turque et beaucoup d'autres lieux intéressants ; mais les voyageurs les plus enthousiastes ne peuvent se priver tout à fait de dormir.

En arrivant sur le pont, nous voyons que le bateau longe une grande île, couverte d'une végétation serrée du plus beau vert, dont la frange plonge dans l'eau, et toute remplie d'oiseaux ; des cormorans guettent le poisson au bout de chaque grève sablonneuse. Le froid est très vif, la température ayant subitement changé, et cependant depuis Pesth nous n'avons cessé de descendre vers le sud.

« Nous approchons du défilé, » me dit le capitaine en me voyant serrer autour de moi mon grand manteau de voyage. Le vent y est toujours violent et glacial, même par les temps chauds et calmes ailleurs. Il doit souffler bien fort pour que nous le sentions d'ici.

Il y a sur le Danube trois catégories de steamers, et nous craignons fort d'être obligés de quitter le nôtre à Drenkova, les eaux étant fort basses, et à certaine saison la navigation du Danube inférieur devenant dangereuse, sauf pour les bateaux de très petite dimension. Les passages étroits entre les récifs, qui par places couvrent presque tout le lit du fleuve et se dressent pareils à des têtes d'alligator, n'ont guère que dix-huit pouces d'eau. On s'est efforcé d'élargir cette voie en faisant sauter les plus gros rocs, mais sans succès. Ce sont des blocs de schiste micacé qui éclatent difficilement. Les petites barques à fond plat construites exprès pour cette navigation sont souvent broyées ou coulées à fond. Les plus dangereux de ces rocs se trouvent au-dessus de Drenkova, où la cataracte a une hauteur de huit pieds. Les bateliers franchissent ces rapides en se lançant hardiment, sans user du gouvernail, au plus fort du courant, fermant les yeux au danger, et invoquant la Vierge, ou, s'ils sont mahométans, jetant au ciel le nom d'Allah. Il arrive trop fréquemment que le fragile esquif est mis en pièces et que les bateliers perdent la vie.

Après l'île de Moldova, on aperçoit de curieuses collines de sable, absolument dépouillées de verdure, que l'on prendrait pour de simples monticules amassés par le vent. Cependant ces *tas de sable* insignifiants sont le commencement des Carpathes du sud-est, qui nous enferment bientôt des deux côtés.

Le fleuve s'élargit considérablement. A Moldova, poste frontière d'une certaine importance, il prend l'aspect d'un beau lac, dont les grèves rougies par le soleil levant ont derrière elles un fond de montagnes pourpre et or, en partie voilées par la brume matinale. Nous apercevons un peu plus loin, entre les énormes rocs qui nous barrent soudain le passage, une fissure étroite par laquelle le Danube se fraye sa voie. Le vent fait tapage dans cette étroite gorge, l'eau s'y gonfle en vagues innombrables, et les récifs, dépassant à peine sa surface, forment des tourbillons et des remous qui impriment au bateau un roulis semblable à celui de la mer. Ce n'est pas cependant la partie vraiment formidable des défilés.

Le paysage que nos yeux contemple est un des plus beaux qu'il y ait au monde. Des rocs énormes surgissent du milieu des eaux bouillonnantes : à gauche, sur la pointe la plus élevée, les ruines du manoir de quelque baron pillard, aujourd'hui habitées par les aigles ; plus bas, à droite, couronnant un roc inaccessible (ces deux châteaux étaient jadis les clefs du Danube), les débris majestueux et croulants de Golumbacz, dominant le fleuve de ses remparts et de ses neuf tours. Ce nom est la corruption de Columba (le château de la Colombe), et on l'a nommé ainsi parce que la princesse grecque Hélène y fut retenue prisonnière. Ce château superbe, assiégé par le roi Sigismond et enlevé plus tard

Le roc de Babacaï.

aux Turcs par Mathias Corvin, occupe l'emplacement d'un ancien *castrum* romain.

Plus loin, c'est un rocher de forme singulière, isolé au milieu des vagues, qu'il dépasse de dix-huit à vingt pieds et qu'on appelle en turc : *Babacaï*. Un bey cruel et jaloux amena jadis ici sa jeune femme et l'abandonna sur ce roc pour y mourir de faim et de froid ; il s'éloigna à force de rames, ne répondant à ses cris désespérés que par ce seul mot : *Babacaï!* (Repens-toi!) Et les bergers des montagnes avoisinantes disent que dans les nuits calmes la voix de la malheureuse leur arrive par-dessus le bruit incessant de la vague, tandis que dans les tempêtes ses cris perçants éveillent les échos de la gorge.

Ces murailles de rocher, qui enserrent le fleuve, sont perforées de trous, servant d'asile aux aigles et à des vautours gigantesques. La plus large de ces fissures s'appelle la caverne de Golumbacz. Un Magyar nous affirme qu'en ce lieu-là même saint Georges tua le dragon légendaire, dont la carcasse, restée au fond de la grotte, donne naissance à des nuées de *Mord-mücken*[1] (moustiques) fort venimeux, qui en sortent pendant les mois de juin et juillet, et sont la terreur des bergers et des bouviers du voisinage. Ils allument de grands feux de bois vert pour se protéger la nuit, eux et leurs troupeaux, contre ces malfaisantes créatures, qui attaquent les yeux, les narines, la gorge, les oreilles, et amènent la suffocation par le gonflement que causent leurs morsures empoisonnées. En quelques heures, un cheval ou un bœuf peut être leur victime. Les paysans ont vainement essayé de murer la caverne ; les moustiques passent par d'autres fissures. En réalité, ils naissent très probablement des marécages du Danube.

Les premiers rapides dépassés, nous nous trouvons de nouveau dans des eaux calmes. En nous retournant nous voyons un site d'une beauté grandiose : le Danube, entouré de tous côtés, comme à Moldava, de montagnes escarpées, reprend l'aspect d'un lac ; les sinuosités de la rive, se détachant en noir sur les grands rochers, et coupant leur reflet de lignes horizontales, achèvent un tableau dont la splendeur ne se peut décrire. Si belles que soient les gorges du Rhin, entre Bingen et Coblentz, ce sont des jouets d'enfant comparées à celles du bas Danube.

A un kilomètre au-dessous de Golumbacz, on voit à droite les ruines de la forteresse romaine de Gradisca, et les premières traces de la voie Trajane, tandis qu'à gauche, le long de la rive hongroise, se dessine la magnifique route que le gouvernement fit faire sur les sollicitations du grand patriote, le comte Szechenyi, dont elle porte le nom et à qui l'on doit l'organisation du service

---

[1] *Furia infernalis* des naturalistes.

de steamers et la plupart des travaux publics exécutés en Hongrie. Dans certains endroits où les rochers, venant jusqu'au fleuve, ne laissaient pas le moindre passage, on a, pour continuer la route, creusé de larges galeries qui percent la montagne; ailleurs elle est suspendue au flanc du rocher et élargie au moyen de remblais en maçonnerie.

En passant au pied d'un de ces remblais, nous apercevons trois personnes qui suivent leur chemin, les seuls êtres vivants que nous ayons vus aujourd'hui le long des rives. Ce sont des femmes valaques, aux vêtements de couleurs vives, la tête entourée d'écharpes rouges et bleues, roulées en turban. Elles se détachent d'une façon très pittoresque sur le fond gris et brun du rocher, chassant devant elles un troupeau de cochons à longues soies jaunes. Tout ce cortège paraît si petit au pied de ces remparts géants, qu'on le dirait sorti d'une boîte de joujoux.

Nous approchons d'un second défilé; le vent déchaîné s'oppose encore à notre passage. Le capitaine m'offre complaisamment sa place, un coin bien abrité du gaillard d'arrière, entouré de cloisons de forte toile, et dominant tout le pont du bateau. De là, non seulement je jouis de la vue complète de ce qui m'entoure, mais je suis, au moins jusqu'aux épaules, protégée de la fureur du vent. Sans cela, il me serait, je crois, impossible de rester sur le pont. En tournant la tête, je vois mon mari et les autres s'efforcer à grand'peine de se maintenir en équilibre, tandis qu'au-dessous de moi deux Bosniaques, réfugiés à l'avant et roulés dans leurs fourrures, offrent l'image du plus abject découragement.

Emportés par le courant rapide, nous allons avec une vitesse à donner le vertige. Cette impression est sans doute grandement exagérée par les énormes murs de rocs qui semblent se resserrer pour nous broyer dans leur étreinte. La vent fait un bruit assourdissant qui achève de nous étourdir; il est impossible de rester debout; je suis obligée de m'asseoir et de me cramponner à mon banc; les voix de mes compagnons de voyage qui me signalent tantôt à droite, tantôt à gauche, quelque chose à admirer, semblent m'arriver de très loin; les objets défilent trop vite, les effrayants bastions se succèdent trop rapidement. Je n'entends plus rien, mais le capitaine vient me rejoindre dans mon gîte, et m'avertit de regarder à gauche une suite de fortifications romaines. Puis il m'aide à serrer autour de moi mes châles et mes couvertures, et me dit que le vent, toujours violent dans cette gorge, n'a jamais été aussi terrible qu'aujourd'hui.

Tout à coup nous doublons un rempart qui s'élève perpendiculairement du fleuve même, et les cataractes d'Islaez et de Tachtalia nous apparaissent : deux récifs jumeaux de porphyre dur, qui s'allongent en travers du fleuve comme une digue, sur une étendue de deux kilomètres. Çà et là des pointes de rocs, autour desquelles l'eau tourbillonne, se montrent au-dessus de la surface. Nous atteignons enfin ce rapide monstre, si souvent fatal aux petites embarcations. Auprès, se dresse un fragment de roc appelé le Buffle, au delà duquel de longues lignes de brisants barrent de leurs crêtes écumeuses toute la largeur du fleuve. Retenant notre respiration, nous glissons dans un étroit chenal dont les tourbillons sont plus dangereux encore que les récifs eux-mêmes. Nous ne faisons plus usage de la machine ; le courant suffit à nous entraîner, et le capitaine ne quitte pas de son regard anxieux la masse bouillonnante des eaux. Quand ces eaux sont basses, les steamers courent les plus grands dangers ; on fait alors passer les voyageurs sur des barques plates, car cette partie du fleuve n'est navigable que pour des embarcations ayant un faible tirant d'eau.

En présence de ces graves obstacles, les Romains avaient construit en cet endroit, pour suppléer le fleuve, un canal dont on retrouve encore des traces.

Aussitôt les rapides franchis et un promontoire doublé, le Danube recommence à s'élargir, jusqu'à ce qu'il atteigne les dimensions d'une mer intérieure; puis il se resserre, et nous approchons du formidable passage du Greben, au centre duquel une croix de fer de sinistre présage, dominant les récifs, rappelle les nombreux infortunés qui ont péri en cet endroit. Maintenant délivré, le grand fleuve bondit dans un large chenal et s'étend en deux bras pour enfermer l'île serbe de Porecz, où l'on a bâti une église grecque. Au-dessus de cette église, s'élèvent de monstrueux escarpements, des murs de rochers dont les fissures semblent les meurtrières d'une citadelle cyclopéenne.

En cet endroit commence une ligne de fortifications romaines qui se prolonge durant trente-deux kilomètres, tout le long de la rive gauche, jusqu'aux magnifiques ruines de Tricule et son château à trois tours, un des plus beaux monuments de la domination impériale. Encore quelques moments, et nous passerons devant

La passe de Kazan.

un des chefs-d'œuvre architecturaux de la nature, le *Sterbeczu almare,* ou grand bastion du Danube, masse de rochers presque perpendiculaire, s'élevant à une hauteur de sept cents mètres du sein des vagues mêmes qui, resserrées dans un chenal extrêmement étroit, s'y précipitent avec un bruit assourdissant. C'est le fameux défilé ou *passe de Kazan,* si étroit que, malgré sa grande profondeur d'au moins soixante mètres, nous tremblons de voir notre petit steamer heurter en passant la muraille. S'il est si austère et si sauvage au milieu de l'été, qu'est-ce donc en hiver, lorsque les eaux soulevées charrient d'énormes glaçons qui se heurtent, s'entassent, et finalement se pulvérisent contre les rocs immuables?

Au bout du défilé, et presque en face du village de Gradina-le-Vieux, on aperçoit la *table de Trajan,* encore un souvenir des travaux de cet empereur. C'est une sorte de plaque taillée dans le roc vif, et dont l'inscription énumère, après les titres de Trajan, les noms des légions qui travaillèrent à la grande voie dont j'ai parlé. Cette table, placée dans un renfoncement incliné, est soutenue par des dauphins et des génies ailés et surmontée de l'aigle romaine. Au moment où nous passons, un homme, debout dans une barque grossière, appuie sa perche au-dessous de l'antique monument pour pousser son esquif, tandis qu'un autre, à la mine farouche, assis dans la niche, y cuisine son repas du midi.

Dans un climat soumis comme celui-ci à d'aussi fortes variations de température, des froids d'une rigueur arctique et des chaleurs tropicales, il est étonnant que ces monuments de l'antiquité n'aient pas subi l'action destructive du temps. Cependant ils sont toujours debout, aussi intacts que si l'artisan romain venait de quitter son marteau et son ciseau pour reprendre le lendemain son travail. Dans les endroits où le roc a été creusé pour donner passage à la voie romaine, la pierre est aussi blanche, ses angles aussi nets que si l'ouvrage avait été fait la veille.

Notre navigation continuant, nous rencontrons les premiers villages valaques, dont l'aspect doit nous devenir si familier durant nos voyages en Transylvanie. Nous avons descendu le Danube jusqu'ici dans le but de franchir les fameuses Portes de fer, à une trentaine de kilomètres au-dessous d'Orsova; quoique ce défilé passe pour le plus formidable de tous, ayant deux chutes distinctes de huit pieds de haut, par-dessus lesquelles le fleuve tombe presque perpendiculairement, et qui, dans les eaux basses, se transforment en cataractes écumantes, le site en est assez peu pittoresque. Au lieu de rochers de cinq à six cents mètres suspendus au-dessus de vos têtes, les montagnes s'écartent à une certaine distance et descendent en pente douce du côté de la plaine. Néanmoins le fleuve reste imposant, et notre petit steamer est rudement ballotté dans l'étroit passage où il se glisse. Alors le grand Danube, las de battre la double chaîne de récifs qui, sur une étendue de mille six cents mètres, forme ce qu'on appelle les Portes de fer, élargit soudain son lit et roule désormais avec une majesté tranquille jusqu'au terme de sa puissante carrière, où ses eaux se perdent enfin dans la mer Noire.

XXVII

LE PONT DE TRAJAN

« Vos passeports, Messieurs, vos passeports ! » s'écrie en allemand, avec un accent détestable, un féroce employé roumain, au moment où nous débarquons du bateau à Sozoreny.

Pendant qu'on examine sévèrement nos bagages, de nombreux mendiants paraissent sur la scène, gémissant, étalant des difformités hideuses, se glissant, quand leur taille le permet, entre les barreaux de la grille qui nous sépare d'eux. Tous les âges, tous les genres d'infirmités semblent s'être réunis pour nous demander « des kreutzers pour l'amour de Dieu » !

András n'a pas de passeport, ce qui entraîne tant de pourparlers et d'ennuis, que nous finissons par croire qu'il va être jeté dans un cachot ou consigné impitoyablement à la frontière, qu'enfin on lui permet de franchir. Cet incident a fait surgir les gendarmes, la baïonnette au fusil, de beaux hommes à l'air martial en uniforme de gros drap gris à revers blancs, avec des bonnets de peau d'agneau noire dont les pointes pendent derrière. Les mendiants, soudain guéris de leurs maladies, discutent la question d'une voix naturelle. Nous commençons à craindre que le tempérament magyar, difficile à calmer quand il est surexcité, ne nous vaille, dans la personne d'András, de vraies complications, car une autre querelle survient avant que nous ayons quitté la douane.

Notre intention était de louer à Sozoreny un véhicule quelconque pour faire une courte excursion à Turnu Severin, afin de voir ce qui reste du plus grandiose des travaux de Trajan : le pont du Danube; après quoi, de nous rendre à Orsova par le chemin de fer. Le seul objet monté sur roues qu'il nous soit possible de découvrir est un phaéton délabré, d'une antiquité fabuleuse, attelé de deux rosses minuscules. Cependant nous allons y monter lorsque le cocher, d'une voix insolente, réclame d'avance son salaire, au taux exorbitant de cinq florins. C'en est trop pour les nerfs de notre guide! Le cocher restant rebelle à ses remontrances, il lui arrache son fouet et lui en caresse vigoureusement les épaules. Peu accoutumés à nous faire si rude justice à nous-mêmes, et redoutant, dans un semblable pays, les conséquences d'une telle action, nous réprimandons fortement András, en lui déclarant que, s'il ne sait pas dominer son caractère, il devra quitter notre service. Le petit homme riposte, avec un calme parfait, que malgré le profond respect qu'il porte à ses augustes maîtres, ce mode de discussion est le seul qui puisse faire quelque effet sur un Juif roumain. Et il a raison; car notre cocher, au lieu de regimber, joint les mains et nous supplie de monter dans sa voiture pour la moitié de la somme d'abord demandée.

Sans s'inquiéter des trous et des ornières, les malheureux chevaux commencent à escalader la pente, fort raide, d'un galop si rapide, que nos personnes et nos biens nous semblent menacés d'une imminente destruction. Cependant, ayant survécu à ce péril et logé nos bagages dans un petit bureau poussiéreux attenant à la gare, nous poussons jusqu'à Turnu Severin, à cinq cents mètres plus bas sur le fleuve. Gravissant un monticule conique surmonté d'une tour en ruines, dont l'origine romaine est incontestable (on dit qu'elle fut bâtie par Trajan pour protéger les abords du pont), nous nous asseyons à son ombre vénérable pour manger un repas bien gagné. A nos pieds coule le Danube, qui a près de huit cents mètres de large à cet endroit, et du défilé des Portes de fer nous parvient jusqu'ici le grondement incessant mais paisible des cataractes, faisant une basse continue au cri strident et métallique des cigales semées autour de nous dans l'herbe. Mais nous sommes assaillis par des moustiques de l'espèce la plus mauvaise, et nous nous enfuyons au bord du fleuve pour leur échapper.

En cet endroit même s'élevait le pont de Trajan, qui avait, dit-on, une longueur de trois mille neuf cents pieds romains. Sous la surface de l'eau subsistent encore les débris de treize piles qui jadis en supportaient les arches. Ces piles, séparées par des intervalles de cent soixante-dix pieds, sont encore visibles par les eaux très basses ; sept autres restent ensevelies sous les sables que les siècles ont amoncelés et forment comme des monticules dans le lit du fleuve.

La description détaillée de ce pont a été donnée par Dion Cassius, gouverneur de Pannonie sous le règne d'Hadrien, dans son *Histoire de Rome,* dont il ne nous reste, par malheur, que des fragments. Le grandiose ouvrage de Trajan ne devait pas avoir une longue existence : construit en 103, il fut détruit en 120 sur l'ordre d'Hadrien, afin d'empêcher, prétendit cet empereur, que les barbares n'en prissent avantage pour envahir les provinces de Thrace. Mais on croit qu'il fut porté à cette action par sa jalousie à l'égard de l'architecte Apollodore de Damas, auquel on doit également la colonne Trajane, à Rome, ainsi que le forum de Trajan, et qui l'avait jadis offensé. En effet, peu de temps après son avènement, Hadrien ne se contenta pas d'anéantir celui des travaux d'Apollodore qui lui faisait le plus d'honneur, mais il fit mettre l'architecte à mort sous un très léger prétexte.

Il ne reste aujourd'hui, au-dessus de la surface du fleuve, presque rien qui puisse éveiller l'intérêt du voyageur, excepté les murs en ruines qui s'élèvent sur les deux rives, tout près du bord, et d'où partaient sans doute les premières arches. Malgré tout, ces débris informes de maçonnerie relient le passé au présent, et font revivre pour nous, avec une intensité étrange, la valeur et l'énergie de ce grand peuple romain.

Le climat de l'Europe devait être alors beaucoup plus froid qu'aujourd'hui, car il nous arrive fréquemment de lire que les hordes barbares des steppes voisins franchissaient en hiver le Danube, avec leurs chariots, sur la glace solide. Actuellement le fleuve ne gèle que dans les hivers les plus rudes, et la glace dure peu de temps.

Non loin du pont de Trajan, s'avance, dans les eaux du Danube, un promontoire appartenant à la Serbie, à travers lequel on veut creuser un canal pour seconder la navigation quand les eaux sont trop basses.

Après avoir quitté les bords du fleuve historique, nous gravissons un coteau escarpé, en passant au milieu d'un troupeau de buffles à l'air formidable, répandus sur ces maigres pâturages, et nous nous trouvons dans la ville de Turnu Severin, nouvelle colonie roumaine établie sur la rive gauche du fleuve, à deux kilomètres et demi des Portes de fer, et où la Compagnie des bateaux du Danube possède des docks immenses. De cet endroit on aperçoit, se dressant sur la rive, la tour de Sévère, tandis qu'en face s'élèvent les fortifications turques et les frêles minarets de Skela-Gladova.

Il y a vingt ans, Turnu Severin était un hameau de quelques maisons ; mais il est en train de devenir une ville importante. Sur la promenade, nous rencontrons de belles dames en toilettes parisiennes à la mode de demain, marchant nonchalamment par petits groupes, jasant dans leur gracieux néo-latin et fixant sur nous leurs grands yeux fendus en amandes avec un profond étonnement.

Nous regagnons la station au moment où le train qui vient de Bucharest s'arrête le long du quai ; un incident va retarder le départ : on recherche parmi les voyageurs un individu accusé d'avoir volé trois mille ducats. Des gendarmes font de leur mieux pour avoir l'air féroce et important, bloquant l'entrée des voitures que leurs collègues visitent, pour comparer tous ceux qui s'y trouvent avec le signalement de l'accusé. Soit qu'il réussisse à éluder leur vigilance ou qu'il ait pris un autre train, ils n'ont pas la satisfaction de l'arrêter, et on nous permet enfin de nous installer dans notre wagon.

Notre seul compagnon de voyage est un prêtre grec, à la figure efféminée, entourée de longs cheveux noirs, qu'il cherche sans cesse à relever sous son haut bonnet. Ne parlant pas roumain, nous lui adressons la parole en latin, mais tout ce que nous pouvons en tirer est la réponse : « Non intelligo. » A Gladova, autre délai interminable ; il y a deux grands pesonnages dans le train, et on doit leur laisser le temps de luncher. Des préparatifs pompeux ont été faits en leur honneur ; le restaurant est orné de fleurs et de feuillages ; les garçons, en gants blancs, courent çà et là comme des fous, tandis qu'une jolie fille en costume blanc et rouge, la seule qui semble ne pas avoir perdu la tête, les supplée auprès des illustres voyageurs, qui sans elle, je le crains, seraient fort mal servis.

Enfin nous atteignons notre destination, et pour la troisième fois de la journée il nous faut exhiber notre passeport et faire visiter nos bagages. La gare d'Orsova est à une telle distance de la ville, et l'unique voiture qui s'y trouve est attelée de chevaux tellement décharnés, que nous ne pouvons infliger à ces infortunées créatures le supplice de nous traîner. Apercevant à quelques centaines de mètres une auberge à un seul étage, qui porte en lettres colossales le titre imposant d'*hôtel Tivoli,* nous nous décidons à nous y installer au moins pour une nuit.

XXVIII

LES COLLINES DU DANUBE

Après un frugal souper, composé de poisson du Danube et de fromage moldave, nous nous sentons si épuisés par notre longue journée de voyage, que nous allons nous reposer sans tarder. Le lendemain nous descendons déjeuner au restaurant, séparé de l'hôtel; il consiste en un jardin au-dessus duquel on a construit un toit en façon de chalet, soutenu par des colonnes auxquelles s'enlacent des vignes chargées d'énormes raisins.

Le café, excellent comme presque partout en Hongrie, arrive en si petite quantité dans des pots de porcelaine si épaisse, qu'András, qui nous sert selon son habitude, demande ironiquement à l'hôte, un Juif moldave, s'il compte porter sur la note le café ou la cafetière. A une table voisine un homme est assis, avec un jeune enfant sur ses genoux; l'enfant retient par un long ruban un agneau apprivoisé, d'une blancheur de neige et frisé comme un mouton de verre filé. Les Hongrois se font souvent des jouets de ces jolis animaux, jusqu'à ce qu'ils aient grandi et qu'on les sacrifie, hélas! à la boucherie. Le propriétaire de celui-ci, remarquant mon admiration, offre de me le céder pour un florin et demi, et je serais tentée d'accepter; mais, pour circuler dans les solitudes de la Transylvanie, un éléphant ne serait guère plus embarrassant.

Aujourd'hui, nous devons gravir la majestueuse chaîne des collines du Danube, et il nous faut des montures robustes, au pied sûr. Laissant notre inappréciable guide faire les arrangements nécessaires, nous allons visiter, à un quart d'heure de là, la chapelle de la Couronne, au lieu où, en 1849, pendant la guerre de l'Indépendance hongroise, fut déposée la couronne de saint Étienne. Cette précieuse relique, que la légende dit avoir été apportée du ciel par les anges, fut longtemps gardée dans le château de Bude; à l'époque des invasions musulmanes, on la porta dans celui de Presbourg, pour plus de sécurité.

Depuis le jour où elle servit à couronner saint Étienne, apôtre et roi de la Hongrie en l'an 1000, jusqu'au xvii° siècle, elle passa par les plus étranges vicissitudes. Tout près de nous, en 1849, pendant la fuite de Kossuth, elle fut cachée à quelques pieds au-dessous du sol, enfermée dans une boîte par deux patriotes hongrois, et ce ne fut qu'en 1853 que le secret de sa cachette fut révélé, les uns disent par miracle, d'autres par un ancien officier de l'armée de Kossuth. Les Hongrois ont pour cette couronne une grande vénération; ils croient que la prospérité de leur pays y est attachée.

Une jolie chapelle octogone, de style byzantin, a été érigée au lieu où fut retrouvé l'objet sacré, et au centre, entourée d'une balustrade de pierre, une cavité indique l'endroit précis où elle était enterrée. Cette cavité est fermée par une dalle de marbre, sur laquelle est déposé un fac-similé de la véritable couronne; au-dessus, une lampe, suspendue à un dôme, brûle sans cesse, tandis que de l'autre côté, en face de l'entrée, se dresse une statue de grandeur naturelle : la Vierge et l'enfant Jésus entourés de rayons d'or.

Cette chapelle nous est montrée par une femme en pittoresque costume oriental, dont la seule occupation, avec les soins qu'elle donne à un nourrisson criard, semble être de pourchasser les chiens maigres qui pénètrent dans la cour.

Une allée de peupliers conduit aux rives du fleuve, très boisées en cet endroit, et aux arbres desquelles s'enroulent des vignes sauvages. Le Danube ressemble à un lac; il est tout entouré de montagnes, et l'on ne voit pas où il rompt cette ceinture. Au pied de ces montagnes est bâtie la forteresse d'Orsova, qui commande les frontières de trois contrées : la Hongrie, la Valachie et la Serbie, et fait, au milieu de son île, un effet très pittoresque, avec ses cyprès sombres et sa haute mosquée reflétée dans l'eau. En face, un bateau turc, chargé de marchandises, lutte avec les rapides, et sur le premier plan, quelques pêcheurs relèvent leurs filets.

Cette île, depuis cent ans, a subi bien des fortunes diverses, et elle est passée fréquemment de la domination chrétienne sous la loi mahométane. En 1738, après un siège prolongé, elle se rendit aux Turcs, mais en 1790 elle fut reprise par les Autrichiens; le traité de Sistova la donna de nouveau aux premiers, qui l'évacuèrent définitivement en 1878. La citadelle, aujourd'hui un monceau de ruines, est encore occupée par quelques Turcs qui, la paix signée, conjurèrent l'empereur d'Autriche de leur permettre d'y rester, préférant devenir sujets autrichiens plutôt que de quitter ce lieu. Quoiqu'ils soient réduits à une misère extrême, quatre cent cinquante personnes parviennent à y vivre. Les hommes s'occupent de pêche, les femmes font des broderies d'or et d'argent qu'elles vendent aux rares visiteurs.

En rentrant à l'hôtel Tivoli nous apercevons sur la pelouse les coursiers (deux mulets) qui nous sont destinés. Je n'espérais pas, dans ce pays primitif, pouvoir me procurer une selle anglaise, mais je ne m'attendais guère à l'arrangement improvisé par András, et dont il se montre très fier. Il a établi sur le dos du mulet une vieille chaise de bois dont il a brisé les pieds; le dos de la chaise est tourné dans le sens voulu pour que je puisse m'y retenir en cas de besoin. Cette invention originale me coupe d'abord la parole; enfin, après avoir constaté que l'animal est suffisamment garni de couvertures et les courroies fortement assujetties, nous partons en triomphe, suivis d'un farouche muletier au bonnet de poil d'agneau, et d'András, avec l'inévitable panier de provisions.

Notre défilé à travers la ville excite la plus vive curiosité. Des femmes qui portent sur la tête cruches ou corbeilles s'arrêtent et appellent l'attention de leurs voisines sur notre étrange cavalcade. D'autres, assises à leurs portes, rentrent précipitamment et se mettent en observation derrière les petits carreaux poudreux de leurs fenêtres. Orsova (prononcez Orshova, selon le son habituel de l's magyare), est la dernière ville hongroise du Danube, d'un aspect tout oriental. Les costumes n'ont ici rien d'européen : les femmes portent une longue jupe blanche et un corsage très montant, couvert de broderies de laine rouge, bleue, verte, orange, d'un dessin riche et harmonieux ; une large ceinture pareillement brodée, d'où pend jusque sur les talons une frange épaisse, entoure la taille. Les hommes ont des sortes de mocassins, des vestes brodées, des pantalons à la turque.

Rien n'est moins civilisé que leur aspect et tout ce qui les entoure. Les routes, pour lesquelles l'art semble n'être nullement venu en aide à la nature, sont ensablées et semées de larges cailloux qui font boiter les chevaux et rendent la marche très pénible. Un pont de bois, un petit cimetière aux croix de fer étroitement serrées, nous amènent au faubourg ; là, les maisons sont bâties en briques crues et entourées de fortes palissades d'osier tressé, toutes hérissées de formidables pointes, pour tenir en respect les loups, qui infestent cette partie du pays.

Ces palissades, qu'on voit partout dans les faubourgs d'Orsova, et dont l'épaisseur et la force auraient jadis suffi pour soutenir un siège, nous intéressent vivement. Peut-être doit-on y voir un ressouvenir de ces palissades de bois appelées *limes,* dont les Romains bordaient les frontières de l'empire, et qui, d'après les historiens, se composaient de pieux fichés en terre, reliés de façon à former un mur continu. On en construit une dans un de ces faubourgs, qui s'étendent à une distance considérable. Cette vue nous rappelle le bas-relief de la colonne Trajane, représentant l'établissement des *limes,* qui jadis allaient du Danube au Rhin ; nous constatons par nos propres yeux que les habitants d'Orsova procèdent aujourd'hui absolument comme les soldats, ou *riparienses,* auxquels était dévolu jadis ce travail, et les courtes tuniques blanches des ouvriers, attachées par une ceinture lâche, leur bonnet de peau d'agneau, ne diffèrent même pas sensiblement du costume romain.

Arrivés à la base des montagnes, nous voyons leur front chargé de nuages. Nous passons près d'un camp, non plus cette fois un camp romain ; celui-ci appartient aux « tribus errantes » ; une troupe de bohémiens aux jambes grêles nous poursuivent, refusant de nous laisser tranquilles, jusqu'à ce que nous ayons répondu à leurs importunités par une poignée de kreutzers.

La pente est escarpée et difficile à gravir, mais nous sommes récompensés de nos peines par les points de vue merveilleux qui changent sans cesse et nous apparaissent à tous les tournants du chemin. Nous passons au milieu d'immenses troupeaux de moutons gardés par des bergers à l'aspect sauvage ; nous entendons au loin le son rauque de la cornemuse, dont l'étrange musique semble s'harmoniser avec la farouche grandeur de ces remparts de rochers ; tout en l'écoutant, nous grimpons en zigzag et nous finissons par atteindre une hutte de berger. Le musicien est assis sur le seuil de sa porte ; il y a vraiment un excès de couleur locale dans son costume et ses jambes enveloppées de linges grossiers retenus par des bandelettes de cuir ; la hutte est vide ; son chien et sa cornemuse semblent ses seuls compagnons, sans doute pour des mois entiers, car ces bergers ne redescendent qu'en hiver dans les villages, et même pas toujours, quelques-uns conduisant leurs troupeaux en Bulgarie lorsque le froid et l'insuffisance des pâturages les chassent des hauteurs.

Après une ascension de deux heures, ayant atteint le sommet de la montagne, nous arrêtons nos mules. Je suis trop heureuse de changer de position, la selle improvisée par András étant l'instrument de torture le plus atroce qu'on puisse concevoir ; aussi, une fois descendue, je jure intérieurement qu'aucune puissance humaine ne m'y fera remonter dans les mêmes conditions.

Un bon repas et une bouteille d'excellent *schiller*, vin qu'on récolte sur les coteaux voisins d'Orsova, nous rendent notre équilibre physique et moral. Nous descendons un ravin d'où nous pouvons contempler le Danube, glissant, majestueux, entre ses murailles de granit, dans un splendide amphithéâtre d'aiguilles et de rocs noirs et décharnés. Un tourbillon déchire l'air au-dessus de nous ; sans doute nous avons effrayé un ménage d'aigles, car l'énorme oiseau s'envole en criant à travers la gorge, et un autre le suit aussitôt. Le vent, qui en bas n'était qu'une bise, souffle rudement dans notre aire escarpée et bat les rocs avec un bruit semblable à celui qu'il fait dans les voiles d'un navire. Nous sommes littéralement portés sur les nuages. Comme un rideau diaphane, tiré par une main invisible, une nue arrive nous enveloppant de brume, et jetant sur tous les objets qui nous entourent un voile mystérieux. Les ombres s'allongent déjà ; nous nous hâtons de repartir. Grimpant par-dessus d'énormes blocs qui semblent vouloir nous barrer le passage, nous retrouvons la pelouse paisible où András et son compagnon dorment couchés tout de leur long à côté de leurs mules. Nous réussissons à les éveiller, et les faisant passer devant, nous les suivons à pied. Au bas de la colline, je fais remplacer par une simple couverture le savant arrangement dont mon infortunée monture est encore chargée, et nous partons bon train. A notre rentrée dans la vieille cité d'Orsova, le soleil couchant transforme en palais d'or ses masures aux pignons délabrés. A tous les coins de rue, ce sont de jolis tableaux de vie orientale : près des *àgas,* au bord du chemin, bavardent des femmes au teint olivâtre, parées comme pour un jour de gala, avec des jupes tissées de diverses couleurs et mêlées d'abondants fils d'or ; leurs jolis corsages aussi brodés d'or, et leur fichu de tête cramoisi, égayent partout la rue de tons éclatants, adoucis par la lumière du soir.

XXIX

MÉHADIA

Quel curieux spectacle présente Orsova un jour de marché, et quelle confusion des langues, lorsque tout ce monde crie à tue-tête, marchande et se querelle! Serbes, Turcs, Valaques, mêlent leurs inintelligibles baragouins à celui du Magyar, et gesticulent si fort, avec des cris aigus, que l'étranger s'imagine toujours qu'ils vont en venir aux coups.

Si intéressant qu'il soit de les voir groupés autour de leurs singulières marchandises, il l'est encore davantage de les étudier au moment où ils arrivent des villages environnants. Prévenus par notre hôte, nous nous levons de bonne heure pour aller au-devant d'eux; mais, en descendant vers le Danube, nous trouvons montagnes et fleuves ensevelis sous des vapeurs si denses, que les objets les plus proches sont à peine visibles. Cependant les paysans arrivent, et surgissent de cette demi-obscurité comme autant de spectres géants, tous vêtus de couleurs éclatantes, soit à pied, soit sur des chevaux, des mulets ou des ânes. En outre, de temps à autre arrive, d'un village valaque ou turc, beaucoup plus bas sur le fleuve, un petit bateau chargé de fruits et de légumes, parfois d'une vivante cargaison d'hommes, de femmes et d'enfants, et dont le bruit de rames se fait entendre longtemps avant qu'il se dégage du brouillard.

A dix heures, nous partons pour « la table de Trajan », notre dernière excursion dans le voisinage d'Orsova. Le brouillard enveloppe encore les rocs gigantesques de la passe de Kazan, et voile d'une indescriptible tristesse ce défilé imposant. Au moment où nous arrivons, ce voile se soulève et laisse passer une flèche d'or qui traverse la passe, y créant de merveilleux effets de lumière. J'ai déjà décrit la forme du monument; l'inscription [1] est encore visible, malgré la couche de fumée qui s'y accumule depuis des siècles, les pêcheurs serbes utilisant la cavité qui la protège pour faire cuire leur repas; quelque batelier sacrilège bivouaque aujourd'hui en ce lieu, car des tisons y fument sous la cendre.

Au retour, nous entendons derrière nous des cris bruyants, et un petit groupe s'élance à notre poursuite, brandissant des bâtons, agitant des chapeaux. András aurait-il commis quelque énorme sottise dont nous serions responsables? Le mystère est vite éclairci; car, lorsque nous nous précipitons dans la direction de notre hôtel, résolus à ne rien voir et à ne rien entendre, les cris redoublent, et un de ceux qui nous poursuivent, nous ayant rattrapés, saisit F*** par l'épaule. Cette agression est en réalité fort amicale. Il s'agit simplement d'un Magyar avec lequel nous avons descendu le Danube sur notre bateau, et de trois autres de nos compagnons de voyage qui nous rejoignent bientôt.

« Quelle surprise! Qu'avez-vous fait depuis trois jours? Vous êtes restés à Orsova! Impossible! Nous aussi! Et nous ne nous sommes pas rencontrés! Mais à présent il faut que vous dîniez avec nous; nous n'admettons pas de refus! »

Si hospitalière que soit l'invitation, nous la déclinons forcément, car là-bas, abritant ses yeux de la main pour nous apercevoir, András attend près d'une voiture attelée de trois chevaux de front, tandis qu'un second véhicule est déjà chargé de nos bagages, pour un départ qui devait s'effectuer il y a une heure.

---

[1] IMP. CAESAR. DIVI. NERVAE. F.
NERVA TRAJANVS AVG. GERM.
PONTIF. MAXIMVS. TRIB. POT. IIII
PATER PATRIAE COS. III
MONTIS L | | AN BVS
SVP. | AT | E

Nos amis hongrois se consolent en découvrant que, par une heureuse coïncidence, nous voyagerons de concert jusqu'à Témesvár, puisque nous devons prendre le soir, à Méhadia, le train qui les emmènera eux-mêmes. Près de cette dernière ville se trouvent les bains d'Hercule, qu'on ne peut se dispenser de visiter, et où nous comptons passer le reste de l'après-midi.

A deux heures, nous partons comme emportés sur les ailes

Table de Trajan.

du vent, et suivis moins rapidement par le chariot des bagages. Cette première partie du trajet est très excitante : le galop rapide des chevaux, les cris farouches du cocher valaque, presque debout sur son siège, et animant ses chevaux de la voix et du fouet; le son des clochettes, et l'aspect à demi sauvage de cet attelage, sans collier ni œillères, tout pourrait nous persuader que nous sommes d'anciens Romains sur un char de triomphe, si un coup d'œil au char en question ne dissipait notre illusion. Du reste, les chevaux ne tardent pas à retomber dans l'allure réglementaire. Après avoir gravi une colline, nous descendons dans la vallée de la Czerna, fermée par des coteaux boisés dont les pentes sont couvertes de vignes, et les sommets d'une blanche floraison de cerisiers et de poiriers.

D'énormes pommiers qui bordent la route font pleuvoir sur nous la neige de leurs pétales. Le cocher, qui s'est décidé à s'asseoir, chante, pour encourager son attelage, une paisible mélodie qu'accompagnent le tintement de leurs clochettes et le murmure rafraîchissant de la Czerna. Sur les collines, des femmes bêchent la terre durcie par le soleil, ou font des semailles tardives. Tout le long de la rivière, on voit une rose bordure de pêchers. Un troupeau de moutons à longues cornes broute au bord du chemin; la journée est brûlante, et notre conducteur descend apaiser sa soif avec l'eau du torrent. Voici un village; près de l'église et de sa tour peinte, un prêtre est entouré d'une troupe de gamins, vraie réduction de leurs parents, en tuniques blanches et en bonnets de peau d'agneau. Comme à Orsova, les femmes portent la jupe de grosse frange, pendant de la large ceinture appelée *obreska,* qui moule la taille et qui est brodée de diverses couleurs, tandis que la frange, sur la jupe de dessous blanche, n'est guère rayée que de deux tons, écarlate et noir. Ce costume doit être fort incommode pour travailler aux champs, et cependant jeunes et vieilles le conservent sans exception.

Les cabanes sont entourées de palissades plus fortes qu'à Orsova; certaines montent à une hauteur de huit à dix pieds, pour protéger les habitants et leur bétail contre l'agression, non seulement des loups, mais des ours, fort nombreux dans ce pays, et qui dévastent souvent les champs de maïs.

Partout les femmes travaillent, tandis que leurs seigneurs et maîtres dorment sous un arbre. La végétation est celle de l'Orient; des plantes parasites suspendent aux arbres de longues guirlandes. Trois femmes valaques viennent à nous; elles filent en trottant gaiement le long de la route. Comme elles sont gracieuses et quels charmants visages au type mi-romain, mi-grec, nous sourient quand elles passent, faisant flotter derrière elles leurs longues jupes frangées, pareilles à l'éventail d'un paon! Ou bien nous croisons un des longs chariots à ridelles en usage dans ce pays, où s'entassent les trois générations d'une même famille, et aux barreaux duquel pendent des gourdes et des outres, qui rappellent les descriptions de l'Écriture.

Enfin la vallée se resserre, les montagnes sont plus sauvages. Près du village de Korabüek, nous passons devant les ruines d'un aqueduc qui, au temps d'Hadrien, amenait, dit-on, jusqu'à Orsova les eaux salutaires de Méhadia. Les Turcs l'utilisèrent pour le même usage, Orsova ayant été pour eux, à une certaine époque, une citadelle importante.

Les vignes se rapprochent de la route; c'est avec leurs grappes qu'on fait le schiller, vin couleur de rubis, excellent, malgré son bon marché excessif, quand on l'a gardé trois ans. Nous franchissons un pont de fer tout neuf, peint de couleurs criardes, si laid et si en désaccord avec les antiques monuments dont le pays est semé, qu'on se demande ce qu'il fait là. Alors on salue de loin la petite ville d'eaux où les Romains, comme en tant d'autres endroits, avaient jadis construit des bains, *ad aquas Herculi sacras,* et fondé une petite colonie, *ad Mediam,* d'où vient sans doute le nom de Méhadia.

A notre surprise, au détour de la route, nous sommes entourés de palais et de jardins en terrasse qui évoquent plutôt les Mille et une nuits que le souvenir d'antique colonie romaine. Ces eaux sont le rendez-vous favori des Hongrois, des Serbes, des Valaques et des Roumains. Le *Kurhaus* (casino), splendide édifice de style classique, orné de fresques à l'intérieur, comprend des colonnades sous lesquelles on se promène pendant les heures les plus chaudes du jour. Le principal des établissements est l'*Elizabethen Bad* (bains d'Élisabeth).

« Ici, nous dit le directeur, qui nous sert de cicerone, en nous introduisant dans une salle pleine de fumée et sentant le soufre à croire qu'on pénètre dans le Tartare, ici les malades se mettent dans l'eau bouillante et sentent s'évaporer leur maladie. »

Il n'y a pas moins de vingt-quatre sources; les rocs, tous calcaires, sont pleins de fissures d'où suintent les eaux, et sous lesquels on entend des bruits semblables au tonnerre. Il y a des sources sulfureuses et d'autres alcalines; les premières sont, prétend-on, les plus énergiques qui existent au monde. L'une d'elles, que les Romains appelaient thermes d'Hercule, jaillit en énorme colonne d'un demi-mètre de diamètre.

Nous montons jusqu'à la grotte qui contient la source portant le nom du dieu. La cavité est remplie de vapeur dense ; l'eau sort d'une fissure et disparaît de nouveau dans les profondeurs de la terre, pour former plus loin le jet dont je viens de parler.

Pendant qu'épuisés par cette atmosphère étouffante, nous nous reposons sur un rocher, tâchant de reprendre notre respiration, nous entendons un bruit de roues, et nos amis hongrois apparaissent en voiture, agitant leurs chapeaux et leurs mouchoirs ; ils se sont décidés à nous suivre pour nous servir de cicerone. Notre reconnaissance n'est peut-être pas à la hauteur de cette attention, mais j'espère que nous n'en laissons rien paraître.

Habituellement graves et mélancoliques, les Magyars sont sujets à de brusques changements d'humeur, car ils ont un goût enfantin pour le plaisir. Comme leur musique, ils sont tour à tour doux et violents, passent de la fureur au désespoir, et s'il s'agit d'une fête, reprennent une folle gaieté. Ceux-ci, connaissant fort bien le pays, nous conduisent à une foule d'endroits intéressants, entre autres une caverne de voleurs authentique ; puis, non loin de la source d'Hercule, un roc où sont encore fixées deux tables votives de l'époque romaine, portant en relief deux bustes d'homme et de femme, dont les traits demeurent très distincts. Dans une des salles des bains d'Hercule, conservés tels que les Romains les ont laissés, et encore en usage, on voit sur un énorme bloc de pierre une grande effigie du dieu.

Rien n'est plus poétique que la situation de cette ville d'eaux, dont la nature et l'art ont fait un délicieux séjour d'été. Les hôtels avec leurs jardins en terrasses remplis de statues et de fleurs exotiques, la variété infinie des types nationaux qu'on y rencontre, la musique des tziganes, les fêtes quotidiennes, se réunissent pour attirer la foule. Le seul revers de la médaille, c'est que la vie est fort coûteuse à Méhadia, quoique moins encore que dans la plupart des villes d'eaux hongroises.

A la station de **Méhadia**, peu s'en faut que notre train ne parte sans nous, tant nous sommes occupés à obtenir d'une jeune fille qu'elle nous vende une fort belle *obreska* ou ceinture, toute neuve et richement brodée. Rien ne peut la décider à s'en séparer, même l'offre d'un billet de cinquante florins. Elle secoue d'une air digne sa tête parée de monnaies d'or, sourit et passe.

« Si elle avait accepté ! dis-je en riant au Magyar qui a offert le billet.

— J'étais bien tranquille, répond-il. Les pauvres habitants de ce pays savent à peine la valeur de l'argent. Ils ont leur vache, leur cochon, un petit troupeau dont ils filent, tissent et teignent eux-mêmes la laine pour fabriquer l'étoffe de leurs vêtements ; ils ont le coin de terre sur lequel ils récoltent le pain quotidien. L'échange est d'ailleurs chez eux la base du commerce. »

La nuit est venue quand, après avoir traversé une région montagneuse, nous entrons dans une de ces étroites gorges qui caractérisent la région des Carpathes dont nous traversons la partie orientale. La locomotive nous entraîne à travers une obscurité coupée de temps à autre par de grands feux de bivouac, autour desquels sont étendus quinze ou vingt voyageurs enveloppés dans leurs peaux de mouton. Ces flammes, en éclairant les murs de rocher, produisent un effet fantastique. Ce district sauvage précède cependant la fertile province du Bannat, un des « greniers de l'Europe ».

XXX

LE COCHE DE FAMILLE

La ville de Témesvár compte trente-cinq mille âmes, et c'est une véritable Babel; il y a là des Grecs, des Valaques, des Juifs, des Serbes, des Croates, des Bulgares, quelques Turcs et une forte proportion de Magyars. La « ville intérieure » est fortifiée; l'œil ne rencontre que bastions et fossés, de gros et de petits canons nous menacent de tous côtés et semblent nous tenir sous leur surveillance. Si nous nous promenons près du parc public, nous avons tout le temps un canon en face de nous; si nous tournons à gauche, on dirait qu'il tourne de même. Cependant ces démonstrations hostiles sont trop justifiées par le passé; car, à deux reprises, Témesvár a joué un rôle important dans l'histoire de la Hongrie.

La ville ne contient que peu de vieux édifices; elle a été presque entièrement détruite par le bombardement de 1849, où, sous le feu de plus de mille bombes, ses maisons furent réduites à n'être qu'un amas de ruines. La principale victoire des Impériaux, commandés par le général Haynau, sur l'armée magyare, a été remportée ici même.

Le palais, construit en 1443 par Jean Hunyade, un des héros de la Hongrie, et complètement restauré, sert de prison. Témesvár est aujourd'hui une des plus jolies, proprettes et vivantes petites villes hongroises. Ses maisons neuves, assez élevées, sauf dans la ville extérieure, ont un air italien. Les belles plaines souriantes qui l'entourent étaient jadis un vaste marais, d'où émanaient des fièvres très dangereuses ; toute la province du Bannat elle-même, théâtre fréquent des invasions turques à la fin du siècle dernier, n'était qu'un marécage inculte. Après l'expulsion définitive des musulmans, on appela des étrangers pour repeupler ce pays dévasté : Grecs, Bulgares, Serbes, Allemands, même des Français et des Italiens, répondirent à cet appel ; ces riches terrains d'alluvion, qui n'avaient jamais connu la charrue, furent transformés en un fertile jardin. Le sol donna des moissons merveilleuses, des fortunes furent improvisées, et quelques-unes des plus opulentes familles de la noblesse hongroise descendent de ces pauvres aventuriers du Bannat.

Pendant l'été, le climat de cette région est presque tropical ; le sol noir et fécond peut donner n'importe quelles récoltes : maïs, tabac, lin, chanvre, tournesol. Le riz prospère également dans les parties les plus humides ; le coton lui-même ne manque pas à la liste, car nous reconnaîtrons sa jolie feuille dentelée et les houppes blanches et soyeuses de son fruit.

A Témesvár, nous prenons le chemin de fer, emmenant sur un truck notre légendaire et encombrante briska. Nous traversons d'épaisses forêts et nous voyons le château témoin de la capitulation, d'après les Autrichiens, de la trahison, d'après les Hongrois, du fameux Georgei. Dans la plaine, on moissonne les froments et les seigles. Des familles entières, en éclatants costumes, se reposent autour de leurs szekers ou chariots à ridelles. Un grand village populeux est habité exclusivement par des colons bulgares ; non seulement leur costume est tout autre, mais ils ont conservé leur langue et se font comprendre des Hongrois, en y mêlant quelques mots magyars.

Un peu plus loin, à Szaderlak, la population est, à l'origine, venue de la forêt Noire. Presque chaque canton possède aussi sa nationalité distincte, et personne ne peut comprendre son voisin. Laissant les villages derrière nous, de nouveau nous roulons à travers la plaine ondulante et sans bornes, avec ses immenses troupeaux de chevaux, de vaches, de pourceaux. Quoique mêlés et confondus, tous connaissent leur propriétaire. Au son des différentes trompes, le matin et le soir, comme à Fured, les animaux se groupent d'eux-mêmes et se précipitent, en se bousculant, vers leurs villages respectifs, souvent à plusieurs milles de là.

En approchant de la Marös, la plaine est presque envahie par cette rivière ; tout est sous l'eau. Un peu plus loin, nous trouvons la Marös elle-même, un flot clair serpentant sur un lit peu profond ; de vieux bateaux singuliers, chargés de marchandises, flottent çà et là sur sa surface calme. Puis nous entrons dans une belle vallée fermée par de hautes collines, l'une d'elles couronnée d'un vieux burg, la première de ces « forteresses de paysans » qui, à l'époque terrible des invasions turques, formaient une ligne de défense le long de cette partie orientale de la Hongrie.

En quatre heures, nous retrouvons les plaines et nous touchons au terme de notre voyage. Près de la station où nous devons descendre, nous apercevons une voiture blanche, attelée de quatre chevaux blancs, et conduite par un cocher habillé de blanc, qui va nous transporter à travers cette immensité verdoyante jusqu'à la demeure du maître d'András, chez lequel nous devons passer quelques jours. Cependant nous avons beau faire du regard le tour de l'horizon, nous ne voyons pas trace de route. Allons-nous traverser au hasard cette plaine interminable, sans autre guide que le soleil ? On n'aperçoit qu'une longue ligne de nuages blancs rasant le sol. Bientôt nous entrons en plein nuage, et nous découvrons un petit chemin sablé qui est toute la route. Avant une demi-heure écoulée, nous croyons avoir avalé un banc de sable, et nos personnes, les chevaux, la voiture et le conducteur, tous, nous sommes couverts de poussière de la tête aux pieds. La terre est aussi sèche qu'en pleine Arabie déserte ; loin de plaindre les inondés de la Marös, nous commençons à les envier.

Nos chevaux, qui galopent sans s'arrêter, ont bientôt franchi leurs vingt kilomètres. Au bout de quarante minutes, nos yeux, presque aveuglés, distinguent vaguement un bosquet de robinias également poudrés de sable, et au milieu, un long bâtiment élevé d'un seul étage. Nous franchissons les grilles, la grande avenue tournante, et nous nous arrêtons devant un large perron. Un spectre noir s'approche au milieu du nuage de poussière qui nous a poursuivis jusqu'ici ; nous entendons ces mots : « Mon doux maître, » et la réponse : « Mon doux serviteur », pendant qu'András, poudré à blanc et s'inclinant jusqu'à terre, baise la main du fantôme. D'autres spectres sortent des bâtiments voisins, et pendant qu'on nous aide à descendre de voiture, de grandes acclamations accueillent l'arrivée d'András, et tous ces gens polis se saluent avec les formules usitées en Hongrie entre domestiques, prodiguant les *per kends* (Vos grâces).

Selon l'usage, la maison, peu élevée, couvre une large surface. Il n'y a pas de corridors ; les chambres se commandent toutes : au centre, les pièces de réception, avec de hautes portes à deux battants qu'on laisse toujours ouvertes, et qui donnent un très bel effet d'enfilade. Cette habitation, d'un style fort simple, est luxueusement meublée ; un calorifère la chauffe du haut en bas, et l'on ne voit nulle part ces affreux poêles allemands, aussi disgracieux qu'indispensables.

Le nuage dans lequel nous sommes venus se contente de suivre les routes, et des fenêtres de nos chambres, nous voyons un gracieux paysage ; le soleil couchant dore de vastes champs de maïs, dont les longues tiges ploient déjà sous les épis mûrs. A l'heure du souper, nous trouvons réuni tout un cercle de famille : la douairière, mère de notre hôte, une sœur veuve avec son fils et sa fille, sans oublier la jeune femme du maître de maison, type de beauté magyare, et douée de cette grâce charmante qui donne en Hongrie tant d'attrait aux relations de société.

Pendant le repas, la conversation tombe sur le langage national ; sa grande difficulté pour les étrangers, c'est que les prépositions et les pronoms possessifs s'ajoutent au nom, sous forme de suffixe, ce qui fait souvent qu'une phrase de six ou sept mots se rend en hongrois par un seul, en revanche interminable. La construction des verbes diffère tellement de celle de tous les langages européens, qu'il est impossible à un étranger d'arriver à la savoir. La structure de la langue rappelle, dans une certaine mesure, le turc et le finnois, et se rattache aux dialectes de la Mongolie et du Turkestan, à peu près comme l'anglais au persan et au sanscrit. On dit que la langue magyare n'a souffert aucun changement, que les Hongrois actuels la possèdent absolument intacte, comme au temps de la conquête d'Arpad. Cependant beaucoup de mots étrangers s'y sont glissés ; mais tous ceux qui expriment les choses de première nécessité sont identiquement les mêmes qu'en finnois. Le salon est rempli de livres anglais, plusieurs traduits en magyar. La littérature du pays n'est pas très florissante, et, en général, les Hongrois aiment peu la lecture.

Rien n'est aussi agréable qu'une visite à une famille hongroise. Les Magyars ont une aisance et une cordialité de manières qui mettent leurs hôtes tout à fait à leur aise. Le lendemain matin, pendant que le maître du lieu est enfermé avec son *ispan* (intendant), nous visitons, sous la conduite de sa femme, plusieurs chaumières de tenanciers. Dans six maisons, je ne crois pas avoir vu six enfants. Les nombreuses familles sont rares ici, et les ménages si souvent privés d'enfants, que c'est chez eux chose habituelle d'en prendre un chez des Slovaques errants et de l'élever comme s'il leur appartenait. Une forte mortalité sévit en outre sur les enfants de l'Alföld ; la cause principale est, dit-on, le sol de terre battue qui, dans les chaumières, remplace le plancher ou le carrelage, et qui occasionne aussi beaucoup de rhumatismes chez les vieillards. Ces habitations sont entourées d'un petit jardin, fermé par une haie de tiges de maïs sèches ; dans celles que nous visitons, l'intérieur témoigne d'une rustique abondance ; cependant ces gens ne sont que des journaliers, qui cultivent le sol pour le compte du propriétaire.

Au retour, nous passons par la ferme, et l'on nous montre le haras, qui renferme une vingtaine de chevaux. Une remise contient des voitures de tout genre et des formes les plus singulières. Il nous est impossible de déterminer le caractère de celle qui trône au centre.

« Ceci, dit notre hôte, qui nous a rejoints, c'est le coche de famille ! » Et il nous en conte l'histoire. Cette respectable voiture, modeste cabriolet au début de sa carrière, a fini par devenir une maison roulante, un véritable arbre généalogique. A l'opposé de ses tenanciers, notre hôte a huit enfants, dont l'aîné a juste huit ans. Quand le troisième fut d'âge à faire sa promenade quotidienne avec ses parents, on convertit le cabriolet en berline. A la mort du père de notre hôte, sa mère vint se fixer près de lui, et l'on ajouta derrière la voiture un siège couvert, où l'on transféra les enfants pour lui faire place. Quand le sixième numéro naquit, le père de famille imagina d'établir, au-dessus de sa voiture, un capuchon analogue à la banquette des anciennes diligences. Enfin apparurent deux jumeaux, et cet heureux événement fit adapter aux portières deux petits strapontins.

« Dans cette voiture, ajoute triomphalement notre hôte, le visage rayonnant de bonté et d'orgueil paternel, nous nous rendons tous ensemble à Pesth pour y passer les hivers. »

J'évoque mentalement ce départ : parents, grand'mère, tante, les huit bambins, la gouvernante, la femme de chambre, le postillon et ses six chevaux, le petit chien de la douairière, bref une arche de Noé ambulante !

Après le dîner, qui a eu lieu à deux heures, selon la coutume hongroise, on nous emmène faire une longue promenade en voiture à travers le domaine. Jamais je n'oublierai la vitesse de train express avec laquelle nous rasons la surface de la puszta. Train express ! Ce n'est pas assez dire, surtout s'il s'agit des trains en Hongrie. Nous volons sur les ailes du vent. Il est impossible de rêver course plus folle que celle d'un bon attelage hongrois.

Le domaine de notre hôte couvre une vaste partie de la plaine, et cependant il est petit, nous dit-on, comparé à d'autres, qui ne comprennent pas moins parfois de quatre-vingts à cent kilomètres carrés ; jadis, il en existait qui allaient jusqu'à quinze cents à deux mille. Malgré leur étendue, ils étaient administrés avec beaucoup d'ordre par des intendants ; les journaliers et leurs familles composaient souvent une population de mille à quinze cents âmes. Le mot de *puszta*, appliqué communément à tort à la plaine elle-même, vient de là : le domaine d'un gentilhomme cultivé par ses propres serviteurs, là où il n'y avait pas de paysans et de travail dû par eux, s'appelait une puszta. Les revenus sont souvent aussi énormes que ces vastes propriétés ; les troupeaux qui paissent les terres incultes se comptent par centaines de mille

14

têtes, et les récoltes de céréales se chiffrent par un nombre incroyable de boisseaux.

Notre promenade se prolonge jusqu'à une heure tardive.

« On danse les czardas, explique notre hôte, lorsqu'en approchant d'un groupe de maisons, nous voyons tourner les jupes rouges. Cela vous amuserait-il de les voir? Ils dansent tous les soirs, mais il y a aujourd'hui quelque fête extraordinaire ; les jeunes filles sont en grande toilette, et j'entends sonner les éperons quand nos danseurs frappent les talons l'un contre l'autre, pour marquer la mesure aux violons des tziganes. »

La scène est charmante; les mouvements animés des danseurs, leurs costumes pittoresques, le décor original que composent ces hangars bas, couverts de chaume, autour desquels grimpent et s'enlacent les pousses folles des melons, dont les larges feuilles rondes et les gros fruits d'or s'étalent sur la paille des toits, tout cela complète le tableau.

Les Hongrois dansent avec une passion extrême et une vraie fièvre de gaieté, dont nos danses ne peuvent donner l'idée ; ils tourbillonnent, pirouettent, tournent sur eux-mêmes comme de vrais derviches ; leurs longues boucles noires se dressent autour de leurs têtes, la chaleur et le plaisir enflamment leurs visages. Regardez-les danser la czardas, la danse nationale, aux accords harmonieux et sauvages des cziganok! Regardez-les se balancer en avant et en arrière, réglant leurs bonds rapides sur la mesure de cette vive musique! Comme les danses slaves, la czardas est mêlée de pantomime ; elle varie légèrement selon les villages et aussi le caprice des danseurs. Plusieurs couples dansent à la fois ; et les chapeaux des hommes, ornés de fleurs fraîches, les costumes aussi coquets que pittoresques des femmes, les pieds qui battent le sol, les éperons qui sonnent, les archets des tziganes se démenant avec rage sur les violons, tout cela fait de la czardas le spectacle le plus original qu'on puisse rêver. Les paysans ne sont pas seuls à la danser ; elle obtient ses entrées dans les bals du grand monde, où l'on a toujours un orchestre de tziganes pour l'accompagner. Mais le lieu où elle est surtout intéressante, c'est au milieu des champs, lorsque pendant la moisson une demi-douzaine de moissonneurs, comme saisis d'une impulsion irrésistible, se dressent tout à coup, jettent leurs faucilles et se mettent à danser au milieu des gerbes.

Outre la czardas nationale, il y a une autre danse très lente appelée *Loshau csárdás;* mais elle est peu appréciée des Magyars, qui, dans la vie ordinaire, calmes et flegmatiques, s'abandonnent à la plus folle animation dans leurs divertissements. Une troisième danse est encore en usage dans la Hongrie orientale ; les hommes forment un cercle en se donnant le bras, et tournent ensemble, accompagnant leur ronde de battements des pieds et des mains et de cris retentissants, tandis que les femmes restent en dehors, jusqu'à ce qu'un des danseurs, rompant le cercle, en saisisse une avec laquelle il fait quelques tours de valse ; puis il reprend sa place et un autre répète la même figure.

XXXI

GROSSWARDEIN

La nuit tombe à Grosswardein et les flammes du soleil couchant se sont éteintes sous des nuages froids et gris. Tout le long de la rivière Körös, des vapeurs lourdes glissent et montent sournoisement. L'ombre s'épaissit sur les plaines; les clochers dorés ne brillent plus aux derniers rayons du soir, mais ils se dressent noirs et farouches, comme d'énormes sentinelles, dans un ciel vert pâle. Tout dans la nature est triste et lugubre. Cependant on fête cette nuit, dans la ville, le « grand carnaval ».

Nous avons dit que les Magyars mêlaient à leurs moments les plus joyeux une teinte de mélancolie; les Valaques, au contraire, sont le peuple le plus gai et le plus affamé de plaisir et de danse. Aujourd'hui, la musique ne part pas seulement de la grande place de la ville, mais de presque toutes ces maisons à un seul étage. Dans tous les cafés, les tziganes jouent comme si leur tête était à ce prix. Les consommateurs, devant leurs petites tables, boivent leur café et fument comme des locomotives. Ils applaudissent, boivent et fument, puis fument, boivent et applaudissent de nouveau. Les rues débordent de promeneurs, et on entend résonner le rire argentin des jeunes filles. La beauté des Valaques est remarquable: les traits délicats et fins, le front large, un peu bas, les lèvres légèrement avançantes, la taille souple des femmes, les yeux enfoncés, les cheveux longs, le nez aquilin des descendants mâles des anciens Daces se conservent à travers les siècles ; mais le costume national et les habitudes caractéristiques de cette population disparaissent rapidement. La vapeur allongeant ses rails de fer jusqu'au centre de la Transylvanie, la civilisation occidentale envahit peu à peu ce pays primitif. C'est ainsi que menacent de s'effacer tous les traits distinctifs des nationalités.

Plus en dehors des sentiers battus, les paysans valaques conservent le costume et la manière de vivre de leurs ancêtres. C'est dans l'intérieur de la Transylvanie qu'il faut voir *chez lui* un peuple qui compte, répandus dans la partie orientale de la

Le palais épiscopal, à Grosswardein.

Hongrie, près de deux millions et demi d'individus. Cependant il ne faut pas confondre les Valaques de la Transylvanie avec les habitants de la Valachie et de la Roumanie, quoique ce soient deux rameaux de la même souche, la première province ayant, dans les temps anciens, été peuplée par le trop plein des dernières. Les deux races forment aujourd'hui deux nations distinctes, filles toutes deux des vieux Daces, peuple soumis par Trajan au cours de ses conquêtes sur le Danube. Leur nom de *Wallach* est, dit-on, une corruption des mots Welsh, Wallon, par lesquels les conquérants de race germanique désignaient tous les sujets de l'empire romain, en Bretagne, en Italie ou en Gaule comme sur le Danube. Préférant descendre des vainqueurs plutôt que des vaincus, les Valaques se donnent pour les fils de colons romains appelés par Trajan, lorsqu'il eut subjugué cette contrée, et par suite ils s'intitulèrent Roumains ou Rumanyi, et leur pays Roumanie. Le langage valaque ressemble beaucoup, par la prononciation, à l'italien moderne ; il est doux, riche, mélodieux, avec un mélange considérable d'expressions slaves, turques et grecques. Il est cependant singulier que le latin y domine autant, et cela tendrait à confirmer les prétentions des Valaques au sujet de leur origine romaine, qu'on peut d'ailleurs expliquer par de fréquents mariages entre les Daces et les nombreux colons romains qui restèrent en Dacie, jusqu'au IIIe siècle, quand l'empereur Aurélien renonça à occuper cette province. La langue des Daces n'est pas positivement connue ; on croit que c'était un dialecte slave. La Dacie comprenait une étendue de 2 000 kilomètres, bornée par le Dniester, la Theiss et le Tibiscus au nord et à l'ouest ; par le bas Danube et la mer Noire au sud et à l'est, et renfermait, non seulement les districts montagneux des Carpathes orientales, mais la Bukovine et le Bannat. Les populations de la Moldavie et de la Bessarabie sont aussi presque exclusivement d'origine dacique. Sur la colonne Trajane, est sculptée l'histoire de la première campagne du jeune et ambitieux empereur ; les types et les costumes des Daces prisonniers sont presque exactement, si étrange que cela puisse paraître, les mêmes que chez les Valaques de nos jours.

Grosswardein (ou Nagy-varád, en hongrois) compte 36 000 habitants, en majorité valaques. C'est une ville fortifiée, et, en dépit de sa gaieté présente, une des cités ecclésiastiques de la Hongrie, comptant trente églises, quand jadis il y en avait soixante-dix, et un nombre incalculable de couvents. Elle est aussi le siège d'un évêché catholique et d'un évêché grec. Les faubourgs en sont fort jolis, chaque maison étant entourée d'un jardin et d'un verger. Comme Témesvár, Grosswardein a de longues rues et de nombreuses places. Du pont de la Körös, on a un beau coup d'œil sur la ville, avec ses étincelants clochers noirs et or, et près du dôme de la synagogue, celui de la nouvelle église catholique, semblable à une couronne de pierreries. Sur la rivière flottent tranquillement de longs trains de bois, descendant des forêts transylvaniennes ; des femmes, jupe retroussée, lavent leur linge dans l'eau courante et le battent avec une grosse pierre, y mettant la même énergie que si elles frappaient sur la tête d'un Autrichien ou d'un Turc.

Dans un des faubourgs, nous entendons des gémissements : une vieille femme, les joues ruisselantes de larmes, est le centre d'un groupe sympathique auquel elle conte ses malheurs. Nous questionnons ; elle joint les mains et s'écrie :

« Pour un Juif, Madame, pour avoir seulement tué un Juif! »

Les spectateurs, émus en apparence d'un vif attendrissement, se chargent de nous expliquer cette phrase énigmatique. Son mari, dans une querelle en pleine rue, a tué, sans le vouloir, un de ces fils d'Israël tant méprisés, et le juge, appréciant toute vie humaine, fût-ce celle d'un Juif, à la même valeur, l'a condamné, nous ne pouvons savoir au juste à quelle peine.

Comme les autres villes de la Hongrie, Grosswardein est envahi par l'élément hébraïque, et quoique les Juifs ne soient plus soumis à une amende, mais partagent tous les droits et privilèges des gentils, ils ont souvent de la peine à défendre leur situation contre l'antipathie universelle. Dans cette jolie cité, tout est gai et propre, sauf le quartier juif, rempli de noires et étroites boutiques, où l'on trouve à acheter toutes les vieilleries imaginables ; sur les murs, sont écrites des sentences hébraïques. La spécialité du Juif hongrois est le commerce des vieux habits, et au milieu des chiffons malpropres que renferment ces taudis, on rencontre parfois des haillons pittoresques. Le type hébreu est plus marqué en Transylvanie que dans les autres parties de la Hongrie, ce qui tient sans doute à ce qu'il y a eu moins de mariages entre eux et les chrétiens. De tous côtés, nos regards aperçoivent le long nez aquilin, recourbé sur la moustache, qui ne voile qu'à demi les lèvres proéminentes. De temps en temps, une belle *Miriam* traverse la rue pour aller repêcher un petit Moïse pataugeant dans le ruisseau ; il ne manque pas non plus d'Hagars et d'Ismaëls, ni de vieilles Sara, laides, épaisses et repoussantes dans leurs vêtements graisseux.

Du quartier juif, on rentre dans les quartiers chrétiens, florissants et prospères. Voici le palais princier de l'évêque catholique, dont le revenu est de trois cent mille florins (625 000 fr.), tandis que celui de l'évêque d'Erlau, dans la Hongrie orientale, est presque du double, et celui du prince primat, d'un million et demi, représentés par des propriétés territoriales. Tout autour du palais épiscopal de Grosswardein, s'étendent de beaux jardins avec des allées droites et de longues avenues de châtaigniers, à l'ombre desquels, le soir, se promènent les chanoines de la cathédrale, dont les maisons entourent le palais; en face, s'élève la grande église, bâtie par Marie-Thérèse, si vaste, que lorsqu'on ouvre les portes pour nous laisser entrer, nous nous arrêtons sous cette voûte, élancée à près de cent vingt pieds au-dessus de nos têtes, et l'étonnement nous coupe la respiration. Quoique bâtie dans le style dorique l'église est en forme de croix; la voûte consiste en une succession d'arcades, terminées par un immense dôme central ; tout cet ensemble, éclatant des couleurs les plus riches et les plus harmonieuses, est peu calculé pour inspirer la dévotion. La nature des Hongrois ne les porte pas aux rêveries religieuses; ils détestent le mysticisme, et l'on pourrait même dire que le luxe criard de leurs églises ferait plutôt songer au culte barbare des vieilles déités païennes de leurs ancêtres qu'à la pure religion du Christ.

XXXII

LE VENDREDI SAINT A L'ÉGLISE GRECQUE

A quelques kilomètres de Grosswardein s'ouvre, dans les montagnes, une vallée où jaillit une source minérale, et nous y faisons une excursion. Nous traversons d'abord le marché, rempli de bœufs blancs par vingtaines, de troupeaux de cochons noirs à long groin et à dos arqué, entourés de nuées de cochons de lait, les plus drôles qu'on puisse voir, avec leurs petites jambes blanches et leurs pieds noirs, qui leur donnent l'air d'être chaussés de bottines. Au centre de la place, des femmes débitent du vin et de la soupe chaude, épaissie avec du macaroni; de tous côtés, des bohémiens vendent des paniers et des ustensiles de bois.

Nous atteignons enfin une large route, sur laquelle s'en vont cahotant les plus singuliers véhicules que nous ayons encore vus en Hongrie. A l'ombre fraîche de ces robinias qui croissent partout dans l'Alföld, les femmes bavardent, déposant sur le sol leurs pesants fardeaux. Tout le long du chemin, on observe de petites scènes curieuses à étudier: une femme fait des briques, tandis que son mari, debout près d'elle, fume nonchalamment en surveillant son travail, car le Valaque aime le repos et la vie facile. Un peu plus loin, c'est encore la femme qui bêche le sol du jardinet, pendant que l'homme, assis sur le seuil de la porte, se contente de bercer le nourrisson.

Nous reconnaissons que nous approchons du but en découvrant un large étang formé par les eaux de la source chaude : entourées de nuages de vapeur, des blanchisseuses y pataugent jusqu'à mi-corps. Quand nous arrivons à l'établissement, situé au centre de vastes jardins, deux cents personnes y sont diversement groupées, et la jeunesse danse au son d'une musique tzigane. Derrière un bosquet de châtaigniers, commence une colline couverte d'un bois épais et serré, peuplé d'oiseaux et surtout d'innombrables rossignols. Il y a si peu d'arbres dans l'Alföld, que là où ils se rencontrent les oiseaux se rassemblent en grand nombre.

Les gens que nous voyons ne semblent guère malades ; mais les Hongrois, pendant la saison chaude, ont l'habitude de s'installer dans les villes d'eaux, comme ailleurs on va au bord de la mer. La source chaude monte en bouillonnant au fond d'un large cratère, et l'écoulement de ses eaux forme plus loin un second bassin, tout couvert de lotus apportés du Nil, et qui sont en ce moment dans toute leur beauté.

En dehors du parc, il y a de vastes bains publics pour les classes indigentes, où des milliers de personnes accourent chaque année, sans que leur santé les y oblige. Tout ce monde arrive de fort loin, et, se débarrassant simplement des bottes et des jaquettes fourrées, plonge dans le flot fumant, les hommes en longue gatyak à franges et à larges manches, et en gilets brodés, les femmes avec leurs jupes de couleurs et leurs jolis corsages. On prend ses repas dans l'eau, on y danse même à l'occasion, si quelques baigneurs, pourvus d'un talent musical, s'asseyant sur le bord, jouent de quelque instrument primitif ou battent la mesure avec les mains, au milieu des cris étourdissants des danseurs. Ils restent ainsi dans l'eau chaude dix-huit heures sur vingt-quatre, et lorsque cette atmosphère brûlante les a trop affaiblis, ils se couchent sur le sol, enveloppés dans leurs bundas, et attendent que l'air du soir les ait ranimés pour recommencer. Parmi eux, nous remarquons deux grands et beaux hommes, avec de superbes manteaux de laine d'agneau tout brodés, et d'autres drapés dans des espèces de couvertures de laine blanche, rappelant les burnous arabes.

Il est fort tard lorsque nous quittons ce singulier endroit. Le long de la route, de chaque maison de paysans sortent les sons vibrants de la *télinka,* brodant de ses variations capricieuses le ronflement des cornemuses, dont la sauvage musique retentit, appuyée par le choc des cymbales. Dans presque toutes les fermes, on danse ainsi chaque soir.

Comme les Slovaques, les Valaques appartiennent en majorité, soit à l'Église grecque unie, soumise à l'autorité du pape, et par conséquent catholique, soit à l'Église grecque orientale ou schismatique, qui reconnaît pour chef le patriarche de Constantinople. La circonstance d'une grande fête nous permet d'assister à l'une des pompeuses cérémonies du rite grec, dont l'imposante liturgie et les merveilleux ornements nous frappent d'admiration. Là musique est vraiment céleste : les beaux chants ambrosiens, entonnés par un vénérable prêtre dont l'épaisse barbe descend plus bas que sa taille sur son long surplis ; puis ces mêmes chants repris par les voix fraîches des choristes et montant jusqu'aux voûtes! Il est impossible à la description de donner une idée de la grandeur de ces cérémonies et de l'attitude des fidèles prosternés en adoration sur les dalles de marbre.

A notre première visite à Grosswardein, nous nous y trouvions à la fin d'avril et nous avions pu être témoin d'une fête toute différente. C'était le vendredi saint : au sommet des clochers à jour, au lieu de sonner les cloches, des hommes frappaient contre une poutre avec une sorte de crécelle de bois, pour appeler les fidèles à l'office, et ce bruit était si étrange, que nous dûmes en demander l'explication. Dans les églises orientales, les bannières et les autels où reposaient les saintes reliques étaient drapés de noir. De grands cierges brûlaient devant un sombre reposoir ou tombeau, érigé au centre de la nef, et précédé d'une avenue de fleurs et d'arbustes dans de larges pots. Sous un dais de velours violet, un crucifix d'argent et des reliquaires étaient posés sur un petit autel, que surmontait le Christ en croix, de grandeur naturelle. La foule, hommes et femmes, jeunes et vieux, se pressait pour s'approcher avec respect de l'autel ; le visage attristé, parfois les larmes aux yeux, ils baisaient le crucifix et les reliquaires, laissaient tomber une pièce de monnaie dans un plateau et s'éloignaient à pas lents. Malgré l'énorme assistance (la grande nef était absolument remplie), il régnait un silence et un ordre parfait. Il n'y avait pas de sermon, l'évêque étant mort récemment; mais dans l'église grecque unie on prêchait la Passion, et un nombreux auditoire, parmi lesquels des paysans et des paysannes, enveloppés de leurs peaux de mouton, tous debout, attentifs, écoutaient le récit sacré.

Mais, tandis que l'Église grecque était en deuil, le calendrier grec retardant de près d'un mois sur le nôtre, c'était au contraire la veille d'une fête joyeuse chez les catholiques romains. Le 1er mai, les églises se remplissent de fleurs, et dans toutes les rues on voit des jeunes filles porter leurs offrandes parfumées à la Vierge. On trouve dans bien peu de contrées, au même degré qu'en Hongrie, cette ardente dévotion chez les classes populaires. Suivant la foule, nous entrâmes dans l'église des Franciscains, superbe édifice couvert d'or et de peintures avec des statues polychromées, de grandeur naturelle et d'une telle vérité qu'on les croirait vivantes. Autour de la chaire, de plus petites figurines d'anges ou de saints se suspendent à la corniche, dansent autour du pavillon, à donner des distractions à l'auditeur; mais plus loin, le regard rencontre le Sauveur en croix, et sa face livide, son expression d'angoisse sont tellement poignantes qu'on se sent le cœur serré.

En sortant, non loin de l'hôpital Saint-Jean-de-Dieu, nous croisâmes un enterrement. En tête, marchait un enfant de chœur portant une croix dorée voilée de mousseline blanche; d'autres suivaient, puis le prêtre, et plusieurs hommes vêtus de l'ancien costume magyar, les légers manteaux bleus brodés, les bonnets ornés de plumes blanches; le dernier d'entre eux portait une couronne de fleurs sur un coussin de satin blanc. Le corbillard, peint en bleu et argent, venait ensuite, traîné par des chevaux blancs, avec des housses bleues. Sur ce cercueil, en forme de sarcophage, étaient posées des couronnes de fleurs, et le tout voilé d'un linceul de dentelles blanches. Des dames suivaient en voiture; pas une seule n'était en deuil. Nous demandâmes à un passant qui on enterrait ainsi. Il nous répondit qu'il n'en savait rien, mais que c'était un enterrement ordinaire.

Jamais je n'ai vu tant d'horloges qu'à Grosswardein ; tous les clochers sont pourvus de quatre cadrans, et toutes ces horloges disent une heure différente. Le 1ᵉʳ mai, nous fûmes réveillés au point du jour par une aubade militaire, qui, selon l'usage, saluait le premier matin du printemps en jouant devant le palais de l'évêque catholique. Tout prenait une figure joyeuse, même les trains de chemin de fer, parés de branches de robinias et emportant à la campagne toute la population de la cité.

Après cette digression, amenée par un souvenir du passé, il faut revenir à notre voyage actuel. Notre départ de Grosswardein est retardé par celui d'un train qui emmène des émigrants. Le matin même, nous avons lu dans un journal du pays que huit mille Slovaques venaient d'abandonner leur patrie pour cette terre promise, l'Amérique, après avoir cédé leurs biens contre un morceau de pain! Enfin la voie est libre, nous pouvons partir. En entrant dans l'Alföld embrasé, la chaleur devient suffocante. Cependant, tout à l'horizon, de longues bandes de nuages sombres indiquent un bienfaisant orage, qui finit par nous atteindre ; la pluie bat les glaces du wagon ; mais en moins d'une heure tout s'apaise et le soleil reparaît plus puissant que jamais, tandis qu'un arc-en-ciel embrasse de son cercle splendide la moitié de la plaine.

Dans notre compartiment, se trouve un habitant de Szegedin qui regagne cette ville, après avoir été à Pesth pour affaires. La riche cité historique de 70 000 âmes, où la première diète hongroise se tint sous Arpád, ce qui lui valut le nom de *District de l'organisation ;* l'étrange cité essentiellement magyare, où Kossuth voulait établir le siège de son gouvernement ; le vieux Szegedin avec ses maisons basses, ses pignons blancs, ses larges rues, qu'on aurait dit bâti sur le modèle du camp dont il occupait la place, n'existe plus aujourd'hui, et la cité nouvelle qui le remplace n'a ni l'intérêt ni les souvenirs de la première. Il y a quelques années, cette malheureuse province subit une famine terrible amenée par la sécheresse, et en 1863 elle fut ravagée par le choléra. Ses habitants semblent toujours entre deux calamités prêtes à fondre sur eux, l'absence de pluie, qui anéantit l'espoir des moissons, et l'inondation, qui peut à tout moment engloutir de nouveau les plaines environnantes et détruire la ville elle-même.

XXXIII

LA REINE DE L'ALFÖLD

La terrible catastrostophe qui détruisit Szegedin au printemps de 1879[1] est encore dans toutes les mémoires. La « reine de l'Alföld », comme on la nommait, vit sept mille de ses maisons renversées par un élément contre lequel les forces humaines restent impuissantes, le plus grand nombre des autres rendues inhabitables, et soixante-dix mille personnes, toute une population florissante et prospère, ruinée et sans abri. L'inondation qui transforma en un océan tumultueux cette vaste étendue de riches pâturages et de champs de maïs, eut pour origine la rupture des digues.

Par sa position, Szegedin avait toujours été exposé. Bâti au centre d'une plaine qui s'étend au-dessous du niveau de la Theiss, il était à prévoir qu'un jour pouvait venir et viendrait sans doute, où la rivière romprait les obstacles qu'on lui opposait, et où les eaux emprisonnées, brisant leurs digues, mettraient dans le plus grand danger, non seulement Szegedin lui-même, mais les villes et villages environnants.

Cependant la plupart des habitants de cette infortunée cité

---

[1] On se souvient avec quel élan la charité française vint au secours des victimes de Szegedin.

riaient à l'idée d'un pareil événement et montraient, à l'appui de leurs dires, les digues de Percsora qui, sur une longueur de quarante-huit kilomètres, enfermaient dans la direction du nord les sinuosités de la rivière, ainsi que cette seconde ligne de défense, la levée du chemin de fer de l'Alföld.

Mais pendant que la majorité niait la possibilité d'un péril qu'on ne voulait pas envisager, quelques gens plus sages gardaient la crainte secrète d'un désastre prêt à fondre sur tous. Dans le vain espoir de le détourner, on exhaussait les digues proportionnellement à l'élévation annuelle du lit de la rivière. Personne, même ceux qu'on traitait de prophètes de malheur, ne pressentait l'épouvantable catastrophe qui devait répondre à ces insuffisantes précautions.

La Theiss, le Tibiscus des anciens, large affluent navigable du Danube, prend sa source dans les Carpathes, non loin des provinces de Galicie et de Bukovine. Les inondations qui, sur une plus ou moins grande échelle, se produisent annuellement dans l'une ou l'autre partie de son cours, sont dues à la fonte subite des neiges sur les hauts sommets d'où elle descend, et à l'effritement graduel des rocs à travers lesquels passe la rivière naissante, et dont elle entraîne les débris avec des quantités considérables de sable, ce qui exhausse peu à peu le niveau de son lit. De la frontière orientale de Hongrie, la Marös vient la rejoindre : c'est le principal cours d'eau de la Transylvanie, sortant des Alpes transylvaines et se jetant dans la Theiss, près de Szegedin. Ce fut dans l'angle formé par la jonction des deux rivières qu'arriva le désastre, l'espace en question étant, nous l'avons dit, une immense plaine d'alluvion.

Notre compagnon de voyage parle fort bien l'allemand, et nous n'avons aucune peine à causer avec lui.

« Ah! dit-il, je vous semble un vieillard, et j'ai les cheveux gris ; il n'en était pas ainsi avant ce terrible événement. »

Tout son aspect confirme ses paroles; quoique ayant à peine atteint l'âge mûr, il est en effet prématurément vieilli, comme après une secousse terrible dont le système nerveux n'a jamais la force de se remettre. Il garde au fond du regard une sorte d'effroi,

Szegedin, la « reine de l'Alföld ».

et le cauchemar de ces longues journées et de ces nuits plus longues encore assombrit son visage d'une indicible tristesse.

« Avez-vous vu périr dans l'inondation des personnes qui vous étaient chères? lui demandons-nous, hésitant à l'affliger, et craignant d'autre part, si nous négligeons de l'interroger, de paraître manquer de sympathie à son égard.

— Oui, » répliqua-t-il avec un profond soupir; et il ajouta, comme pour détourner la question :

« Ce ne sont pas seulement les deuils personnels qui ont brisé l'énergie de bien d'autres que moi, c'est la vue des femmes et des enfants! J'ai été témoin de centaines de scènes qui auraient blanchi les cheveux d'un jeune homme. Vous voulez entendre ce lamentable récit? Eh bien! ce fut le 4 mars que le danger commença. Les eaux, qui avaient déjà inondé la plaine, impatientes de tout obstacle, firent une large brèche dans la digue qui bordait la rivière au nord et se précipitèrent sur celle qui protégeait la partie est de la ville. Dès lors, le péril devint imminent, et l'on se hâta de prendre des mesures pour consolider d'autres parties de la digue, ainsi que pour réparer les dommages déjà causés. On fit venir des troupes de Témesvár et des bateaux de sauvetage de différents ports, pour sauver, en cas de besoin, les existences menacées.

« Tous les hommes valides travaillèrent nuit et jour à renforcer les digues, mais en vain; car, après huit jours d'attente et d'angoisse, durant lesquels l'eau, semblable à un monstre avide, continua à monter et à gagner du terrain, une tempête effroyable, qu'on eût dit envoyée par la colère divine, éclata sur notre ville condamnée, et accrut la force des deux cours d'eau. La nuit suivante, un peu avant l'aurore, et au moment où l'obscurité est le plus profonde, la levée de l'Alföld, le boulevard de Szegedin, céda à son tour, et la ville fut envahie par les eaux, qui fondirent sur nous en mugissant comme une énorme cataracte. Le tocsin sonna pour avertir que la fuite était le seul moyen de salut, et la confusion devint effroyable, car tous savaient que leur maison, leur foyer, ce qu'ils avaient de plus précieux, était perdu.

« Dès que le jour permit à ceux qui dirigeaient les bateaux de se reconnaître au milieu des vagues troubles et bouillonnantes qui se précipitaient dans les rues, plusieurs milliers de personnes furent transportées à la ville neuve, de l'autre côté de la rivière, où l'on pouvait avoir une sécurité relative. Mais beaucoup de ces malheureux, la tête perdue, s'entêtèrent à rester dans leurs maisons, avec le vain espoir que, la tempête apaisée, les eaux reculeraient. La mort cruelle, les assaillant de tous côtés, les contraignit enfin à se réfugier sur les toits. Ce n'était même pas le salut, car les fondements, sapés par le courant terrible qui emportait tout, cédaient bientôt, et les maisons s'écroulaient avec un bruit sourd, engloutissant ces infortunés sous leurs débris.

« Un bateau ayant chaviré et tous ceux qui le conduisaient ayant péri, je m'offris à ramer à leur place, lorsqu'on eut ressaisi l'esquif. J'avais perdu ma femme et mes enfants dans cette première nuit d'horreur; je ne savais plus s'ils étaient vivants. J'appris deux jours plus tard que ces derniers avaient été retrouvés et emmenés dans un village à deux lieues de là. Il était impossible, dans ce tumulte, de ne pas se trouver séparés. Les uns perdaient la tête de frayeur; les autres, surtout les enfants, étaient repoussés et éloignés de leurs parents par la pression violente de la foule affolée.

« J'étais donc seul, et, croyant avoir perdu tout ce qui m'était cher, je m'associai aux sauveteurs, le cœur navré, espérant encore retrouver et sauver peut-être quelqu'un des miens. Les cris des femmes et des enfants étaient terribles à entendre au milieu de la voix redoutable des eaux, de l'écroulement assourdissant des édifices, des appels des bateliers improvisés. Il fallait du sang-froid et un bras vigoureux pour gouverner au milieu des poutres flottantes et éviter les nombreux objets qui, entraînés par les eaux, s'entassaient et formaient des tourbillons assez forts pour nous engloutir, si nous n'y avions pris garde. Les lamentables appels qui nous parvenaient de tous côtés achevaient d'égarer notre esprit; nous ne savions auquel courir tout d'abord. Quand nous avions réussi à amener le bateau près d'une maison, et que nous allions y prendre une famille éperdue, le courant nous saisissait avec une force irrésistible, lançant sur nous des monceaux de débris, parfois des cadavres, et nous nous voyions emportés plus loin, abandonnant ceux que nous allions sauver. Oh! mon Dieu! ces cris de femmes, en voyant l'espoir leur échapper! Les hommes ne poussaient pas un gémissement; ils se croisaient les bras pour affronter la mort, tandis que d'autres prenaient doucement les femmes évanouies, s'efforçant de les ramener à elles, comme s'il n'eût pas mieux valu leur éviter, en les laissant dans cet état, les terreurs du dernier instant.

« Je n'oublierai jamais une malheureuse créature que j'aperçus au sommet d'un échafaudage où elle était parvenue à grimper, un tout jeune enfant dans les bras; elle allait se précipiter, s'imaginant que nous pourrions la recueillir. Mais nous étions emportés avec une rapidité effrayante le long d'une grande rue; nous avions perdu notre corde, et il nous était impossible de la sauver. Je lui criai :

« — Restez où vous êtes et attendez le prochain bateau; c'est votre seule chance !

« — Alors sauvez mon enfant; je vais le laisser tomber; je n'ai plus de forces ! »

« Elle nous le lança avec un sanglot désespéré; un de mes camarades le reçut et le déposa au fond du bateau, après avoir ôté sa veste pour l'envelopper; le pauvre petit était à moitié mort de froid.

« Avec la nuit, l'horreur de la situation fut décuplée. Une obscurité complète régnait. Les eaux montaient toujours, et, pour mettre le comble à notre misère, une nouvelle tempête, plus terrible que la première, ne cessa de faire rage jusqu'au matin. Lorsque je me rappelle cette horrible nuit, je me demande comment un seul de nous a pu y survivre, tant nous étions épuisés de faim et de fatigue.

— Mais l'enfant? nous écrions-nous, interrompant, tant nous sommes préoccupés d'apprendre son sort, ce récit émouvant.

— Il avait été emporté. Notre barque frappa contre une énorme poutre qui venait à nous et sur laquelle nous dûmes nous réfugier pendant que nous vidions l'eau de l'intérieur, car nous avions presque chaviré une seconde fois. Ce fut alors que nous perdîmes l'enfant dans le trouble, la confusion et la difficulté de relever notre embarcation, qui n'était plus qu'un débris.

« Le lendemain matin, un bateau qui nous croisa nous apprit qu'un grand nombre de personnes s'étaient enfuies la veille dans les bois, et, sachant quel sort elles avaient dû y trouver, car l'inondation était montée jusque-là, nous nous hâtâmes d'aller à leur secours. Voyant l'eau les gagner, ces gens avaient grimpé aux arbres ; mais, épuisés de lassitude et engourdis par le froid, ils en tombaient un à un comme des mouches, avec un sourd clapotement que j'entendrai jusqu'à mon dernier jour ! Nous parvînmes à en recueillir plusieurs, et nous nous éloignions avec notre vivant chargement, lorsqu'une femme qui flottait sur l'eau saisit violemment le bord de la barque. Je compris aussitôt le danger ; elle allait se perdre et nous perdre avec elle, car notre bateau était tellement chargé, qu'il dépassait à peine le niveau des vagues. Je lui pris les mains et les arrachai du bord, en la repoussant de toute ma force. Elle me reconnut et m'appela par mon nom. Alors je la reconnus moi-même et voulus me précipiter,... il était trop tard ; elle avait déjà disparu.

« Que Dieu me pardonne ! c'était ma femme ! »

. . . .

Ce n'était pas malheureusement la première fois que, pendant nos voyages en Hongrie, nous entendions raconter un de ces lugubres drames. Après la catastrophe, il se passa plusieurs semaines avant que les familles pussent se rejoindre ; parents et enfants, maris et femmes, ignoraient mutuellement leur sort dans cet inimaginable bouleversement.

Pendant que nous écoutons ce triste récit, nous approchons rapidement d'Arád, où le Hongrois nous quitte, après un cordial échange de poignées de mains, pour prendre une autre ligne. Un groupe d'ouvriers est occupé à construire une nouvelle voie. Je me demande, en les regardant, comment, avec la lenteur de travail à l'ordre du jour, on vient ici à bout de quelque chose. Tous les ouvriers fument et lancent tranquillement deux ou trois bouffées, appuyés sur leurs bêches, entre chaque pelletée de terre.

Ces Hongrois musculeux, à larges épaules, exaspéreraient un ingénieur anglais ou français.

Nous dînons à Arád, et quand nous repartons, ces pâturages si vivants il y a une heure sont changés en désert. De minute en minute, les Alpes transylvaines grandissent à l'horizon, et le soir tombe rapidement. Des femmes en courtes jupes rouges, coiffées de fichus bleus, ramènent à l'étable des troupeaux de chèvres à long poil; autour des gares, des hommes en bonnet de peau d'agneau s'attroupent pour attendre l'arrivée de leurs camarades. Des jeunes filles, portant des cruches de forme classique, viennent offrir de l'eau fraîche aux voyageurs, dans les wagons. Un peu plus loin, nous retrouvons la Marös, ce superbe cours d'eau, bordé ici de belles montagnes. Sur un promontoire rocheux s'élève un château, dirait-on; de plus près, c'est une de ces citadelles de paysans si fréquentes en Transylvanie. Le long des montagnes, et jusqu'au fond de la plaine déserte, s'allument des lignes de feux rougeâtres, et nous sommes assourdis par un bruyant concert de grenouilles et de cigales.

Le lendemain matin, après une nuit de voyage, nous arrivons à Karlsburg, dont la forteresse est perchée sur une colline escarpée, entourée de montagnes d'un aspect bizarre et d'origine certainement volcanique. C'est là qu'on envoie monnayer l'or recueilli dans les districts miniers. Les richesses minérales de la Transylvanie sont variées et abondantes; ses montagnes renferment de l'or, de l'argent et presque tous les métaux inférieurs.

Il n'y a que deux cents kilomètres d'Arád à Hermannstadt, notre premier arrêt en Transylvanie; mais il faut vingt-deux heures pour franchir cette distance. Par bonheur, un Hongrois monté dans notre compartiment, et qui descend à une petite station perdue, où nous ne pouvons apercevoir, au clair de lune, que quelques huttes de branchages et une chapelle au bord du chemin, nous fait présent d'une bouteille de vieux tokay qu'il avait emportée pour se réconforter lui-même, et grâce à ce vin généreux, nous trouvons la force de venir à bout de ce fatigant et monotone trajet et de nos deux nuits de wagon.

Enfin l'aurore se montre au sommet des montagnes; les villages endormis s'éveillent un à un, et nous passons devant un calvaire où deux personnes sont déjà agenouillées. C'est encore une fête de saint! Il semble que c'est tous les jours fête en Hongrie! Les cloches fêlées tintent dans tous ces petits clochers, qui dominent de mélancoliques cimetières, peuplés de larges monticules carrés, une des particularités de cette Transylvanie où nous sommes enfin, « le pays au delà des forêts, » comme le dit son nom. Toutes revêtues de neige, les Alpes transylvaines font à l'horizon un merveilleux arrière-plan.

Arrivés à un embranchement, nous attendons deux mortelles heures un autre train, puis, reprenant notre marche de tortue, nous entrons dans une plaine stérile, entourée d'énormes collines de sable, et où des troupeaux de buffles paissent l'herbe rare; le sol est tout blanc de dépôts de sel; par endroits la terre est percée comme une ruche par les salines exploitées, sur lesquelles le train passe avec la vertigineuse vitesse de cinq kilomètres à l'heure.

Ici, on a dû faire un remblai pour franchir, pendant plusieurs lieues, un immense marécage où l'herbe des pampas croît en touffes de dix à douze pieds de haut. Un ingénieur que nous rencontrons se rend sur un point de la ligne où il a été jusqu'ici impossible de jeter un pont, faute de trouver le fond. Cette ligne est, dit-on, de toute l'Europe, celle où l'on marche le plus lentement. Mais après vingt-quatre heures de torture, car nous ne pouvions manquer d'avoir du retard, nos misères s'achèvent et nous arrivons à destination.

XXXIV

HERMANNSTADT

Quelle curieuse et originale ville moyen âge, avec ses lourdes arcades de pierre, ses grosses portes de chêne ouvrant sur des passages et sur d'autres arcades intérieures qui mènent on ne sait où ! De tous côtés nos yeux rencontrent des objets qui leur rappellent les créations d'Albert Dürer, et nous nous croirions volontiers revenus au vieux Nuremberg, dans le temps où Hans Sachs, le poète cordonnier, composait ses vers en clouant des souliers. La plupart des maisons sont élevées sur des arches qui conduisent à des cours sombres, encadrées de balcons de bois, où les femmes passent leurs journées à bavarder en tricotant, et aussi à se quereller ; car du haut de mon propre balcon j'ai pu entendre marcher leurs langues, dans la cour de l'hôtel, et aussi esquisser leurs attitudes.

Sous ces balcons de bois il y a des écuries, des pompes, des chambres noires aux murs si épais, aux portes si massives qu'elles pourraient soutenir un siège, et sans doute c'est à cela qu'elles ont été primitivement destinées. Tout a l'air tellement antique, que les maisons neuves qui se sont aventurées çà et là entre les vieilles font l'effet d'anachronismes ; on a envie de les prier de s'en aller, et à défaut de leur consentement, de les brûler, de les démolir, bref, de s'en débarrasser !

Quel délicieux nid à revenants que notre hôtel, avec ses lourds contreforts arrondis qui avancent dans la rue, ses fenêtres si profondes que quelques-unes forment de petites logettes, suspendues à la façade, dans les régions supérieures, comme des parasites sans gêne! Notre chambre, dont le mobilier nous reporte de plusieurs siècles en arrière, est aussi en partie sur la rue, et de cette fenêtre-balcon nous plongeons sur les têtes des passants.

Saxon.

Il n'y a rien de neuf dans ce bon vieil hôtel, rien, sauf la femme de chambre, une belle fille blonde et rose, douée d'une paire d'extrémités si pesantes que nous tremblons, lorsqu'elle traverse la chambre, que le vieux plancher ne cède sous son poids.

On arrive à l'entrée principale par un haut perron à marches irrégulières, muré de chaque côté d'une grossière maçonnerie dans laquelle on a percé des meurtrières qui permettent de dominer les écuries et les cuisines, appartements toujours contigus en Transylvanie.

Nous devons, pour parvenir à la salle à manger, traverser une longue pièce sombre au parquet poli, renfermant un cylindre à repasser, deux armoires de chêne noircies par l'âge, et un coffre assez large pour être le sarcophage de Chéops.

En tâtonnant, en glissant, — à coup sûr ce logis a été construit à une époque où il était formellement interdit d'y voir clair, — nous atteignons enfin la salle où chaque soir nous venons

Saxonne.

consommer notre *hammelsbraten* (gigot) et nos *schnitzel* (tranches de veau panées), assaisonnées, s'il faut l'avouer, d'une fort mauvaise humeur.

C'est avec crainte et tremblement qu'il nous faudra regagner notre chambre, en passant sur un balcon vacillant, qui menace de s'effondrer dans la cour, s'il nous arrive de tousser ou d'éternuer.

Hermannstadt, malgré son importance politique en tant que chef-lieu militaire de la Transylvanie, n'a rien dans son aspect qui la fasse deviner : elle ressemble à toutes les vieilles petites villes allemandes. Elle est destinée d'ailleurs à se transformer et à s'agrandir ; par sa position sur le chemin de fer de Bucharest, qui est la voie la plus courte pour aller à Constantinople, elle devient l'anneau principal rattachant l'Orient à l'Occident.

Aucune province hongroise ne présente les mêmes anomalies que ce « pays au delà des forêts », peuplé d'une race qui s'intitule « Saxons », quoiqu'elle soit en réalité originaire des Flandres et des basses plaines rhénanes. Ce sont les descendants d'émigrants qui, en 1141, quittèrent l'embouchure du Rhin pour venir coloniser cette terre lointaine.

Comme c'est ici le lieu des contradictions et des étrangetés, il est tout naturel qu'ils s'appellent Saxons, et leur patrie adoptive *Saxonie*, ou de tout autre nom qu'il leur plaît de choisir.

A l'époque où ils y vinrent, la Transylvanie, de nos jours encore la frontière de la civilisation, était sans cesse le théâtre d'invasions dévastatrices des hordes barbares de l'Orient ; elles y pénétraient par les défilés des Carpathes et menaçaient perpétuellement cette terre fertile dont elles avaient presque fait un désert.

La Transylvanie n'était pas tout à fait inconnue aux riverains du Rhin : les Croisés l'avaient traversée en se rendant à la Cité sainte, et au retour ils avaient rapporté de merveilleux récits sur cette lointaine contrée aux vertes collines, aux profondes vallées, aux grands fleuves comme le leur, contrées où coulaient le lait et le miel, où l'on n'avait qu'à semer pour remplir ses granges d'abondantes récoltes. Aussi, lorsqu'en 1143 le voïvode (ou, si l'on veut, palatin) de Transylvanie, alors vassal du roi de Hongrie, fit inviter les paisibles et industrieux habitants des Flandres à venir repeupler ses domaines maltraités par la guerre, avec la promesse de leur distribuer des terres, un grand nombre émigrèrent, et parmi eux des hommes « habiles dans l'art de travailler les métaux précieux, ainsi qu'en diverses sortes de métiers ». Leur renommée s'étendit bientôt jusqu'en Moldavie, en Valachie, en Bukovine. Les produits de leur industrie éveillèrent une universelle admiration, furent recherchés de tous côtés, et cette population devint non seulement prospère, mais opulente. Leur indépendance, dans ce sauvage pays, était garantie par une sorte de grande charte qui, définissant leurs droits et privilèges, en faisait un peuple entièrement libre, régi par ses propres lois, au lieu d'être, comme les autres habitants du pays, soumis au gouvernement du voïvode.

Il est intéressant de suivre dans l'histoire cette courageuse petite bande aventurée au milieu d'une contrée presque barbare, de les voir se défendre contre toute agression, et s'opposer avec une résolution inflexible à ce que personne ne mît le pied sur leur territoire, sans même en excepter de paisibles populations magyares, qui n'auraient pas demandé mieux que de s'associer avec ces gens venus de l'Occident, dont tous disaient du bien, et dont tous vantaient les richesses. Mais ces Flamands, exclusifs et conservateurs, n'admettaient aucun intrus; personne ne devait se mêler de leurs affaires, de peur d'introduire dans leur petite société des querelles et des discussions. Attachés à leurs institutions politiques, ils l'étaient également à la foi de leurs ancêtres, et leur indestructible fidélité en fit, à l'orient de l'Europe, un des remparts du christianisme.

Hermannstadt est la ville principale de ce soi-disant pays saxon qui occupe le sud-est de la Transylvanie. Cette ville est située au milieu d'une plaine, au pied des monts Fogaras ou Alpes transylvaines, couvertes de neige pendant huit mois de l'année, et qui s'en vont à plus de cent soixante kilomètres vers l'est, embrassant Kronstadt dans un de leurs replis. Comme toutes les villes de ce pays si fréquemment menacé jadis par les Turcs et les hordes de l'Asie, Hermannstadt était entouré d'une muraille dont il existe des restes. En qualité de chef-lieu militaire de la province, très rapproché de la frontière roumaine et moldave, on y entretient une forte garnison. En 1438, les Turcs l'assiégèrent avec une immense armée commandée par le sultan Amurat lui-même; celui-ci devait y être blessé par une flèche qu'un brave Flamand lui tira du haut des remparts.

Les temps ont changé! Peu à peu, d'abord comme journaliers, ouvriers des champs ou domestiques, les Valaques se sont insinués en pays saxon, et forment aujourd'hui d'importants établissements dans ce pays, cédé jadis par leurs ancêtres à un autre peuple. Ce qui est encore plus étrange, c'est que le Saxon industrieux et prospère voit son influence politique s'affaiblir et sa race s'éteindre. Les Valaques ne tarderont pas à s'y substituer; ils augmentent dans la même proportion que les autres diminuent. Dans certains villages saxons, le chiffre des habitants a baissé de moitié, et si cette forte mortalité, qui s'accroît depuis un siècle et demi, continue, ces Flamands qui ont tant fait pour civiliser la Transylvanie, cesseront d'exister sur le sol donné, il y a trois cents ans, à leurs pères.

Malgré la prospérité qu'ils ont su s'y créer, ils n'y ont pas toujours vécu paisibles, et les invasions auxquelles ils durent résister jusqu'au siècle dernier, font des taches sombres sur les pages de leur histoire. Comme le reste de la Hongrie, la Transylvanie, annexée à ce royaume en 1002 par saint Étienne et gouvernée par un vice-roi, sous le titre de voïvode, subit de nombreuses vicissitudes politiques. Aux xiv° et xv° siècles, les Turcs, alors à l'apogée de leur puissance, franchissaient les défilés et menaçaient sans cesse ce beau pays. Leur triomphe fut enfin si complet, qu'ils inondèrent toute la contrée, et il ne resta au pouvoir des chrétiens qu'un mince lambeau de territoire, entre la Pologne et l'Allemagne. Enfin la Transylvanie, toujours considérée comme une partie intégrale de la Hongrie, lui fut définitivement réunie pendant la période révolutionnaire de 1848.

Il est midi, la vie et l'animation de la ville se portent tout entières du côté du marché. Voici les dames d'Hermannstadt, tailles sveltes, toilettes élégantes, s'abritant du soleil avec d'énormes éventails au lieu d'ombrelles; de rieuses Saxonnes en grands chapeaux de paille; des matrones valaques, la tête enveloppée de je ne sais combien de mètres de mousseline d'un blanc de neige, roulés en turban et retombant derrière en pointe; cette coiffure se nomme *volatura*. A côté d'elles, de gentilles fillettes valaques à la mine sérieuse, si jolies avec leurs doux visages d'un pur ovale et leurs formes élancées, dans le costume fait par elles-mêmes, la *kathrincza,* presque la robe antique des Romaines, toute différente de celle que portent les femmes de la Valachie, et bien plus classique! Cette robe consiste en un long morceau de drap de plusieurs couleurs, drapé sur un vêtement de dessous blanc, dont le corsage et les manches sont brodés en noir ou en rouge. D'innombrables rangées de perles de corail tombent jusqu'à la taille, et de grandes boucles d'oreilles d'un modèle oriental, réunies par une chaîne d'argent qui passe sous le menton, complètent cet ensemble charmant.

Les Saxonnes diffèrent des Valaques autant par le type que par la toilette; et si elles étaient vêtues de même, on ne pourrait néanmoins les confondre. Les Valaques sont petites et délicates; elles ont une beauté classique, des yeux et des cheveux généralement noirs; les Saxonnes, au contraire, sont fortement bâties, leur teint est blanc, leurs yeux bleus; mais, sans l'expression franche et agréable de leur physionomie, elles seraient presque laides.

Il n'y a pas de plus gracieux tableau que le marché d'Hermannstadt, chaque semaine. Les vieilles maisons qui l'encadrent, les clochers étranges et les coupoles de métal des églises, à l'arrière-plan; les troupeaux de bœufs blancs à longues cornes; les costumes pittoresques des Valaques; les brunes figures des Saxonnes, qui nous regardent avec une innocente malice, à l'ombre de leurs grands chapeaux : autant de détails faits pour tenter un artiste. Voici des marchandes de légumes que leurs volaturas font ressembler à des madones et qui attendent les pratiques, assises entre les charrettes de foin et les bestiaux. A côté d'elles, d'autres femmes vendent des volailles et des familles entières de poussins, que marchandent avec rage les bourgeoises saxonnes et les proprettes cuisinières. Une brave dame demande le prix d'une couvée qui devrait être encore sous l'aile maternelle : « Quatre florins, » déclare la fermière valaque. L'acheteuse lève les bras au ciel, dit qu'elle n'en donnerait pas deux et s'éloigne; ce que voyant, la fermière plonge le bras dans l'énorme manne en forme de cône, retire les poussins à poignée, les jette dans les mains de l'autre, puis les ressaisit d'un air offensé, et les replonge dans le panier malgré leurs cris. L'acheteuse les reprend, les soupèse (tous ensemble ne font pas une livre), et en offre vingt kreuzers de plus. La Valaque jure sur l'âme de sa grand'-mère qu'elle aime mieux les remporter, lorsque voyant l'autre en train de conclure marché avec une grosse Saxonne, elle ressaisit brutalement les infortunés par les ailes et les lance, toujours la tête la première, dans un sac que le domestique de la dame porte sur l'épaule pour recueillir ses achats.

« Qui est ce jeune homme dont le chapeau est orné de fleurs et de paillettes dorées ? demandons-nous à une dame saxonne.

La place du Marché, à Hermannstadt.

— C'est un nouveau fiancé.

— Et ces hommes, debout au centre de ce groupe ? nous écrions-nous, en observant trois personnages qui portent des baguettes blanches, chargées de bouquets de fleurs et de rubans flottants.

— D'ici à quelques jours, on célébrera un mariage dans quelque village des environs ; et ils font les invitations, selon la coutume, aux amis des futurs époux. »

Du marché, nous gagnons la cathédrale, bel édifice érigé en 1440. Comme toutes les églises hongroises passées au culte protestant, elle a fort souffert de la Réforme : ses beaux piliers ont été empâtés d'une couche de chaux. Avec sa robe noire, le pasteur saxon nous fait songer à un Tête-Ronde de Cromwell. Après l'office, il nous conduit dans quelques salles, peut-être d'anciens cloîtres, dont les murs gardent d'intéressantes reliques du passé : médaillons de marbre ou de pierre représentant de dignes gens morts depuis plusieurs siècles, des bourgeois qui ont exercé des fonctions publiques dans la cité; chacun en costume différent, évoquant des époques disparues, mais, comme les piliers de l'église, profanés par la chaux. Ces portraits datent du xiv° ou du xv° siècle, et nous nous oublions à les contempler, lorsque le pasteur, soulevant son tricorne noir, nous prie de rentrer dans l'église, où il veut nous montrer les vieux ornements et les vases sacrés.

Lorsque nous nous retrouvons sur la place, le bourdonnement tapageur s'est apaisé, et tous les yeux sont tournés à l'extrémité d'une rue d'où s'avance lentement un cortège funèbre. En cet instant, les cloches de tous les clochers commencent le glas, chacune dans un ton différent, et si vite, et à si grand bruit, que, sans les dissonances, on s'imaginerait qu'il s'agit d'un gai carillon. Du côté de la citadelle, à l'autre bout de la ville, arrive l'écho d'une musique militaire, et au milieu de ce discordant tapage, la funèbre procession, avec ses fleurs, ses rubans blancs flottants et ses délicats flots de dentelle, traverse la place du marché et disparaît dans une rue opposée.

XXXV

LE BON VIEUX TEMPS

Les environs d'Hermannstadt sont superbes, et les villages qui les parsèment ne ressemblent en rien à ceux des autres pays de l'Europe.

A quelques kilomètres, on trouve d'abord Hittau, colonie saxonne où l'on fabrique les grands chapeaux de paille qui protègent le teint des jeunes filles, et ce gros drap blanc dont sont faits les habits des hommes, Saxons ou Valaques, et qu'on exporte en grande quantité en Slavonie et en Dalmatie.

Hittau est pittoresquement blotti à l'abri de collines toutes roses, en cette saison, de la floraison des pêchers. Le village nous apparaît comme un charmant tableau : les vieilles maisons de pierre, aux toits singuliers, groupées autour de la vieille forteresse-église qui les domine du sommet d'une petite éminence. Cette situation de l'église dut être choisie avant qu'on ne commençât à construire le village.

Dans ce pays exposé aux incursions des Tartares d'un côté et des Turcs de l'autre, les églises ont été de bonne heure de vraies citadelles, pourvues de fossés, de tours, de bastions et de solides murs de maçonnerie percés de rares meurtrières, offrant un refuge protecteur aux habitants menacés par l'ennemi. Dans ces forteresses sanctifiées, la population déposait son blé, afin d'être à tout moment prête à y soutenir un siège ; les paysans effarés s'y précipitaient au premier danger, et tandis que les femmes et les enfants restaient à l'abri derrière les tours et les remparts qui enfermaient la maison de Dieu, les hommes, armés de fusils à mèches et de grossières arquebuses, se défendaient avec une bravoure de soldats. Le prêtre et le maître d'école habitaient la forteresse d'une façon permanente, et l'état de siège entrait tellement dans les habitudes, qu'il n'entraînait aucune interruption des offices religieux, et que les enfants suivaient tranquillement l'école pendant que leurs pères faisaient le coup de feu avec la cavalerie infidèle.

Les murs élevés et la position de ces petites citadelles les rendant à peu près imprenables, elles soutenaient en général avec succès le choc des hordes qui les attaquaient sans cesse, et après leur retraite, ces courageux paysans, sortant de leurs remparts, réparaient leurs maisons en ruines, replantaient leurs vignes, semaient à nouveau leurs champs dévastés par l'ennemi. Dans ces temps troublés, chaque jour, à l'heure de midi, les cloches de toutes les églises envoyaient à travers la campagne des sons graves qu'on appelait « l'Angélus du Turc », pour exhorter les habitants des villes et des villages, et aussi ceux qui étaient occupés au loin à leurs travaux des champs, à s'unir dans une prière commune, afin d'implorer la protection divine contre ces ennemis des chrétiens. Les cloches des églises-citadelles, très puissantes et très sonores, servaient aussi à annoncer l'approche de l'infidèle, et à presser la fuite de ceux qui venaient s'abriter derrière les murs consacrés.

Ces « castels de paysans » avec leurs tours de guet, leurs ponts-levis et leurs massifs remparts, excitent vivement l'intérêt du voyageur, parce qu'ils sont les témoins muets, non seulement d'époques orageuses, dont au XIXe siècle nous avons peine à nous faire une idée, mais encore de la bravoure et de l'héroïsme des petites populations qui défendirent si courageusement l'Europe contre l'invasion barbare. Il y a un sentiment d'une beauté élevée dans cet élan qui les poussait à fortifier ainsi leurs églises et à s'en faire des arches de salut, au milieu du flot envahissant.

Après avoir tourné autour des vieux murs de l'église de Hittau, et examiné ses tours et tourelles innombrables, nous arrivons à l'entrée principale, et nous sonnons la cloche d'une porte intérieure, que nous jugeons avec raison celle de la *Pfarrhaus* « maison du pasteur ».

Elle nous est ouverte par une servante saxonne, qui nous répond que son maître est chez lui et nous introduit dans un salon rempli de jardinières et de plantes exotiques en pots, faisant un singulier contraste avec cet antique logis.

L'étranger trouve toujours le meilleur accueil chez les pasteurs de Transylvanie. Après nous avoir poliment offert des rafraîchissements, que nous n'acceptons pas, celui de Hittau nous conduit dans son église, vieil et curieux édifice dont les bancs de bois sont garnis de livres de prières en lettres gothiques, et la chaire drapée d'un tapis turc. Nous visitons d'abord l'intérieur, puis nous en faisons extérieurement le tour. Sous des arcades creusées à intervalles réguliers dans les fortifications, on voit toujours les grands coffres de chêne, remplis de blé comme jadis ; car les Saxons, peuple non moins attaché à ses traditions que les Magyars, gardent avec ténacité les coutumes de leurs pères, et ne les abandonnent qu'à grand'peine, même, comme dans ce cas, lorsqu'elles n'ont plus aucune raison d'être.

Les vases sacrés appartenant à cette église, et qui furent pour la plupart cachés dans le sol pendant la période orageuse de la Réforme, sont d'une grande valeur et d'une beauté rare : il y a dans le trésor de Hittau des calices et des chandeliers en vermeil, travaillés avec art par les premiers colons saxons, qui avaient apporté de leur pays flamand ce talent d'orfèvre. Un grand nombre sont ornés d'émaux, représentant des scènes de la vie de Notre-Seigneur. On nous montre aussi un magnifique vase baptismal du XIV° siècle, dans lequel sont incrustés des médaillons d'or, avec de très fines ciselures en relief. Nous admirons en outre deux objets encore plus anciens : un superbe crucifix chargé de perles et de rubis, et un ostensoir non moins richement orné et d'un travail curieux.

En quittant l'église, le pasteur nous conduit à l'école, où il nous montre quelques dessins d'écoliers qui feraient honneur à un pensionnat anglais ou français. Nous constatons, à notre surprise, que les plus hautes branches de l'enseignement, y compris la botanique et la chimie, font partie du programme. Parmi les élèves, il y a beaucoup de petits Valaques ; les paysans de cette nationalité tiennent par-dessus tout à envoyer leurs enfants aux écoles saxonnes, non qu'ils puissent apprécier les avantages de l'instruction qu'on y reçoit, mais parce que c'est le meilleur moyen pour eux d'apprendre l'allemand, qu'ils désirent autant savoir que les Magyars affectent de l'oublier. Dès qu'on parle le *haut allemand*, on est regardé chez les Valaques comme un personnage de distinction, un être tout à fait supérieur.

Des fenêtres de l'école, on jouit d'une excellente vue de l'église, de ses remparts et de ses fossés, ainsi que du village. Celui-ci a l'air si paisible, qu'on a peine à se représenter les scènes de terreur et de sang dont il a été le théâtre, les angoisses de ses habitants, alors qu'ils vivaient dans une perpétuelle attente de l'ennemi. Comment pouvaient-ils persévérer à cultiver cette terre si souvent transformée en désert aride par le Turc ou le Tartare, pour lequel la ceinture de pierre des Carpathes n'était pas un rempart suffisant? Nous croyons voir ces bons paysans écouter, tout en guidant leurs charrues, s'ils n'entendent pas la cloche d'alarme, qui à tout moment pouvait résonner à travers les collines ; nous voyons les habitants effarés, traînant après eux les enfants et les vieillards, se précipiter à ce bruit dans leurs églises-citadelles. Aujourd'hui encore, les mères transylvaniennes, pour effrayer un enfant méchant, le menacent d'appeler le Tartare.

Pendant que nous regardons la vieille église qui nous rappelle ces tristes souvenirs du passé et dont les tours élancées vers le ciel ont résisté à tant de sièges, un splendide flot de rayons fend les nuages et vient allumer une étoile éblouissante sur chacune des boules de métal qui terminent les flèches des tourelles.

On trouve, perchées çà et là sur un éperon des montagnes voisines, des églises fortifiées plus petites, sortes d'annexes supplémentaires à celles que nous avons décrites. Une d'elles, bâtie de 1175 à 1223, existe encore à Michaelsburg, à peu de distance d'Hittau. Sous cette vieille citadelle se blottit un petit hameau, dont les maisons sont tout entières en bois et empruntent un aspect très pittoresque à leurs singulières cheminées, leurs hautes palissades, et les poutres qui en soutiennent extérieurement les murs.

Nous nous y arrêtons pour reposer nos chevaux, et, gravissant l'escalier d'une auberge des plus primitives, nous nous trouvons sur un balcon couvert de branches fraîchement coupées, d'où nous avons une vue d'ensemble sur le village presque désert; car tous les habitants, jusqu'aux enfants même, sont aux champs, à bêcher, labourer, ou recueillir les fruits de ce sol fertile. Nous avons dit que les femmes prennent ici une part aussi active que leurs maris aux travaux de l'agriculture.

Au-dessus de l'étroite rangée de toits bruns, les grandes montagnes coiffées de neige brillent comme des dômes d'albâtre dans l'azur limpide; sur la route, une femme valaque passe avec son enfant, filant en chemin, et les tons oranges, rouges et violets de son costume complètent un des plus beaux paysages que j'aie jamais vus, comme couleur.

La population de ces villages parle ce qu'on appelle le *plattdeutsch* (ou bas allemand), dialecte impossible à comprendre, même pour ceux qui savent l'allemand véritable, mais qui est encore en usage dans certaines provinces du nord de l'Allemagne. C'est, en effet, la langue que leurs pères ont apportée avec eux dans cette terre étrangère, et qu'ils ont su conserver intacte à travers huit siècles d'existence loin de leur pays.

De tous les établissements saxons de la Transylvanie, le plus curieux est peut-être Hamersdorf, situé également à quelques kilomètres d'Hermannstadt. C'est là aussi qu'on peut voir dans toute son intégrité le curieux costume national des Saxons.

C'est un dimanche, par une calme et douce soirée, que nous visitons ce lieu pour la première fois. Ayant manqué l'office de l'après-midi, qui s'est célébré plus tôt que nous ne nous y attendions, nous arrivons au moment où la foule sort de l'église. Les jeunes filles portent des chapeaux ronds en velours noir, à fond très élevé, d'où pendent jusqu'à l'ourlet de leur robe d'innombrables rubans de toutes couleurs; les femmes mariées ont la tête couverte de plusieurs voiles de mousseline brodée. Ces toilettes sont extrêmement soignées et doivent absorber un temps considérable, chaque fois qu'on s'habille pour aller à l'église. Leurs bijoux sont non seulement fort jolis, mais de grande valeur : d'énormes broches rondes, pareilles à des boucliers, en espèce de filigrane d'or, incrusté de grenats, de turquoises, de perles et d'améthystes, des ceintures du même style leur entourant la taille. Ce sont des échantillons d'un art aujourd'hui perdu, transmis par héritage, et peut-être apportés de la lointaine patrie flamande, quand les aïeux l'abandonnèrent pour chercher ailleurs fortune.

« Où est M. le pasteur? demandons-nous à trois femmes dont les têtes seules apparaissent à une fenêtre, au-dessus d'une rangée de pots de fleurs.

— Il est à l'école, réplique une tête coiffée d'un mouchoir bleu, et s'exprimant un peu difficilement en haut allemand; si vous voulez entrer, nous irons le chercher. »

Entrer! C'est plus facile à dire qu'à faire. A quel escalier de bois, celui de droite ou celui de gauche, correspond ladite fenêtre? Ou bien faut-il prendre par cette singulière porte, ouvrant sur une petite cour? Nous nous décidons pour ce dernier parti, et nous tombons dans une chambre occupée par trois hommes. Au moment où nous battons en retraite, la propriétaire du fichu bleu vient à notre secours, nous fait passer sous une arcade, monter six marches, traverser un corridor, où nous apercevons plusieurs coffres de chêne, puis un balcon découvert, et enfin nous arrivons dans la chambre, remplie de femmes, dont, à voir leurs figures et leur costume, deux au moins sont des Valaques. On nous prie de nous asseoir, et on nous fait subir un interrogatoire en règle.

« D'où viennent les étrangers?

— D'Angleterre. »

Chœur de Saxonnes: « *Ach! die guten Leuten!* (Ah! les braves gens!) » Puis, se tournant vers les Valaques, pour leur traduire en néo-latin cette intéressante conversation, toutes s'écrient :

« Les étrangers viennent d'Angleterre. »

Chœur de Valaques : « *Englesca! Englesca! la! la...* » prolon-

geant indéfiniment cette dernière syllabe. « C'est bien loin !... »
Sans doute, ce nom évoque dans leur esprit des milliers de kilomètres, franchis par lentes étapes, en *szeker* ou charrette remplie de foin, seul moyen de locomotion familière à ces simples villageoises !

« Ah! fait une autre d'un air capable, qui nous rappelle Martha, notre amie galicienne, l'Angleterre! C'est de là que viennent le thé et le sucre, dans de gros vaisseaux, de l'autre côté de la mer. »

Évidemment, au fond de la Hongrie, l'Angleterre et les Indes passent pour deux îles contiguës !

Quelques minutes après, le pasteur arrive, un vieillard à cheveux blancs, à la physionomie bienveillante, qui nous emmène chez lui, dans la salle où sa famille est à souper. Tous se lèvent pour nous tendre la main, on ajoute deux chaises, et on nous prie de prendre part au repas, comme des hôtes attendus, avec cette aisance pleine de distinction et cette politesse innée que l'étranger trouve partout en Hongrie. La maison a de nombreuses pièces, confortablement meublées, quoique sans un seul tapis; comme dans celle du pasteur de Hittau, il y règne un parfum de fleurs exotiques, émanant non seulement des belles touffes blanches des *stéphanotis* qui grimpent à l'intérieur de plusieurs fenêtres, mais encore de plantes répandues partout à profusion dans des jardinières.

Après le souper, on nous conduit au jardin, un enclos brûlé par le soleil, entouré de lilas, et où des lis et des jacinthes s'efforcent de pousser, mais où rien ne prospère que la vigne, ployant en automne sous le poids des grappes. Néanmoins ces braves gens nous font avec satisfaction les honneurs de leur jardin et de leur tonnelle poussiéreuse.

Le dimanche suivant, la rosée est encore sur l'herbe quand nous revenons à Hamersdorf. Le long des chemins, les paysans, livre de prière et bouquet en main, se rendent à leur paroisse, souvent bien éloignée. Lorsque nous approchons de la vieille église, bâtie comme toutes les autres sur une éminence, les mêmes têtes paraissent comme l'autre fois à la fenêtre haute, et m'invitent à monter, car on ne sonnera pas l'office (*Gottesdienst*) avant une demi-heure.

Un spectacle imprévu m'attend. Deux paysannes, l'une mariée, l'autre jeune fille, se mettent en grande toilette pour aller à l'église, et c'est une opération qui ne peut être accomplie par la personne elle-même. Les matrones, ayant abjuré en faveur de leurs filles toutes ces vanités, se chargent de parer celles-ci, tranquillement assises devant le miroir.

Je les regarde faire, me disant qu'elles n'en finiront jamais. Déjà revêtues de leurs longues tuniques blanches, dont le corsage et les manches sont merveilleusement brodés de rouge et d'orange, les jeunes femmes passent d'abord des jupons bleus, voilés d'une ample jupe en filet blanc, richement brodée au tambour ; après quoi on agrafe une belle ceinture constellée de grenats et de turquoises à la jeune mariée, et on lui pose sur la tête un petit bonnet de filet. Elle n'a guère que dix-sept ans ; ses longs cheveux ont été coupés le jour de son mariage, en signe de soumission à son mari. Le bonnet est serré autour de sa tête par un ruban écarlate, long de quatre mètres, qui lui pend jusque sur les talons. Par-dessus, — affaire, cette fois, de simple coquetterie, — on place une douzaine de rubans de même longueur, variés de nuances et de dessins, le dernier de tous en brocard. Un voile de légère mousseline brodée d'or est alors jeté sur toute la personne et assujetti avec de grosses épingles d'argent incrustées de pierreries ; enfin un fichu de satin cramoisi à franges est fixé par un coin à la ceinture, retombant en biais sur la robe, et gâte à mon avis l'effet de ce ravissant costume.

La coiffure de la jeune fille diffère essentiellement et consiste en une toque de carton recouvert de velours noir, à forme très élevée. On distingue les fiancées au ruban qui entoure le sommet du chapeau et pend très bas sur le dos par-dessus un vêtement noir, analogue à une chasuble ; les grandes bottes, de rigueur pendant la semaine, sont délaissées le dimanche et remplacées souvent par des bottines de cuir à talons, lacées et découvertes. Demain, ces élégantes personnes dépouilleront leurs beaux habits pour travailler pieds nus dans les champs.

C'est vraiment un joli spectacle de voir ces Saxonnes se rassembler à l'église, leurs longs rubans flottant au vent, et donnant un air de fête à tout le village. L'intérieur de cette église est fort curieux : outre les bancs ordinaires, elle en contient plusieurs à grand dossier, surmontés d'un dais en bois, où siègent les « doyens », sévères personnages dont le costume rappelle le xvi⁰ siècle. Des deux côtés du chœur se groupent les jeunes filles ; les femmes d'un côté, les hommes de l'autre remplissent la nef. On prêche alternativement en allemand et en patois, dans l'intérêt des « grand'mères », pour lesquelles ce premier langage est incompréhensible.

Nous retournons à Hermannstadt entre les champs de blé ondulant sous le soleil couchant, qui fait ruisseler de flammes les plaques de porcelaine des clochers et des coupoles. Que nous aimons cette vieille ville pittoresque ! Les rues sont pleines de gens qui fêtent le dimanche : paysannes valaques, les bras enlacés, faisant sonner en marchant leurs grandes boucles d'oreilles et leur collier de corail ; blondes Saxonnes coiffées de leur tiare aux rubans flottants ; soldats aux jolis uniformes ! Notre voiture roule à grand bruit sur le mauvais pavé, et des têtes s'allongent aux fenêtres, sous les tuiles rouges des maisons. Un petit-maître en gants jaunes serin, fleur à la boutonnière, émerge d'une arcade, aussi pimpant que s'il sortait d'une boîte, et traverse la rue d'un air conquérant. Hélas ! notre droschky, passant dans le ruisseau qui partage en deux la chaussée l'éclabousse des pieds à la tête, à sa vive fureur. Les cloches des églises sonnent toutes ensemble l'adieu au jour qui s'enfuit, et à la porte de l'hôtel András attend que nous lui annoncions notre bon plaisir pour l'excursion du lendemain.

XXXVI

CHEZ LES VALAQUES

Les Saxons désapprouvent très fortement qu'un jeune homme aille chercher femme dans un autre village, et malheur à l'épouse introduite dans un milieu où elle n'est pas née, car toute la population se ligue contre elle. Mais épouser une Valaque est pour un Saxon chose inadmissible.

« Malpropres, paresseuses, grossières ! » telles sont les épithètes constamment lancées à la tête de ces infortunées. « Une Valaque se marier dans une bonne famille saxonne ! Des filles qui possèdent à peine les vêtements qu'elles ont sur le corps, et qui sont obligées de blanchir toutes les semaines... Quelle indignité ! »

En pays saxon, comme dans la plus grande partie de l'Allemagne, le trousseau de la mariée est si considérable, qu'elle peut se contenter d'une lessive par an, et que ce grand événement se renouvelle tout au plus chaque trimestre ; or l'estime publique se règle sur le nombre des lessives annuelles. Les Valaques, qui chaque semaine pataugent dans leur cuvier, sont tenues en profond mépris par les industrieuses ménagères saxonnes, dont les armoires sont pleines de linge n'ayant jamais servi.

Tolérés comme concitoyens, les Valaques restent donc tout à fait en dehors de la communauté saxonne, et il n'y a pas d'affection perdue entre ces deux races. Les Valaques regardent leurs voisins comme des habiles, qui deviennent riches trop vite et par des procédés pas toujours scrupuleusement honnêtes; les Saxons dédaignent les Valaques, qu'ils traitent de paresseux et de lourdaux, dont les principes sur le tien et le mien, sur la propriété individuelle, sont par trop vagues. Durant la guerre de l'Indépendance, les Saxons surent faire la cour aux Valaques et leur persuader de s'unir à eux, pour l'Autriche, contre les Magyars. Les cruautés commises par les Valaques sur les propriétaires et les nobles hongrois résidant en Transylvanie furent atroces; on les vit promener des enfants autour des villages à la pointe de leurs baïonnettes; des femmes furent cruellement torturées; des hommes enterrés jusqu'au cou et fauchés ensuite comme l'herbe, barbarie qui nous semble ne pouvoir être de notre époque.

Dans ce pays saxon, jadis si exclusif, nous avons dit qu'il y a maintenant des villages entièrement habités par les Valaques et dont la population s'élève à plusieurs mille âmes. On reconnaît invariablement qu'on approche de ces villages aux nombreux calvaires et aux petites chapelles qui bordent le chemin, ces dernières remplies de statues et toutes peintes à fresques; les villages valaques sont beaucoup moins propres, mais plus pittoresques que ceux des Saxons. Au lieu d'être bâties en pierre, les maisons sont toujours en bois, et leur pignon est surmonté d'une croix. Les rues sont longues et étroites; chaque habitation a sa cour particulière, entourée de palissades de bois grossièrement découpées, mais d'un dessin gracieux, et on y pénètre par un porche couvert d'un petit toit.

Les églises valaques sont très singulières, souvent peintes du haut en bas, à l'extérieur, de figures dont le dessin laisse à désirer. L'intérieur en est sombre et lugubre; les murs peints de couleurs foncées avec un peu d'or; les petites fenêtres en ogive, envahies par la poussière, ne laissent pénétrer qu'une faible lumière, car les Valaques, à l'opposé des Magyars, aiment tant l'obscurité dans leurs églises, qu'elles finissent par ressembler aux temples de l'Inde. La voûte en est en forme de dôme; la nef, pavée de marbre noir, est entièrement vide, sans siège d'aucune espèce; les fidèles doivent se tenir debout ou à genoux. En parcourant ces villages, on ne voit personne en haillons, même en vêtements rapiécés, et si les Valaques sont paresseux, ils semblent néanmoins très prospères. Comme les bons Slovaques, ils ont chacun leurs vaches, leurs poules, un jardinet que les femmes cultivent pendant que les hommes guident la charrue ou le plus souvent restent à la maison pour garder les enfants. La femme valaque est très industrieuse et absolument calomniée par les commères saxonnes. Si elle n'a pas une armoire pleine de linge et si elle lave toutes les semaines, elle a du moins sur ses planches de gros rouleaux d'étoffe de laine bise, qu'elle-même a filée et tissée. En automne, elle commence à filer assidûment pour les tissages d'hiver ; puis elle transforme le drap ainsi fabriqué en vêtements pour sa nombreuse famille. Ce qu'on ne peut trop blâmer en revanche, c'est l'indolence du Valaque, dont toute la prospérité est due au travail de sa femme. Encore plus lent que le Magyar, il lui semble toujours indifférent d'en finir ou non, et s'il porte au marché d'autres produits que ceux de sa propre ferme, il dort le plus souvent au fond de sa charrette et arrive en ville à l'heure où les Saxons retournent chez eux. C'est, en effet, un pauvre être faible et efféminé, grandement déchu du courage et de la valeur de ses pères. L'enseignement religieux, qu'il reçoit de popes ignorants, ne fait qu'accroître ses défauts ; car, dans ces villages perdus, les préceptes de l'Église grecque se bornent à l'observance des innombrables jeûnes.

« Si Dieu, dit le paysan valaque, vêt les lis des champs et nourrit les oiseaux de l'air, qui ne vont jamais à l'église, que ne fera-t-il pas pour me nourrir et me vêtir, moi qui y vais tous les dimanches et qui jeûne un jour sur deux ? »

Le Valaque fera tout plutôt que de violer ces jeûnes qui embrassent plus du tiers de l'année, et l'on raconte plaisamment que deux voleurs, ayant assassiné un voyageur, répondirent au magistrat qui les interrogeait sur ce qu'ils avaient fait du produit de leur crime : qu'ils avaient partagé entre eux les quelques florins trouvés sur la victime, mais jeté à leur chien ses provisions, entre autres un poulet rôti, parce que c'était jour de jeûne. La croyance à la sorcellerie est encore très enracinée dans le pays, et plus d'une vieille femme nous est désignée, même par des Saxons, qui sont pourtant plus éclairés, comme une adepte de la magie noire. Le Valaque croit aux revenants, aux vampires et passe une partie de son temps à inventer des charmes pour se défendre contre les machinations du diable; il ne commencerait pour rien au monde quelque entreprise le mardi ou le samedi. Les popes, ou prêtres de l'Église grecque orientale, d'une ignorance si excessive que le plus grand nombre sait tout juste lire et écrire, et tellement pauvres parfois, qu'ils sont obligés pour vivre de se louer comme journaliers, ne peuvent exercer aucune influence efficace pour combattre la superstition et amener cette population à une religion plus éclairée. Ils contrastent avec les prêtres catholiques des rites latin et grec uni, beaucoup plus instruits, supérieurs, sous le rapport de l'éducation et des habitudes, à tout ce qui les entoure et dont les cures reçoivent de l'État un revenu suffisant qui permet aux titulaires de mettre de la dignité dans leur manière de vivre.

Le village valaque de Czovod, entouré de tous côtés de montagnes, n'est peut-être pas très pittoresque par lui-même, mais dans une situation délicieuse. La coupole métallique de l'église domine les maisons à palissades et à pignons sculptés qui se blottissent autour d'elle.

Nous croyons d'abord que ces maisons sont autant de boutiques pour la vente des produits du pays, car les murs en sont recouverts de rangées de tasses et de cruches, ainsi que de carrés de drap rayé. Mais ces objets ne sont là qu'à titre d'ornement. Tandis que la ménagère saxonne s'enorgueillit de sa provision de linge, la gloire de la matrone valaque, comme de sa sœur la hongroise, est la quantité de vaisselle inutile dont elle pare les murailles de son logis, et une bonne partie de l'argent qu'elle reçoit au marché pour son beurre, ses poulets ou ses œufs, est dépensé de cette singulière façon avant qu'elle quitte la ville. En outre, elle tapisse les intervalles avec des carrés de drap tissés par elle, du dessin et des couleurs les plus variés.

Partout nous sommes reçus avec une politesse et une hospitalité parfaites. Les Valaques entendent l'art de plaire, et leurs sourires, leurs voix douces et harmonieuses, nous saluant dans leur latin barbare, gagnent complètement nos cœurs. Les hommes ne manquent jamais, en nous croisant sur la route, de soulever leur chapeau et de nous jeter un bonjour en passant, ce que ne font jamais les Saxons.

Depuis dix jours que nous voyageons en Transylvanie, nous n'avons pas vu un seul enfant au berceau; ces petits mortels semblent aussi rares ici qu'ils sont nombreux chez les Slovaques. Enfin, en entrant dans une maison de Czovod, nous découvrons un *bambino* endormi, et si serré dans ses langes qu'il ressemble à une petite idole de bois ou de pierre. Près de lui, sa mère, une enfant de seize ans, frotte avec énergie le savonnage hebdomadaire. Selon la coutume, la maison est occupée par plusieurs générations de la même famille, et consiste en trois appartements dont le principal est fort joliment meublé, avec ses tables recouvertes de tapis d'un genre oriental, fabriqués par les propriétaires eux-mêmes. Le long des murs, sont rangés des bancs à grand dossier peints de fleurs, d'un style naïf et charmant. Non seulement les Valaques filent la laine et le lin et tissent leurs étoffes, mais ils les teignent eux-mêmes et montrent beaucoup de goût dans l'arrangement des couleurs.

Le pope de ce village est un jeune homme à la physionomie douce, aux longs cheveux noirs séparés dans le milieu et retombant sur ses épaules; il ressemble à un saint Jean byzantin. Comme instruction, il paraît supérieur à ses confrères et parle bien allemand. Il nous invite à le suivre dans sa demeure, qui, avec son massif porche de bois, diffère peu de celle que nous venons de quitter. Sa jeune femme, une jolie Valaque, en costume national, circule pieds nus autour de la table, la couvrant d'une nappe blanche et de tout ce que contient son garde-manger : pain noir, beurre, miel, fruits, vin blanc, et eau minérale de Borzeck, qu'on boit généralement avec le vin en Transylvanie. Ce serait blesser nos hôtes que de refuser ce goûter improvisé.

La règle de leur église oblige les popes grecs à se marier, mais ils partagent sur plusieurs points avec les Magyars des idées un peu orientales, et considèrent leurs femmes comme des êtres inférieurs. Pendant que nous mangeons, la jeune maîtresse du logis, assise à l'autre bout de la pièce, travaille et garde un respectueux silence qui lui paraît chose naturelle.

« Ma femme est fort industrieuse, tout ceci est son ouvrage. »
Et le pope nous désigne de gros rouleaux de toile écrue.

« A cette époque-ci, nous avons beaucoup d'occupations au dehors ; mais en hiver, quand il n'y a plus à travailler aux champs, les femmes font marcher leur métier à tisser. »

Je vais regarder l'ouvrage de la jeune femme, modestement assise sur un banc, les pieds croisés ; elle brode en soie noire et écarlate le corsage et les manches d'une de ces tuniques blanches comme en portent les Valaques. Cette broderie s'exécute au moyen d'un point analogue au point russe, et l'effet de ces larges bandes, d'un dessin oriental très serré, est des plus heureux.

Quanto graziosa tu sei! (Que tu es charmante!) m'écriai-je en italien, regardant cette tête de madone, douce et pensive, inclinée sur son ouvrage. Elle comprend parfaitement ce langage analogue au sien, et me répond par un regard et un sourire francs et candides, car la vanité est chose inconnue aux femmes de ce pays. Je m'amuse à examiner son costume et ses larges boucles d'oreilles d'argent, anneaux de trois ou quatre pouces de diamètre, avec des pendants d'un riche travail. Ces anneaux sont attachés autour des oreilles au lieu d'être passés au travers ; c'est ce qui nécessite la longue chaîne qui les rattache l'un à l'autre et pend sur la poitrine Ces boucles d'oreilles sont très seyantes au visage ovale des Valaques ; malheureusement leur beauté, comme celle des Hongroises, se fane trop vite.

XXXVII

LE DÉFILÉ DE LA TOUR ROUGE

Ni les gens ni les horloges ne savent l'heure en Transylvanie. D'après la pendule de notre chambre, il est quatre heures et demie; nos montres, au contraire, soutiennent qu'il doit être sept heures moins un quart. La veille, nous avons commandé pour six heures une voiture, destinée à nous transporter à la vallée de l'Aluta; et nous ne voyons rien venir. Nous avons dépêché András, deux domestiques et l'aubergiste lui-même, pour hâter son apparition; enfin le droschky roule bruyamment sous le vieux porche, à sept heures et demie, avec « une exactitude exemplaire », à la façon dont ce mot est compris en Hongrie.

Désireux de suivre quelques-uns des chemins de traverse de la Transylvanie, et ayant laissé à Pesth notre célèbre équipage, en prenant la voie du Danube, nous avons loué cette voiture pour une semaine, tout attelée d'une vigoureuse paire de chevaux, huit florins par jour, plus l'entretien du cocher. Nous avons eu quelques peines à nous en procurer un, le propriétaire de l'hôtel ne pouvant nous céder le sien. Il ne manque pas de Valaques sachant conduire, mais il en fallait un qui consentît à partir le jour que nous fixerions; les jours de jeûne naturellement étaient exclus, et comme le mardi et le samedi, sans parler du vendredi, sont des jours de fatal présage, le choix devenait difficile. Heureusement le lundi se trouve libre. Notre excursion ne demande pas grands préparatifs; l'hospitalité valaque nous permet de n'emporter de provisions que pour un jour. Cette fois, notre programme est de nous diriger vers le sud, de pénétrer en Roumanie par la vallée de l'Aluta, et, rejoignant la grande route à Vestan, de revenir sur Kronstadt, qui n'est qu'à deux ou trois jours au plus d'Hermannstadt.

Devant nous, s'ouvre l'immensité jaunissante des champs de blé; au fond, se dessinent les monts Fogaras aux sommets couverts de neige. La route, fort large, est couverte de véhicules se rendant au marché : charrettes chargées de peaux pour les tanneurs, de tonneaux de vin et de produits des fermes; gens à pied chassant devant eux vaches et veaux, ces derniers d'un âge si tendre qu'ils peuvent à peine marcher seuls; d'autres paysans conduisent de petits poulains aussi peu solides sur leurs jambes, ou portent dans leurs bras de tout petits agneaux blancs. Puis c'est un porcher avec un vilain troupeau de cochons jaunes et maigres, semblables à des hyènes par leur long poil d'un brun fauve et leur dos arqué, comme ceux que nous avons vus chez les Slovaques. Qui sait à quelle heure tout ce monde est parti des lointains villages? Le Valaque peut avoir bien des défauts, mais il n'a pas celui d'aimer trop à dormir.

Il ne manque pas non plus sur la route de Saxons en veste de drap blanc frisé et chapeau de feutre, se hâtant pour arriver les premiers. Les deux races ne sont pas difficiles à distinguer; le Valaque, nous croisant, s'écrie dans un langage harmonieux : *Bune deminiace!* (bonjour!) Une voiture passe; un gentilhomme valaque ôte le cigare de ses lèvres pour nous jeter le mot : *Applecaciune!* usité entre égaux, comme le premier l'est d'inférieur à supérieur. Même roulé à terre dans son manteau, le nonchalant Valaque, à moins qu'il ne dorme bien fort, se relèvera pour s'acquitter de ce devoir de politesse. Le Saxon poursuit lourdement son chemin sans s'occuper de nous. Cette politesse des Valaques nous charme, et nous prenons grand soin d'y répondre; sur quoi, ils soulèvent de nouveau leurs chapeaux à plusieurs reprises, en ajoutant quelques mots que nous ne pouvons malheureusement comprendre.

De temps à autre passe une pesante charrette recouverte d'un toit en roseaux tressés et remplie de jolies paysannes en costume de fête, ou une antique calèche défraîchie par un long usage, sous la capote de laquelle se montrent les châtelains des environs, de longues pipes à la bouche, se rendant à Hermannstadt pour s'enquérir du prix des récoltes.

Tout ce monde est loin, et la route nous reste pour nous seuls, sauf, parfois, un pesant chariot à bœufs, conduit par une femme, son nourrisson dans les bras, ou une carriole que mène au pas quelque nonchalant Valaque. Déjà le travail est commencé dans les champs; des femmes guident de grossières charrues, d'autres répandent grain à grain la semence dans les sillons, nous faisant songer aux paraboles évangéliques. Dans les terres plus élevées qui s'étagent jusqu'aux mystérieuses montagnes bleues de l'horizon, se dressent encore les chaumes de la dernière moisson. Ailleurs les bœufs retournent des terres laissées trois ans en friche, selon l'usage, et grâce à l'abondance des terrains cultivés. De vigoureuses ménagères saxonnes sont à califourchon sur le premier bœuf de l'attelage, perpétuant ainsi les habitudes de leurs aïeules, ces épouses des Goths, qui partageaient avec le sexe fort non seulement les travaux des champs, mais les périls et les gloires de la guerre, et qui, faites prisonnières les armes à la main, figurèrent à cheval dans le triomphe de l'empereur Aurélien.

Le défilé de la Tour Rouge aboutit dans une belle vallée, à seize kilomètres environ d'Hermannstadt. Notre cocher, un bouquet de jacinthes roses et bleues au chapeau et un autre à la boutonnière, nous mène d'un bon pas. La route qui longe la rivière est excellente; nous apercevons bientôt à notre droite, sur la pente escarpée, le fort qui a donné son nom au défilé. Derrière ses remparts, un soldat monte la garde, quoiqu'il n'y ait plus d'invasions musulmanes à craindre. Cette paisible vallée a vu, en 1493, un terrible carnage; ses collines vertes ont retenti du cri des blessés et des malheureux précipités à la rivière.

Les Turcs, s'attendant à ne rencontrer aucune résistance sur ce point, avaient audacieusement franchi la frontière. De promptes mesures prises par le bourgmestre d'Hermannstadt firent échouer cette attaque ; il envoya de tous côtés des émissaires, rassembla tous les hommes valides, qu'il plaça en embuscade, et qui tombèrent à l'improviste sur l'ennemi, repoussé avec de grandes pertes.

Au centre de la gorge, et au milieu de la rivière, on voit les ruines très pittoresques d'une autre tour, construite sans doute pour défendre le passage. Dans ce site admirable, la Litriora rencontre l'Aluta, et toutes deux coulent côte à côte sans mêler leurs eaux : l'une limpide comme du cristal, l'autre troublée et sablonneuse.

A midi, nous sommes sur la frontière roumaine. Dans la vaste cuisine qui sert d'entrée à l'hôtel, une troupe de femmes épuisées, les pieds meurtris par la marche, se reposent en mangeant leur repas de pain noir. Leur costume est oriental, leurs lèvres et leurs doigts sont teints de carmin.

« Elles ne sont pas encore remises de leur long jeûne, nous dit le brave hôtelier. Elles sont en route pour le marché d'Hermannstadt, où elles portent des fruits et du miel, et il faudra qu'elles reviennent demain, sous peine d'être battues par leurs maris. Ce sont de bonnes créatures, ces Roumaines. Leurs popes leur font strictement observer les jeûnes de chaque semaine, et j'en ai vu s'évanouir sur la route, avec leurs lourds fardeaux, à la fin de leur carême, qu'elles doivent passer presque sans manger. »

Nous faisons distribuer, pour arroser le pain noir, des verres de vin blanc, qui ramènent la vie dans leurs yeux et un peu de couleurs à leurs joues.

Ce qui nous frappe, c'est qu'avant de le boire, chaque femme se tourne vers le mur pour dire une prière. Quoique ce vin, que je goûtai ensuite, soit aussi acide que du vinaigre, elles éprouvent une si vive reconnaissance, et se sentent tellement réconfortées, qu'elles détachent leurs paquets pour en retirer des poignées de noisettes et nous forcent de les accepter ; quelques-unes poussent même la bienveillance jusqu'à offrir de nous les casser avec leurs dents. J'observe que plusieurs ont des goitres, maladie toujours commune dans les pays de montagnes.

Ce voisinage a, paraît-il, une mauvaise réputation, et passe pour être peuplé de voleurs. Nous apercevons, par une porte ouverte, un fusil et deux revolvers pendus au mur ; mais je soupçonne qu'ils sont là pour servir au braconnage plutôt que d'armes défensives. Les forêts environnantes sont remplies de gibier ; les daims abondent sur les collines boisées qui ferment le défilé ; sur les plus hauts sommets on trouve des ours et des chamois, quelquefois un lynx, des sangliers et des loups. Ces derniers font le désespoir des bergers ; comme ils marchent par bandes, il leur arrive de détruire tout un troupeau en une seule nuit, tuant ce qu'ils ne dévorent pas. Les ours, au contraire, n'attaquent jamais, et on les a vus, comme dans les grandes forêts du bas Danube, fraterniser avec le bétail qu'on laisse paître sur la montagne.

Un peu plus tard, en nous promenant dans la gorge, nous traversons un pont, et nous entrons en Roumanie, franchissant la frontière, que garde un poste de douaniers. Les arbres, qui allongent sur la route leurs ombres fraîches, donnent à cette promenade un grand charme ; tout est silencieux, on n'entend que la voix de la rivière, on n'aperçoit pas trace de vie humaine. Quelle triste et monotone existence que celle des quelques soldats qui gardent ainsi cette frontière ! A droite, bien au-dessus de nous, sur la pente escarpée, se voit un petit cimetière, lugubre preuve que non seulement ils vivent, mais qu'ils meurent loin des leurs, dans cette solitude. Les tombes s'étagent le long du rude sentier, derrière les hautes palissades nécessaires pour les protéger des loups ; dans un coin, un monceau de croix brisées témoigne de l'oubli si fréquent des vivants. Des bohémiens ou des voyageurs ont sans doute bivouaqué en cet endroit : nous y voyons les restes d'un feu à moitié éteint, quoiqu'ils n'aient pas laissé d'autres traces de leur passage.

Dans l'azur, s'élèvent les sommets du Surul et du Négoï, le premier, quoique tout couvert de verdure, atteignant une hauteur de plus de deux mille mètres. Les montagnes qui entourent cette vallée ressemblent à une suite de puissants contreforts, entre chacun desquels se creuse une gorge pleine de feuillage, d'où sort un ruisseau écumant, qui va grossir l'Aluta. Cette rivière, prenant sa source non loin de la Moldavie, serpente dans la direction du sud, jusqu'à ce qu'elle se déverse dans le Danube.

Lassés par notre marche, nous nous sommes assis sur l'herbe, au bord d'un de ces ruisseaux, et nous nous amusons à le voir accourir vers nous entre les roches, avec un joli gazouillement. Soudain l'air tranquille nous apporte le son d'une voix de femme qui dit une chanson plaintive, et nous voyons, sur le sommet qui nous fait face, une tache noire s'approchant en zigzag. De plus près, c'est une jeune bohémienne, son enfant sur le dos. Elle chante en marchant une de ces *doïne* ou ballades roumaines, mélancoliques et tendres comme celles des vieux troubadours, et dont cette fois le refrain : *Yuchza! Yuchza!* semble un appel douloureux.

Cette jeune femme est extrêmement jolie, ainsi que presque toutes les bohémiennes de Roumanie et de Transylvanie ; elle a des traits fins, des lèvres épanouies et de grands yeux lumineux, le teint aussi brun qu'une femme d'Asie, et les mains de ce noir bleuâtre qu'on rencontre souvent chez les Indiens de l'Amérique du Sud. Nous lui adressons la parole en allemand ; mais elle ne peut nous comprendre, et elle répète interrogativement le seul mot qu'elle sache dans cette langue : « *Deutsch? Deutsch?* » comme pour nous demander à quelle nation nous appartenons.

« *No!* répliquai-je en italien, *Inglese!*

— *Englesca! ah!* soupire-t-elle, avec ces intonations tristes particulières aux bohémiens.

— Où portez-vous ceci? continuai-je dans la même langue, en désignant quelques paniers neufs qu'elle a au bras et qui paraissent destinés à être vendus.

— A Hermannstadt, *buena Signora*.

— A Hermannstadt! Mais où coucherez-vous? Vous ne pouvez être ce soir à la ville.

— Là! » réplique-t-elle laconiquement, en montrant la forêt.

Un présent de dix kreutzers fait descendre sur nos têtes une pluie de bénédictions ; et elle poursuit sa route, après nous avoir baisé les mains. Nous regardons les brouillards bleus qui s'élèvent du fond des vallées, et nous frissonnons en nous représentant cette jeune créature seule, la nuit, avec son enfant, dans ces grands bois déserts. Mais, pour le vrai bohémien, le ciel est un toit, l'horizon une muraille, les étoiles sont autant d'amies, et la nuit farouche une mère bonne et compatissante qui lui verse le sommeil, car leur perpétuel contact avec la nature les a identifiés l'un à l'autre.

Repassant la frontière et nous retrouvant sur le sol hongrois, nous voyons venir une pittoresque et interminable file de chèvres à longs poils, dont le berger joue de la cornemuse et se délecte en apparence de cette aigre musique, tout en marchant lentement à la tête de son troupeau. C'est un individu à l'air farouche, vêtu de la tête aux pieds de peaux de mouton; nous lui adressons aussi la parole en italien; il nous comprend parfaitement et nous dit qu'il conduit ses bêtes en Turquie, pour y trouver des pâturages. S'apercevant que nous examinons avec curiosité son instrument, il en sort un autre des vastes poches de sa veste, une sorte de trompe de chasse en écorce d'arbre, dans laquelle il se met à souffler énergiquement, éveillant à près d'une lieue tous les échos du défilé.

Les habitants de la Roumanie et de la Valachie proprement dite ont le type grec très caractérisé, et semblent garder encore quelque chose de leurs ancêtres thraces.

XXXVIII

L'ERMITAGE DE BUCSECS

Kronstadt, dans une ravissante situation au centre des montagnes qui séparent la Transylvanie de la Valachie, doit à son voisinage turc un aspect tout oriental. Ses murs, ses tours, ses flèches dentelées, se découpent sur un fond de verdure. C'est une cité très vivante, pleine de mouvement et d'animation, car il s'y fait avec la Moldavie et la Valachie un commerce considérable des produits du pays, ce qui lui a valu le surnom de Manchester transylvanien.

Sa population, d'environ 50 000 âmes, est fort mélangée, comme partout en Hongrie, et l'on est coudoyé, en parcourant les rues, par des Saxons, des Juifs, des Grecs, et même des Arméniens. Si Hermannstadt nous reporte au temps d'Albert Durer, combien plus Kronstadt, en dépit de sa foule polyglotte et de ses habitudes orientales! Que de vieux passages, de curieux escaliers, de galeries sculptées, sans compter les lourds contreforts, les postes et les tours qui semblent enfermer une prison!

Dans le vieux quartier, il n'y a pas deux maisons semblables. De petites bicoques se collent aux grandes constructions, comme des coquillages aux flancs d'un navire. C'est partout un vrai carnaval d'architecture, où l'on ne peut se reconnaître. Ses églises sont, comme dans le voisinage d'Hermannstadt, entourées de remparts élevés, qui les défendaient contre les hordes musulmanes lorsque celles-ci, se déversant à travers les défilés des Carpathes, balayaient ces plaines souriantes. Les petits villages suburbains, dans leur originalité native et leur tranquillité tout imprégnée de la poésie du moyen âge, nous font songer à ceux des bords du Rhin.

Il nous arrive de passer le dimanche dans un de ces villages. Lorsque la grande cloche commence à sonner le service divin,

L'église protestante,
dite « église noire », à Kronstadt.

toutes les massives portes de chêne des maisons s'ouvrent en même temps, et, comme sortant d'un vieux cadre, nous voyons apparaître les femmes, avec leurs grands chapeaux noirs, les hommes en costume de cuir, pourpoints sans manches et hauts-de-chausses tout pareils à ceux qu'on portait au XVIIe siècle. Sur la plupart des maisons, et parfois dans toute la longueur de la façade, on lit, en gros caractères allemands, des inscriptions tirées de l'Écriture :

« Que le Seigneur te bénisse, quand tu entres ou que tu sors. »
— « Si le Seigneur ne bâtit une maison, c'est en vain que travaillent ceux qui la construisent. » — Sur une grange pleine

de blé : « La terre appartient au Seigneur, et toute l'abondance de ses moissons. » — Sur une maison, à l'entrée du village : « Si le Seigneur ne garde la cité, en vain veillera la sentinelle. »

Nous suivons les fidèles dans l'église et nous prenons place avec eux sur les bancs, disposés d'un côté pour les femmes, de l'autre, pour les hommes. Le sermon, heureusement pour nous, est en haut allemand; le prédicateur luthérien, un petit homme d'une vivacité et d'une volubilité extraordinaire chez un descendant de la race teutonique, a pris pour sujet « la paix du ciel ». L'hymne n'est pas achevée et le sermon à peine commencé que les plus vieux de l'assistance, aïeux et aïeules, se croisent les bras et s'endorment d'un commun accord. Il existe à l'intérieur de la chaire plusieurs degrés, que le prédicateur gravit à mesure qu'il s'échauffe dans ses discours. C'est sans doute chez ces braves Saxons une coutume immémoriale de dormir au sermon, car les archives des églises portent qu'autrefois cette irrévérence était punie d'une amende de huit kreutzers, tombée apparemment en désuétude. Le pasteur devient de plus en plus éloquent : debout sur la marche supérieure, il plane au-dessus de son auditoire. « La paix du ciel! elle n'est pas pour vous, qui calomniez votre prochain et leur faites tort de leur dû (regardant le banc surmonté d'un dais en bois, où siège le conseil de fabrique du lieu); ni pour vous, qui perdez votre temps en causeries oisives, en fêtes et en danses (se tournant vers les jeunes filles, modestement groupées dans la nef, masse de rubans flottants et de hauts tuyaux noirs); ni pour vous... ni vous... ni vous... (désignant les dormeurs), qui profanez, en cédant au sommeil, les moments précieux consacrés à entendre la parole de Dieu. »

Une énergique matrone, qui fait depuis le début les plus vains efforts pour tenir éveillée, à force de coups de coude, une bonne vieille, en manteau noir de coupe tout à fait moyen âge, ne peut contenir davantage son indignation, et s'écrie à haute et intelligible voix :

« Éveillez-vous donc! M. le pasteur vous parle! »

Les dormeurs, que ne troublent guère, grâce à l'habitude, les éclats de voix du pasteur, sont rendus à eux-mêmes par ce commandement inattendu, et le sermon s'achève au milieu d'un redoublement d'attention.

Le lendemain, disant adieu à Kronstadt, nous partons pour voir le château de Terzburg et l'ermitage grec de Bucsecs, tous deux situés dans la partie sud-est de la Transylvanie. Nous sommes si près des monts Fogaras, qu'ils nous semblent à une jetée de pierre; nous distinguons leurs majestueux remparts, et, sillonnés de mille cours d'eau, leurs flancs escarpés, rudes et pierreux sous le soleil, bleus, profonds et mystérieux dans les ombres.

Dans cette partie de la Transylvanie, la culture est plus variée, et la plaine ressemble à un opulent jardin : le rouge vif des pavots, le bleu pâle du lin, le jaune du colza mêlés aux feuilles du chanvre, du tabac et aux fleurs rosées du blé noir, font un merveilleux tissu. Çà et là, dans les terres au repos, on voit paître un troupeaux de buffles noirs. Comme dans plusieurs parties de la Hongrie, de vastes forêts ont été détruites ici par la hache ou le feu. Si on ne s'occupe pas d'assurer le reboisement, le nom poétique de ce beau pays, « Transylvanie, » cessera d'avoir une signification.

Les castels hongrois sont fort intéressants, et, comme ceux des barons pillards de l'Allemagne, ils sont presque toujours perchés sur un sommet inaccessible, une pointe aiguë, d'où ils défient l'ennemi. Le village de Terzburg, aux confins du pays, est des plus misérables, habité seulement par des bergers qui promènent leurs troupeaux sur ces hauteurs. La forteresse, avec ses nombreuses tours, offre un mélange d'architecture byzantine et gothique; elle se dresse sur le bord extrême d'un roc isolé qui commande l'entrée de la Valachie; autrefois, elle était occupée par les chevaliers teutoniques. On y arrive par une sente difficile ; la petite poterne qui donne accès dans le château, au-dessous de la tour principale, a maintenant un escalier de bois; jadis on n'y montait que par une échelle mobile. Impossible de concevoir rien de plus sauvage et de plus romantique : ce ne sont que corridors sombres, trappes mystérieuses, oubliettes béantes.

Pour pouvoir, dans une même journée, faire notre excursion à l'ermitage grec, il nous faut coucher deux nuits à Terzburg.

Nous n'étions pas préparés à bivouaquer en plein air, avec d'aussi terribles compagnons que les bouviers de Terzburg. András nous affirme que ce ne sont pas de mauvaises gens quand on sait les prendre, et lie amitié avec eux, en leur faisant ramasser le bois nécessaire pour notre feu. Nous avons profité de l'exemple de nos amis tziganes ; le trépied est planté, et nous préparons le repas du soir, pendant que le soleil couchant embrase de ses dernières rougeurs les vieux murs du château.

Quoique la journée ait été brûlante, l'air du soir est glacé, et nous nous rapprochons de la flamme, roulés dans nos bundas. La nuit enveloppe les montagnes de son grand silence ; le château se dessine en noir sur un ciel constellé. Parfois, une étoile filante traverse, de l'orient à l'occident, la voûte bleu sombre, et s'évanouit. Ce n'est que fort avant dans la nuit que nous nous arrachons à ce spectacle pour aller nous étendre dans notre voiture, disposée, comme celle dont nous avons gardé si bon souvenir, de façon à ce qu'on puisse s'y coucher. C'est chose étrange d'écouter les mille bruits vagues et doux de la plaine : frôlements d'insectes dans les herbes, voix étouffées partant des cabanes où brillent encore quelques lumières ; mais nous finissons par nous endormir profondément, pour ne nous éveiller qu'au son d'une trompe bruyante avec laquelle un vigoureux bouvier prétend saluer l'aurore. Andras, déjà debout, allume le feu, et dans ce demi-jour sa forme qui s'agite semble celle d'un petit gnome.

Le soleil se lève et allume les pics neigeux des Alpes transylvaines. Nous montons sur nos mules, et nous partons, emmenant pour guide un des bergers de Terzburg. Comme les Carpathes du nord, celles du sud sont caractérisées par leurs gorges étroites et leurs forêts touffues. Notre sentier, pierreux et difficile, n'est autre que le lit d'un ancien torrent. Enfin, après avoir péniblement gravi la montagne par des chemins qui n'ont parfois que deux pieds de large, nous dominons une sombre et étroite vallée d'où montent, comme d'un gigantesque chaudron, des flots de vapeurs brumeuses. Lorsque nous touchons, sur l'arête de la montagne, le poteau frontière de la Valachie, nous avons sous les yeux un splendide panorama.

Carpathes de Transylvanie. — Gorge de Jalomicza.

Après une autre heure de marche, — nous n'en avons jamais fait d'aussi fatigante, — une vallée terminée par une étroite gorge rocheuse s'ouvre devant nous. Sur la plus haute pointe d'un de ces rocs, se dresse une croix de bois; une seconde, érigée un peu au-dessus du sentier, indique les abords de la grotte. Nous ouvrons la porte du petit jardin, entouré d'une palissade de troncs de sapins, et nous voyons bientôt un des ermites, en longue robe et en capuchon, s'avancer pour savoir qui vient troubler leur sainte solitude.

Il nous salue en valaque, et nous conduit à une petite porte taillée dans le mur qui ferme l'entrée de la grotte. Nous pénétrons dans la sombre retraite où ces ermites passent leur vie, loin de la lumière du jour. Cette grotte, qui a 23 mètres de hauteur et cent de longueur, renferme une petite église grecque et deux rangées de cellules.

Le nombre des solitaires est aujourd'hui de huit; deux mendient aux environs, car ils ne vivent que d'aumônes.

Si vaste que soit la grotte, elle est fort humide, par suite d'une aération insuffisante; les murs ruissellent, et nous revenons avec plaisir au grand air. Le site est admirablement choisi pour un ermitage. Entre leurs murailles rocheuses, voilées de sapins, qui cachent presque le ciel, les solitaires sont isolés du monde extérieur, et plongés dans un silence favorable à la contemplation. On n'entend que le bruit d'une cascade, et parfois le cri d'un aigle tournant en cercle avant de s'abattre sur une pointe inaccessible. Après une promenade d'une demi-heure, un bruit dont on nous a enseigné la signification nous fait revenir en courant. Un des ermites frappe avec un marteau de bois sur une planche, pour appeler à la prière. Tantôt il se prosterne en regardant l'orient, tantôt il tourne autour de l'église, répétant à mi-voix des invocations. Nous entrons dans la chapelle. Je n'ai jamais entendu, fût-ce dans mes cauchemars, quelque chose de plus discordant que le chant de ces bons ermites. Deux d'entre eux ont atteint les limites extrêmes de la décrépitude; la plupart ont de longs cheveux flottants et des barbes blanches. Ils appartiennent à l'ordre de Saint-Basile. Nous souffrons de voir avec quelle difficulté ils arrivent à plier leurs membres raidis aux génuflexions multipliées qu'on retrouve dans tous les rites de l'Église grecque orientale. Après l'office, on nous conduit dans une des cellules, si faiblement éclairée d'une petite lampe, qu'on distingue à peine ce qu'elle contient : un crucifix de bois posé sur un support attaché au mur, quelques images de saints noircies par les années, un étroit grabat et une gourde de cuir suspendue à un clou.

Au centre de la grotte brûle un grand feu, sur lequel cuit, dans un pot de terre, une sorte de bouillie de maïs, tandis que dans un petit vase de terre à trois pieds, qu'on appelle un *labos*, des champignons mijotent doucement sur les cendres rouges. Les ermites se montrent très hospitaliers ; ils sortent de leur garde-manger des cerises et des fraises sauvages, et une sorte de prunelles, insistant pour nous faire partager leur humble menu. De notre côté nous avons des provisions, entre autres un poulet rôti, que nous leur offrons en retour. Ces pauvres moines vivent, ai-je dit, d'aumônes, et il est rare qu'ils aient autre chose à manger que le pain noir qu'ils font eux-mêmes, et les racines, les fruits, le miel sauvage qu'ils récoltent en été dans la montagne. Ils possèdent plusieurs chèvres, dont le lait sert à les désaltérer. Parfois les bergers valaques leur apportent quelques vivres ; mais pendant les deux tiers de l'année ces exilés volontaires sont séparés du monde entier, car tous les chemins sont bloqués par les neiges.

Nos montures suffisamment reposées, nous prenons congé de ces bons ermites, en leur offrant notre aumône, et nous sortons de la vallée, heureux de retrouver le soleil, qui n'y descend presque jamais. Quoique les jours soient longs, le dernier rayon d'or s'est éteint derrière les murs du château lorsque nous nous retrouvons près de Terzburg ; le long des silhouettes violettes des montagnes s'élève, dirait-on, la rouge fumée d'innombrables cratères ; ce sont tous les feux allumés par les imprévoyants Valaques avec les arbres de leurs forêts.

Les bouviers, qui commencent à nous regarder comme des leurs, se sont rassemblés en masse pour nous accueillir au retour. Un bon feu brûle près de notre voiture, et ils nous ont construit pendant notre absence une hutte de feuillage, que les Valaques, peuple aux instincts nomades, sont très habiles à improviser; du poisson pêché dans le ruisseau voisin, des œufs, du lait caillé, du miel, composent l'excellent repas offert par ces hôtes dont le cœur vaut mieux que la mine.

Le poisson abonde dans les cours d'eau de la Transylvanie; non seulement d'énormes truites saumonées, mais aussi l'espèce appelée *ombre,* et un pêcheur à la ligne y pourrait satisfaire largement sa passion.

Lorsque la nuit devient plus sombre, quelques-uns des bergers, — peut-être en notre honneur, — allument des torches de bois résineux qui accroissent encore le caractère pittoresque du tableau. Dans ce cercle de flammes vacillantes, ils courent çà et là, tantôt se détachant en noir sur les brasiers, tantôt disparaissant dans l'obscurité mystérieuse qui les entoure, et avec leurs étranges bonnets de peau d'agneau, leurs couteaux à la ceinture, on les prendrait plutôt pour des brigands, ou même pour des démons, que pour de paisibles gardeurs de troupeaux.

Un bon lit de feuilles sèches préparé dans la cabane en fait vraiment un excellent gîte pour la nuit. Jetant un dernier regard à travers la porte, improvisée avec des branches fraîchement coupées, nous voyons que nos voisins se sont déjà abandonnés au sommeil. Tous ont disparu dans leurs cabanes, et les feux s'éteignent rapidement, lançant par intervalles une dernière flamme. Cette situation singulière n'est cependant rien moins que faite pour nous porter à dormir; le grand silence, troublé quelquefois par le cri d'un oiseau nocturne, prend une étrange éloquence, lorsque les « voix de la nuit », maintenant que la parole humaine s'est tue, arrivent sur la brise, comme les échos lointains d'un pays inconnu. A minuit, le vent s'élève et menace la stabilité de notre petite habitation; une échelle placée contre l'une des cabanes tombe avec fracas et réveille tous les dormeurs.

Le matin se lève chargé de nuages pesants, qui semblent présager la pluie. A sept heures, notre cocher étant exact par grand hasard, après un déjeuner de campement, nous roulons de nouveau vers la Transylvanie occidentale.

18

XXXIX

VERS L'OUEST

Koloswár, dans la vallée du Szamós, et tout entouré de collines, compte 25 000 habitants. Bien qu'enclose au centre d'une population valaque, celle de la ville elle-même est surtout magyare, à l'exception d'une petite colonie saxonne.

On n'imagine pas avec quel tapage nous faisons notre entrée dans cette capitale de province : les seize fers de notre attelage frappent le pavé comme de colossales castagnettes. Si les locomotives ne vont pas vite en Hongrie, les chevaux, nous l'avons dit, emportent le voyageur du train le plus vertigineux, du moins au départ. Notre galopade à travers les rues jette l'effroi sur son passage. Des charretiers, qui, avec la nonchalance hongroise, ont abandonné leur voiture au milieu de la voie publique, se précipitent hors des cabarets où ils savourent leur petit verre matinal. Des mères effarées surgissent des porches sombres, cherchant avec angoisse leurs « trésors » qui, toujours selon l'usage, pataugent au beau milieu de la plus grande mare du chemin. Des porcs grognent d'une façon peu parlementaire en fuyant devant nous. Enfin un groupe d'ingénieurs en herbe, fort occupés à élever des terrassements d'un côté de la rue, se voit presque écrasé sous nos roues, à un moment où nous dévions à gauche, pour faire place à un lourd chariot de planches qui vient en sens inverse.

Les quatre braves petits chevaux qui nous ont amenés de la ville saxonne de Schässburg, à mi-chemin de Kronstadt, guidés par le plus élégant et le plus *betyar* des cochers, s'arrêtent brusquement devant l'hôtel. Sur-le-champ, une foule compacte se rassemble pour admirer notre équipage, et nous entendons chuchoter les mots Angolok, et Angolorszag, qui n'ont pas frappé nos oreilles depuis que nous avons quitté les plaines hongroises.

C'est jour de marché ; la place qui s'ouvre en face de l'hôtel, à l'ombre de la vieille cathédrale, offre un vrai kaléidoscope de couleurs mouvantes. Il y a ici, ce qui n'existe pas à Hermannstadt, des échoppes et des stalles couvrant l'espace consacré aux marchands, tandis qu'à gauche, près de leur tente, des bohémiens accroupis à terre étalent leurs modestes marchandises sur une large natte.

Voici des paysannes saxonnes, en bottes écarlates, robes noires bordées de jaune relevées sur des jupons rouges, assises près de leurs paniers, tandis que les bourgeoises de Koloswár, coiffées de fichus de soie noire qu'elles croisent sur leurs têtes, debout devant les vendeuses, marchandent avec l'acharnement habituel des salades, des fleurs, des légumes, de jeunes poulets et des limaçons, la grosse espèce, qu'on trouve dans les bois, étant la friandise préférée des épicuriens du pays. Pour chaque hiver, une ménagère hongroise fait provision de plusieurs milliers de ces succulents mollusques. Dans la foule, des gamins circulent, vendant des bougies de couleur, et deux paysans magyars, aux longues boucles en tire-bouchon, achètent une corde d'oignons pour cinq kreutzers, — luxe peu coûteux ! A terre, on voit de petits îlots de poterie indigène : bols et cruches aux formes antiques, qui ressemblent à de grossières majoliques. Il y a aussi un théâtre à deux sous, fréquenté surtout par les hommes, et d'innombrables échoppes où l'on vend des habits tout faits et des vêtements de drap de Hittau, délicieusement brodés en vert et en rouge. Nous passons devant une de ces boutiques, où pendent des centaines de gilets différents, car chaque village voisin a son étoffe, sa couleur, sa coupe particulière.

Il est fort amusant de regarder les amateurs qui les essayent.

En voici un qui négocie l'acquisition d'un manteau-sac à capuchon et à larges manches, fait pour toutes les tailles. Il le passe, se regarde par-devant, par-dessus l'épaule. L'objet de son choix est en gros drap frisé brodé de noir ; il a obtenu cinquante kreutzers de rabais et se prépare à payer, quand le malin commerçant saxon tire de sa réserve un autre manteau beaucoup plus beau, doublé d'écarlate et brodé en vert, du prix de trente-trois florins, le lui passe, le coiffe du capuchon et lui présente la glace. Au bout d'une demi-heure, nous revenons au même endroit : la scène tire à sa fin ; le paysan sort lentement de sa botte la bourse qui tient compagnie à sa pipe et à sa blague à tabac, et d'un air abattu, car le Valaque n'aime pas à se séparer de son argent, il en tire un à un trente florins, et s'en va, son superbe manteau sur le bras.

Ailleurs on vend de délicieux petits pains hongrois, des bonbons dorés. Ici règne une odeur de térébenthine ; ce sont des piles de fromages *szeklers*, qui doivent ce parfum à l'écorce de sapin dans laquelle on les emballe. Les Szeklers[1], qui président à ces comptoirs, appartiennent à une population qui occupe une longue langue de terre à l'extrémité orientale de la Transylvanie, sur les confins de la Moldavie, et leur origine est longtemps restée une de ces énigmes dont la Hongrie abonde. On croit aujourd'hui que ce sont les derniers descendants des Huns d'Attila, dont quelques-uns seraient restés en arrière au temps de la grande invasion et auraient fondé cette colonie. En tous cas, lorsque la troisième invasion touranienne, celle des Magyars, se précipita sur l'Europe, en 888, elle trouva dans ce coin perdu de la Transylvanie un peuple s'intitulant *Szeklers* qui non seulement présentait les mêmes caractères, mais parlait le même langage qu'eux.

Kolosvár a vu naître le grand Mathias Corvin, « Mathias le bon, » comme l'a nommé la reconnaissance hongroise. Ce fut aussi sur une montagne voisine, dominant la vallée du Szamós, que le pauvre Rákótzy IV, le dernier des princes de Transylvanie, assista à l'écrasement de son armée par les forces autrichiennes.

---

[1] En hongrois *Szekely*, gens de la frontière.

Après quoi, il alla mourir en Turquie, ce refuge de tant d'exilés hongrois (1735).

La cathédrale date du xiii° siècle; mais elle a passé par bien des vicissitudes, et le chœur a été mutilé pour l'approprier aux divers cultes tour à tour célébrés en ce lieu. D'abord catholique, l'église tomba aux mains des luthériens, qui la dépouillèrent de ses tableaux, ses statues et ses autels. Au xv° siècle, ses murs retentirent des prédications des unitaires, nombreux en Transylvanie, et qui la conservèrent jusqu'en 1716. Alors le grand

Le château de Rákótzy, à Borosjenö.

crucifix, conservé par miracle, reparut sur l'autel, et l'église redevint catholique; elle l'est encore aujourd'hui.

La capitale de la Transylvanie fait peu d'honneur à cette belle province, et l'hôtel où nous sommes descendus est un des pires que nous ayons jamais rencontrés dans nos voyages. Chaque fois que je descends ou remonte les escaliers, je regrette de ne pas avoir les bottes et les jupons courts des paysannes. En hiver, la plupart des magnats résident à Koloswár, et leurs superbes équipages égayent la petite cité. Mais nous la trouvons trop ennuyeuse pour être tentés d'y rester. D'ailleurs, l'été se passe; bientôt viendra l'automne, avec ses pluies qui rendent les routes impraticables. Dès le lendemain de notre arrivée, nous disons donc adieu aux montagnes, aux domaines du Valaque, du Saxon et du Szekler, et nous nous dirigeons sur Debreczin, cœur même de la Hongrie, la plus magyare des cités magyares.

En retrouvant les plaines, nous nous sentons ressaisis d'un enthousiasme semblable à celui qui inspira aux trois poètes hongrois, Petœfi, Vorosmarty et Eotrös, leur grand amour pour leur mère, l'Alföld. Quand nous la revoyons dans son immensité, enveloppée de sa paix merveilleuse, nous ne nous étonnons plus de la tendresse passionnée que lui portent ses fils, car elle gagne tous ceux qui parcourent quelque temps ses routes sans fin.

A l'horizon reparaît la fille de l'Alföld, « Déli-Bab la fidèle, » séduisant le voyageur par ses images mystérieuses et mouvantes : lacs pâles et brumeux belles îles bordées d'une rive dorée, paysages de rêves muets et majestueux. Déli-Bab, descendante immortelle des mythes du passé !

Il se trouve des gens pour dire que ces plaines sont monotones ! Oui, quand on reste aveugle à leurs effets sans cesse variés de lumière et d'ombre ! Mais si l'on sait comprendre la physionomie essentiellement mobile de l'Alföld, chaque heure vous apporte une révélation inattendue.

Ceux qui traversent la grande plaine en suivant les voies ferrées n'en connaissent que la partie où villes et villages sont le plus nombreux, et ne peuvent se faire une idée de son immensité et de la solitude qui y règne. Pour nous, parcourant avec notre voiture ce désert presque dépourvu de sentiers, il nous est facile de comprendre pourquoi cette région, non seulement aux temps anciens, mais jusqu'au milieu du xviie siècle, a été spécialement le théâtre des invasions barbares. Le caractère physique de cette contrée y a contribué plus encore que sa position géographique. Ces vastes plaines arrosées par de grands cours d'eau : le Danube, la Marös et la Theiss, exerçaient une attraction irrésistible sur les nomades du nord et du nord-est. Rien ne les attachait à leur sol natal, aucun de ces mille liens qui chez les peuples aryens résultent de la culture de la terre. Libres des travaux de labourage, ne vivant que de chasse ou du produit des troupeaux qu'ils faisaient paître dans le steppe, ils ne se fixaient nulle part, mais erraient d'un endroit à l'autre, à mesure qu'ils épuisaient les pâturages, marchant toujours devant eux. On peut, jusqu'à un certain point, appliquer le même raisonnement aux Turcs, qui trouvaient dans ces plaines opulentes toutes facilités de campement pour leurs armées.

En poursuivant notre route, nous rencontrons des marais salés, qui abondent dans cette partie de l'Alföld ; on les reconnaît à leurs grands roseaux vert sombre, où nichent des poules d'eau blanches et des vanneaux innombrables. Un peu plus loin, voici un *ágas* et une hutte de berger. Il est midi, le berger fait sa sieste, et ses moutons l'imitent. Quelques kilomètres encore ; ce sont d'heureux paysans entourés de leur *jószag,* tout leur bétail, quelques chèvres, des moutons, des vaches, dînant comme des rois, avec du lard fumé et du pain noir, et buvant de l'eau claire à même une vaste gourde.

Puis nous traversons un village, et la grande plaine s'ouvre de nouveau silencieuse et solitaire ; rien, sauf un bouquet d'arbres entre nous et l'horizon vague qui se fond avec le ciel. Çà et là, des raies de sable doré ou de sombre terre végétale, ou bien encore de longues plaques vert vif qui indiquent la moisson mûrissante.

Nous mettons notre couvert sous ce groupe d'arbres aperçu de si loin, et nous sommes occupés à découper un poulet apporté de Koloswár, quand nous entendons un frôlement dans l'herbe. C'est un chien maigre, à demi mort de faim, que nous aurions pris pour un loup, si nous avions fait sa connaissance dans l'obscurité. La pauvre bête ne se laisse pas intimider par un bâton qu'on lui jette, et m'adresse particulièrement ses avances, sans doute parce qu'elle lit sur ma figure une certaine sympathie. Le regard qu'il promène de nous à notre dîner est si éloquent que nous ne pouvons lui en refuser sa part. Il doit venir de fort loin, car dans tout le cercle de l'horizon, on n'aperçoit ni troupeaux ni habitations. Sans doute, il a échappé à un maître cruel; son corps est couvert de cicatrices, et sa maigreur témoigne d'un long jeûne. Après le repas, il s'est tout à fait familiarisé. Nous remontons en voiture (notre vieille et chère voiture, retrouvée à Koloswár) ; il se met à nous suivre. Nous nous consolons en pensant qu'il nous quittera au premier village, qui apparaît maintenant dans le lointain, et nous tombons dans une douce somnolence. Au bout d'une heure ou deux, nous dépassons ce gros bourg, aux maisons basses, toutes orientées du même côté, et nous avons oublié le chien, lorsqu'en regardant par la portière, nous le voyons, non plus suivant à distance respectueuse, mais trottant péniblement sur trois pattes le long des roues. Quelle entrée ferons-nous à Debreczin, avec ce vilain animal à notre suite? Enfin nous pourrons le confier à András, et, en nous esquivant sans qu'il nous voie, nous arriverons peut-être à nous en débarrasser. Sur cette peu généreuse résolution, nous cessons de songer à lui.

XL

DEBRECZIN

On a fait observer avec justesse que nulle contrée ne renfermait autant d'invraisemblances et de contradictions que la Hongrie. Cela est vrai, entre autres en ce qui concerne les termes *villes* et *villages,* appliqués au rebours de ce qu'ils sont ailleurs. Les villes de l'Alföld (*mezövárosok*) sont habitées par une population exclusivement agricole, tandis que les villages (*falluk*), fort considérables, ont parfois plusieurs milliers d'habitants; ainsi Orosháza, village peu éloigné de la Theiss, qui ne compte pas moins de 13 000 âmes.

Arrivé à une nouvelle *mezöváros,* nous y trouvons une auberge passable, ce qui nous décide à y passer la nuit. Aussitôt la révolution habituelle se produit dans la basse-cour; les cris des bipèdes emplumés annoncent qu'on nous prépare une *paprika hendl*. La cuisinière, joyeuse commère en jupon blanc, corset noir et grandes bottes, poursuit une victime qu'elle immole en un clin d'œil en lui tordant le cou; elle la plonge quelques secondes dans une marmite d'eau bouillante, l'en retire dépouillée par ce procédé de sa peau et de ses plumes, la nettoie, la coupe en petits morceaux, les jette dans une casserole contenant de la crème, du beurre, de la farine, une forte dose de poivre rouge, et sert chaud, ces diverses opérations ayant occupé ensemble l'espace de trente-cinq minutes.

Précisément, à cause de la rapidité avec laquelle il est confectionné, nous apprécions peu ce plat national, et nous faisons timidement comprendre à l'hôtesse, par l'intermédiaire d'András, que nous préférerions autre chose. On nous présente alors un plat qui porte le nom harmonieux de *gulyáz huz*, sorte d'étuvée nageant également dans le poivre rouge. Il ne s'agit pas heureusement de poivre de Cayenne : celui-ci est le produit des gousses rougeâtres d'une plante de la même famille, beaucoup moins forte.

Comme dans les autres villes de l'Alföld, toutes les maisonnettes sont propres et uniformes, et l'on cherche en vain quelque désordre pittoresque. Pas un sansonnet ne se risque à cacher son nid dans le chaume d'une ferme hongroise, ni une hirondelle à suspendre le sien à la corniche ; les murs sont roses comme des coquilles nacrées ; les volets d'un vert frais, les fenêtres, avec leur garniture de pots de fleurs, ressemblent à des joujoux hollandais.

La récolte du tabac est commencée, et de grandes feuilles, suspendues pour sécher, festonnent les maisons. On les cueille à mesure qu'elles sont *mûres*, et non toutes le même jour ; on commence par les plus basses. Cette récolte prend donc un temps considérable, près d'un mois, et dépend beaucoup de la saison plus ou moins favorable.

En nous promenant dans le faubourg, nous voyons les gens revenir des champs par joyeux groupes ; les hommes rapportant les précieuses feuilles en paquets sur leurs épaules ; les femmes, dans leurs amples jupes relevées, suivies de chariots pareillement chargés. Les chevaux des paysans semblent bien maltraités dans ce pays ; leur mine abjecte et abattue témoigne de longues années de souffrance.

Tout à l'extrémité du village se dressent trois tentes tziganes ; près d'un brasier en plein air, fume un bohémien à visage de bronze, vêtu de haillons, ayant près de lui un de ces antiques gobelets d'argent qu'on ne trouve que chez eux. Plus loin, voici le reste de la bande, race sauvage et étrange, qui diffère du bohémien errant qu'on rencontre d'ordinaire. Quand nous allons vers eux, ils semblent regarder notre présence comme une indiscrétion ; plusieurs s'éloignent du feu et disparaissent dans la zone d'obscurité environnante. Quelques chevaux sont entravés à peu de distance ; nous les entendons sans les voir, et leurs hennissements, leurs piétinements nous font supposer qu'il ne s'agit pas de ces misérables bêtes d'ordinaire attelées aux lourds chariots des bohémiens.

« *Bitang!* » me glisse mon mari à mi-voix.

Bitang est le terme qui désigne du bétail égaré ou dérobé.

Le mot peut être juste en ce cas ; mais voler des chevaux n'est pas chose facile en Hongrie, et la sévérité des lois à cet égard prouve qu'on a eu à combattre de fréquents délits. Nul ne peut vendre un cheval en foire sans produire un certificat du magistrat du village où il a été acheté, avec le signalement de l'animal. Des agents spéciaux sont chargés de cette surveillance ; lorsque la provenance du cheval paraît suspecte, il est confisqué pour un an, et des annonces sont mises dans les journaux pour que son légitime propriétaire puisse venir le réclamer. Sans doute on trouve encore moyen d'éluder la loi ; ces précautions doivent néanmoins gêner quelque peu la tendance proverbiale des *tribus errantes* à s'approprier le bien d'autrui.

L'habitude de rencontrer des bohémiens nous ayant enhardis à leur endroit, nous nous asseyons au feu de ceux-ci ; le chien nous a suivis, et comme nos hôtes parlent allemand, nous leur expliquons de quelle façon il se trouve en notre possession. L'intéressé dresse les oreilles et nous interroge du regard. Un chien de plus ne pouvant gêner une bande de tziganes, ils s'offrent à nous en débarrasser moyennant un florin ; mais quand nous le cherchons, il a disparu. On dirait qu'il a compris notre conversation, et s'est esquivé à temps.

Le lendemain soir seulement, à l'heure où le soleil éteint son œil flamboyant, nous entrons dans les larges rues de la royale cité libre de Debreczin. C'est le cœur de la Hongrie, et la citadelle du protestantisme le plus intolérant et le plus rigide. Debreczin jouit de son privilège de ville libre depuis plus de mille ans ; sa juridiction s'étend sur un territoire de plus de huit cents kilomètres carrés. C'est une ville opulente de 60 à 70 000 habitants; mais le voyageur qui ne fera que la traverser en voiture la prendra pour un grand village. Le terrain étant à vil prix, les maisons n'ont qu'un étage. Le dallage des principales rues mérite des éloges à la municipalité, car il a fallu apporter les pierres de fort loin. Une tradition qui ne remonte pas à une date bien éloignée veut plaisamment qu'une vache ait été un jour engloutie dans l'océan de boue des rues de Debreczin. Que la chose soit vraie ou non, il est positif que les officiers étaient souvent obligés de monter à cheval pour passer d'un côté de la rue à l'autre. Une plaisanterie favorite des habitants, quand ils avisaient alors sur l'étroite planche servant de trottoir un soldat de l'armée autrichienne, qu'ils détestent cordialement, était de le heurter comme par mégarde et de le faire rouler dans cette boue liquide.

Le collège de Debreczin est un imposant édifice qui reçoit près de deux mille élèves. Un des professeurs, homme fort distingué, nous en fait les honneurs; il porte le costume national, l'attila garni de brandebourgs et les bottes hessoises. Trois cents étudiants suivent les cours de théologie, cette année-là, nous dit-il; cent cinquante, la philosophie et le droit; il y a en plus de cent à l'École normale, et sept cents dans le gymnase. En outre, six cents enfants suivent des classes élémentaires. Il y a en Hongrie trois universités : Buda-Pesth, Koloswár et Agram, capitale de la Croatie; il existe en outre des facultés de droit à Presbourg, Kashau et Grosswardein, ainsi que plusieurs collèges. Celui de Debreczin est exclusivement calviniste.

Une immense église de style renaissance est annexée à ce collège, qui possède en outre à l'intérieur une petite chapelle privée, intéressante parce que Kossuth y tint, en 1849, la diète dans laquelle il proclama l'indépendance hongroise. Pour accroître la solennité de cet acte, les membres de la diète, précédés par l'illustre agitateur, se rendirent dans la grande église, où, debout sous la chaire, il lut la proclamation qui devait faire tressaillir tant de cœurs hongrois d'une joie de trop courte durée. Des fenêtres du collège on voit le champ de bataille où l'Autriche, alliée à la Russie, écrasa cette indépendance nationale à peine reconquise, et où le sang magyar coula à flots. La partie la plus ancienne de l'édifice contient la bibliothèque, qui renferme beaucoup de manuscrits précieux.

Malgré le silence assez lugubre qui règne dans ses rues, Debreczin est la ville la plus commerçante de la Hongrie. On y fait une exportation considérable, non seulement de pipes d'écume, dont il existe une manufacture, mais aussi de bundas, ce vêtement indispensable. Impossible de ne pas emporter un souvenir à ceux de nos amis qui ont le défaut de fumer cette détestable pipe, dont les variétés les plus tentantes ornent toutes les vitrines. Le professeur lui-même veut bien nous conduire dans un magasin, et dit en entrant à la marchande :

« Je vous amène des clients qui viennent d'Angleterre.

— Miséricorde ! s'écrie-t-elle. Est-il possible ? Ils ne sont pas Hongrois ! Quel dommage ! »

Et elle nous contemple avec un dédain mêlé de profonde compassion.

Les Magyars sont passionnément attachés à leur patrie, la *Hongrie bénie,* comme ils la nomment, et les gens du peuple regardent les habitants des autres pays avec un mépris parfait. On aime encore à y citer le vieux dicton moyen âge :

> Extra Hungariam non est vita,
> Et si est vita, non est ita.

Tandis qu'une grande tolérance règne en Hongrie dans toutes les classes de la société, les habitants de Debreczin font exception par leur étroite exclusivité religieuse. Pour eux, il n'y a qu'une vraie foi, qu'ils appellent Magyar vallas, et que seuls ils ont conservée dans toute sa pureté : celle de leur apôtre Calvin. Aussi le costume austère, la tenue rigide, la physionomie des passants, le silence qui règne partout, donnent à cette cité un caractère tout différent du reste de la Hongrie, et font penser à la Genève du xvie siècle. Nous ne pouvons, en nous promenant par la ville, nous empêcher de nous féliciter que notre destinée ne soit pas de vivre et de mourir dans cette maussade métropole du calvinisme.

Tous les trois mois, il se tient, dans une plaine des environs, une foire colossale, et cet espace que l'œil peut à peine embrasser se couvre de tentes, de baraques, de troupeaux. Autrefois, il n'y avait pas en Hongrie moins de vingt mille foires annuelles; leur nombre et leur importance ont considérablement diminué depuis la construction du chemin de fer de l'Alföld.

XLI

VINS DE TOKAY

Depuis le point du jour, un flot humain se précipite dans le square, devant notre hôtel, et nos oreilles sont assourdies par un fatigant bourdonnement où se mêlent d'aigres voix de femmes, des cris désespérés de volailles torturées, des gloussements de dindons, etc... A dix heures, la grosse cloche du collège sonne gravement l'office, donnant aux autres le signal de l'imiter ; mais le tapage du marché ne cesse pas pour si peu. Dans l'église, fort peu de monde. Un chantre, debout derrière son pupitre, se fait bruyamment entendre à ce maigre auditoire, puis monte en chaire et entame les leçons du jour, pendant que la nef se remplit lentement. Le pasteur, dont le costume date de Van Dyck, paraît alors et ouvre l'office par le chant d'une hymne, accompagnée cette fois des sons d'un fort bel orgue. Le chant joue, en Hongrie, un grand rôle dans le culte calviniste, et les fidèles chantent de tout leur cœur et de tous leurs poumons, s'arrêtant à chaque vers pour respirer, et brodant les vieux airs de leurs psaumes de fioritures improvisées. La plupart des hymnes ont été composées par Bethlen Gabor, prince de Transylvanie, un des plus farouches acteurs de la guerre de Trente ans, et dont la mémoire est particulièrement chère aux Hongrois. Le tableau que nous avons sous les yeux nous reporte à plusieurs siècles en arrière : cette nef nue et simple, ces hommes aux larges manteaux, attachés très lâche sur la poitrine par de massives agrafes, avec leurs longs cheveux blancs retombant sur leurs épaules. Quelques-uns les relèvent sur le front avec un large peigne arrondi; d'autres portent tout autour de la tête des étages de boucles rappelant les anciennes perruques: mais ces derniers sont plutôt les gens « entre deux âges ». Ils sont très curieux à regarder, ces austères citoyens de la ville libre, et l'on retrouverait tous les types chers à Rembrandt parmi ces vieillards appuyés sur leurs bâtons pour écouter la prière que lit à voix haute le pasteur.

Les femmes, au contraire, la tête enveloppée dans un grand mouchoir de laine, n'ont rien de pittoresque. La plupart portent de beaux manteaux, brodés à l'origine de soies de toutes couleurs, que les ans ont transformées en teintes fondues et ternies qui peuvent ravir l'œil seul d'un artiste. Selon l'usage, elles sont séparées des hommes, et ce côté de l'église n'offre rien d'attrayant. La langue magyare, claire, sonore, harmonieuse, est très favorable à l'art oratoire. Sans pouvoir suivre le discours, j'écoute avec plaisir la belle voix du pasteur. Après le sermon, toute l'assemblée se lève pour entonner, avec l'orgue, le choral de Luther; mais le chant assourdissant des fidèles noie les efforts de l'organiste et de son bel instrument.

L'après-midi, un fort orage éclate sur la ville, et nous retient prisonniers. Pensant qu'une promenade nous reposera de cette ennuyeuse journée, nous nous préparons, vers le soir, à sortir, lorsqu'une vieille servante de l'hôtel rencontrée sur l'escalier s'écrie:

« Madame, sortir avec ces souliers-là! »

Et Julinka, la femme de chambre, se précipite, m'apporte ses bottes du dimanche et me supplie de les mettre. Tout cela témoigne éloquemment de l'état des routes après la pluie. Aussi nous résignons-nous à ne faire connaissance que le lendemain avec les faubourgs de la « royale cité libre », lorsque nous les traverserons en voiture. Pour passer le temps, nous entrons dans plusieurs églises, aussi nues que les deux déjà visitées. Les murs en ont été blanchis à la chaux, et l'horreur puritaine des calvinistes magyars pour tout ce qui se ressent du gothique a effacé entièrement le caractère primitif des arceaux et des ogives.

Nous comptions nous rendre directement à la jolie petite ville de Kashau. Un vieil ami hongrois, rencontré ici par hasard, nous entendant parler de notre désir de visiter un des pays vignobles de la Hongrie, nous propose aimablement de nous emmener chez lui, à moitié chemin de Kashau et dans le voisinage de Tokay. La proposition est trop tentante pour la refuser. Il y a bien une ligne de chemin de fer ; mais, puisque nous avons notre voiture, et qu'il s'agit, avec quatre bons chevaux, d'une seule journée, nous nous décidons à faire, cette fois encore, la route en poste, accompagnés de notre hôte.

Le lendemain, en dépit de l'heure matinale, la foule se rassemble, comme toujours, pour assister à notre départ. Le ciel, balayé par l'orage de la veille, est tout à fait limpide ; le soleil se dégage des brouillards qui couvrent les plaines humides et tièdes. Le cocher, portant la veste chargée de passementerie, le petit chapeau de feutre orné d'une plume d'aigle, les moustaches retroussées et bien cirées, fend l'air de son grand fouet, et feint de vouloir disperser les spectateurs qui, déterminés à contempler jusqu'au bout les « Angoloks », reviennent à la charge avec des cris et des éclats de rire. András s'est fait de nombreux amis à l'hôtel : la vieille servante lui dit adieu en versant des larmes ; les garçons en corps se précipitent à son cou en l'appelant « Frère » ! De nombreux subalternes des arrière-cuisines se suspendent à ses jambes, pendant qu'il monte sur le siège. Finalement, l'hôtesse présente un bouquet à la « très noble dame », lui exprimant, en phrases des plus joliment tournées, son espérance de la revoir quelque jour. Notre cocher rassemble les rênes, et, disant adieu à la « royale cité libre », nous nous lançons, comme toujours, à fond de train jusqu'en pleine campagne, le chien de l'Alföld galopant derrière nous.

Pendant notre séjour à Debreczin, András a fait l'impossible pour nous débarrasser de cet obstiné parasite. C'est un chien de berger, personne n'en veut dans la ville ; mais, sur l'affirmation qu'il est de bonne race, et que nous n'aurons pas de peine à le placer quand nous serons dans les pays de pâturages, nous avons autorisé András à le garder jusque-là. Bien nourri, il a pris un

19

air moins misérable, s'il lui arrive encore de boiter, néanmoins il est sensiblement remis de ses anciennes épreuves. Au lieu de se traîner derrière la voiture, il court devant, en guise d'éclaireur, fait à l'occasion une visite domiciliaire dans les cabanes qui bordent le chemin, et semble trouver qu'après tout la vie a du bon. Il s'attire même une mauvaise affaire avec d'autres chiens dont il envahit le domaine, et nous vaut les malédictions du berger, dont il pourchasse le troupeau pendant un bon kilomètre.

Les environs de Debreczin sont beaucoup plus boisés que les autres parties de l'Alföld. On y voit de vastes forêts de robinias, la nature sablonneuse du sol favorisant le développement de ces charmants arbres.

L'ami qui nous accompagne, quoique vivant au centre de la Hongrie, ne dédaigne pas de parler l'allemand. Il a beaucoup voyagé, et c'est un homme instruit et intelligent. Nous lui demandons comment il se fait, tandis qu'à Pesth l'étude des langues étrangères est poussée jusqu'aux dépens des autres études, qu'à Debreczin les étudiants ne puissent parler que le hongrois :

« Notre grande reine Marie-Thérèse, répondit-il, fit tous ses efforts pour substituer l'allemand au magyar dans l'espoir de fondre ensemble les diverses nationalités du pays. Aujourd'hui, c'est la réaction contraire : on s'efforce de ramener la population à ne parler que le hongrois. Debreczin est le siège du patriotisme magyar; nulle part on ne rencontre d'aussi violents préjugés et une pareille intolérance. L'affectation de ne comprendre que le hongrois est une petite manifestation politique. Nous sommes la race la plus orgueilleuse du monde; un Magyar qui n'est jamais sorti de son pays est imbu de deux idées : d'abord, que l'univers a été créé exprès pour lui; ensuite, que sa langue devrait être parlée d'un bout de cet univers à l'autre. »

Le temps nous favorise, on dirait le climat de l'Italie sans son étouffante chaleur. Longtemps avant l'arrivée, nous apercevons la colline volcanique de Tokay, semblable à un promontoire au milieu d'un vaste océan. Le soleil se couche, lorsque nous nous arrêtons à l'habitation de notre ami. Grande est la surprise de sa femme et de ses filles de le voir une heure plus tôt qu'on n'y comptait et accompagné de deux étrangers. Là-dessus, violents aboiements de chiens, grande confusion, et courte présentation qui nous met vite à l'aise. Nous sommes accueillis simplement, comme des hôtes attendus. On nous fait monter le large perron de pierre précédant la maison, vaste, basse, à un seul étage. Un transport de joie salue notre entrée dans le salon, où les plus jeunes membres de la famille accourent au-devant de leur père. Tous nous baisent la main, et, sans hardiesse importune comme sans timidité, cherchent à contenter leur curiosité bien naturelle à notre endroit.

« Venez-vous de très loin? nous demande en français une blonde fillette de huit ans, pensant apprendre, par cette question ingénieuse, à quelle nation nous appartenions.

— Les étrangers viennent d'Angleterre, lui répond son père dans la même langue.

— D'Angleterre! répète un chœur de petites voix. Oh! que nous sommes contents! C'est toujours agréable de recevoir des étrangers; mais nous n'avons jamais vu d'Anglais!

— Venez, que je vous montre vos chambres, » nous dit la maîtresse de la maison après nous avoir servi le café.

Comme dans presque toutes les maisons de la plaine, les chambres se commandent les unes les autres, et il nous faut en traverser plusieurs, y compris la bibliothèque et un petit salon, pour arriver à celles qu'on nous destine. Ce sont de jolies pièces garnies de tentures blanches et roses; le plancher est recouvert de nattes; les fenêtres ouvertes, voilées de stores, donnent sur un jardin où la vigne et les melons poussent en liberté au milieu de bordures de pensées. A gauche, la longue rangée des étables et des servitudes, pittoresquement drapée du haut en bas de vignes et de plantes grimpantes. Au delà, les plaines s'endorment, sous un rouge coucher de soleil, dans leur paix sereine et pénétrante, et l'air est tout rempli d'un parfum de fleurs mêlé à l'odeur de fruits mûrs.

Les Hongrois, surtout lorsqu'ils habitent la campagne, dînent dans l'après-midi et soupent à huit heures. Ce souper pourrait s'appeler un dîner et comprend un nombre infini de services. La table est fort joliment ornée de fleurs et de vieille argenterie. Après un repas qui dure plus d'une heure, nous allons dans le parterre, devant la maison, où une table nous attend, avec des bouteilles et des verres. Notre hôte prétend que nous ne pouvons rester plus longtemps sous son toit sans goûter au tokay impérial.

Du fond de l'allée de robinias, par cette nuit chaude qu'éclairent les étoiles, nous voyons tout ce qui se passe dans le salon, où une lampe vient d'être allumée. Des papillons voltigent autour, attirés par la flamme; deux enfants lisent, tandis qu'au piano la fille aînée, frêle personne aux yeux bleus pensifs, vêtue d'un nuage de mousseline blanche, les cheveux relevés avec un ruban cerise, semble, sur ce fond de lumière, avec sa grâce délicate et pâle, une apparition idéale.

La famille de notre hôte n'est pas aussi nombreuse que nous le supposions d'abord. Il n'a que trois enfants : cette jeune fille, Orsze, un fils au collège de Pesth, et Irma, la fillette qui nous a parlé à notre arrivée. Les autres sont des neveux et des nièces, venus passer quelque temps chez lui, sous la conduite de leur gouvernante. Le lendemain matin, nous les trouvons tous dans la salle à manger, et ils se groupent autour de nous pour nous baiser la main, coutume générale en Hongrie, où les enfants, même pour souhaiter le bonjour à leurs parents, ne doivent pas les embrasser, mais leur baiser la main, en signe de déférence et de soumission.

« J'ai l'intention de vous conduire aujourd'hui à l'une des *hegyallia*, » dit notre hôte quand nous nous levons de table, et il nous traduit en français ce mot magyar, dont le sens littéral est « pente de montagne », et qui s'applique invariablement aux coteaux revêtus de vigne des environs de Tokay.

A onze heures, deux chevaux superbes attendent à la porte; en revanche la voiture n'est qu'un chariot hongrois un peu soigné, une simple *Leiter wagen*.

« Vous êtes sans doute habitués à ce mode de locomotion ? nous dit le maître de maison en prenant les rênes. Ce genre de véhicule est le plus léger et le mieux approprié à des routes qui méritent à peine ce nom, comme vous ne tarderez pas à vous en apercevoir. »

Quittant le grand chemin, nous passons entre des champs de tabac et de blé noir ; la plaine est ainsi rayée de diverses nuances de vert rafraîchissantes pour le regard. La ligne gracieuse des collines est en face de nous ; celle de Tokay a une forme de cône. Nous la laissons à notre gauche et nous nous dirigeons rapidement vers un autre coteau, revêtu lui aussi de vignes du sommet à la base ; arbres, buissons, tout a été arraché pour faire place au cep vainqueur. On dit que ces hegyallia étaient déjà plantées de vignes quand les Magyars envahirent la Pannonie. Au moyen âge, les rois de Hongrie encouragèrent beaucoup cette culture. En revanche, sous la domination musulmane, cette province fut dévastée et tous les plants arrachés. Après l'expulsion des Turcs, le roi Béla IV appela dans le pays des Italiens, qui non seulement rétablirent l'ancien état de choses, mais améliorèrent les vignes et donnèrent au vin sa valeur actuelle.

Après avoir dîné chez un propriétaire de vignobles, nous gravissons les sentiers en zigzag, entre les rangées de ceps chargés de grappes déjà mûres.

Quand la pente était trop raide, on a fait des terrasses. Les terres sont très légères, et c'est à cela, dit-on, que le vin doit ses qualités spéciales. On ne vendange qu'au 26 octobre, époque où la récolte du raisin est achevée dans toute la Hongrie. C'est une occasion de grandes fêtes ; les familles nobles du voisinage se réunissent, et pendant une quinzaine on a une succession de bals et de festins. Il existe trois sortes de tokay : la plus coûteuse s'appelle *essence,* mais ne sert presque uniquement qu'à donner du bouquet aux autres vins. Le meilleur de tous se récolte à Tokay même, dans un enclos nommé Mezes-Mal. Les vignes des coteaux de Tokay couvrent une étendue de terrain considérable, et leur produit annuel est de trente-six à quarante millions de litres, achetés principalement par les négociants de l'Allemagne du Nord, de la Suède et de la Norvège. Nous voyons un Américain en acheter trois cents pièces d'un seul coup.

A notre retour dans la maison où nous avons dîné, le propriétaire insiste pour nous faire goûter quelques échantillons de son vin, qui tous ont la même saveur délicieuse. La nuit tombe quand nous regagnons le toit hospitalier de notre ami. Il nous reste toute une longue soirée pour errer dans les allées fleuries, ou écouter, assis sous le porche, le jeu brillant de la fille aînée de notre hôte, qui a suivi trois ans les cours du Conservatoire de Paris. On insiste pour nous faire prolonger notre séjour dans cette charmante maison, où nous ne demanderions qu'à rester si cela nous était possible. Nous y avons découvert qu'il est d'usage dans les familles hongroises qu'un tzigane fasse partie de la domesticité. Ici, c'est une jolie jeune femme au teint clair et à la chevelure noire, dont nous reconnaissons immédiatement l'origine, malgré sa toilette soignée et son entourage civilisé. Il faut voir ainsi les cziganoks, transportés dans une sphère tout autre que la leur, pour se rendre compte à quel point ils diffèrent du reste de l'humanité. Au lieu de l'atténuer, le vêtement de la civilisation accentue leur type. Quels que soient leur costume, leur métier; qu'ils habitent une maison ou une tente, il est impossible aux bohémiens de ne pas rester eux-mêmes. Enlevés à leur cadre habituel, ils deviennent soudain une telle anomalie, que la vérité saute aux yeux : c'est qu'il y a, à ces étranges existences, une clef qui nous manque, et que nous ne comprendrons jamais le mystère dont se couvrent leur race et leur origine. Ils composent un peuple tellement distinct que, sur quelque point du globe qu'on les rencontre, il est impossible de ne pas les reconnaître; des siècles de rapports constants avec les races civilisées n'ont pas réussi à effacer chez lui un seul de ces signes distinctifs.

XLII

TEMPLES DE LA NUIT

Kashau, résidence d'hiver d'une grande partie de la noblesse hongroise, est une charmante petite ville, et, après Pesth, de beaucoup la plus agréable de la Hongrie. Les maisons en sont irrégulières et pittoresques; la cathédrale, érigée en 1300, est un splendide édifice gothique à cinq nefs, dont les sculptures sont d'une richesse et d'une pureté de style remarquable; mais tout cela gâté dans une grande mesure par les autels peints et dorés de ton criard, qui, adossés aux beaux groupes de piliers, détruisent l'harmonie et l'unité de l'ensemble.

C'est à l'heure de la bénédiction qu'il faut voir cette belle église, lorsque les ombres du soir se rassemblent sous les hautes arcades de la nef, et que le soleil couchant lance à travers les vitraux ses derniers rayons, qui tombent en flots dorés, bleus ou cramoisis, sur les dalles et les fichus blancs des femmes, à genoux au pied de l'autel. Il est doux de s'y attarder pendant l'office du soir, d'écouter les voix suaves des enfants de chœur qui descendent de la haute tribune, se prolongent sous les voûtes gothiques, se perdent dans les nefs et dans les chapelles, et nous arrivent enfin, moins comme des chants humains, que comme l'écho d'un chœur d'anges invisibles planant autour de nous.

A notre seconde visite, un des chanoines de la cathédrale, s'apercevant que nous sommes étrangers, nous montre de précieux calices, d'anciens missels, des ornements, et fait découvrir pour nous le retable du grand autel, où la vie de Jésus et de Marie est retracée en quarante-huit tableaux, dont douze seulement sont visibles, sauf les jours de grande fête.

Au sud de la cathédrale, se trouve la petite église moyen âge de Saint-Michel, et un peu plus loin celle des jésuites. De même qu'à Koloswár, une chose qui étonne peu agréablement, ce sont les magasins de cercueils qu'on rencontre dans les plus belles rues, étalant leur marchandise, souvent très richement ornée. Le modèle préféré est un sarcophage blanc, peint et verni, avec des moulures d'or et reposant sur des griffes de lion.

C'est dans le Felfild de Kasbau, la partie montagneuse de la province, que se trouvent de précieux gisements d'opale, pierre qui n'existe nulle part ailleurs, car celles qu'on nomme *opales orientales* viennent en réalité de ces mines, qui contiennent en outre du jaspe, de l'agate et de la chalcédoine d'un grand éclat. Le temps nous manque pour les visiter, et nous donnons la préférence aux cavernes d'Agtalek. András est donc sommé de se tenir prêt à cinq heures du matin avec la voiture et quatre chevaux, la distance étant considérable, et nous nous endormons avec la désagréable sensation que cause la perspective de se lever à une heure indue.

Dès l'aurore, nous sommes éveillés par une averse qui bat les carreaux. Point de départ avec la pluie! Nous faisons dire à András que nous remettons au jour suivant. La journée, en effet, s'annonce mal. La pluie tombe à grosses gouttes sur les feuilles raides des lauriers-roses qui garnissent le balcon circulaire et s'efforcent de prospérer dans des caisses trop petites. Une heure plus tard, les femmes de chambre, serrant leurs jupes et baissant la tête, traversent la cour sous l'averse, et les garçons apportent le café fumant à l'abri de parapluies. Les nuages s'abaissent de plus en plus; le déluge semble décidé à ne jamais cesser. Un oiseau à demi noyé, perché sur ma fenêtre, me regarde d'un air malheureux. Dans la rue, de lamentables passants traînent sur leurs bottes boueuses les franges jadis blanches de leurs *gatyak*. Après déjeuner, de désespoir nous hélons un

La cathédrale de Kashau.

droszky pour nous conduire à la gare. Un train va partir pour Abos; nous pourrons revenir le soir. A peine en route, nous nous en félicitons, car les environs de Kashau sont extrêmement beaux; notre route suit une étroite gorge, au fond de laquelle l'Hernat promène de droite à gauche son cours capricieux. Les montagnes qui enferment cette gorge n'ont guère moins de quatre mille pieds; plus on avance, plus le paysage devient sublime. Les sommets s'entassent sur les sommets, les rochers sur les rochers; des pyramides se dressent, des torrents écument, et partout le bouleau penche son frêle tronc argenté. Nous arrivons à la région des grands pins, dont les branches étendues couvrent presque la largeur de la gorge. Au loin, des hameaux suspendent leurs maisonnettes aux pointes des rochers. Nous traversons des vallons pleins de fleurs sauvages, muguets, anémones des Alpes, polygalas aux grappes violettes. Partout nos regards rencontrent la même profusion de beauté.

Une heure, et nous voici arrivés. La pluie n'est pas tombée ici, confinée sans doute à la région des plaines. Nous passons une délicieuse journée à errer dans les bois, à visiter quelques maisons et à faire connaissance avec leurs modestes habitants.

Les paysans de ce canton accroissent leur revenu en élevant des abeilles dans de petites ruches plantées très haut sur les pentes de la montagne. Leur miel est délicieux, parfaitement clair, et fort apprécié des pays où on l'exporte.

En revenant à Abos prendre le train, nous trouvons la station encombrée d'un convoi d'émigrants qui se rend en Amérique, *via* Hambourg; faute de place, on est obligé de rajouter des wagons, ce qui occasionne un retard. Il y a là une vraie foule d'hommes, de femmes et d'enfants, venus pour assister au départ. Les Hongrois sont naturellement affectueux, fort attachés à leur famille, et l'émotion nous gagne en voyant ces beaux et vigoureux jeunes hommes sangloter au cou de leurs vieux parents et dire adieu aux femmes, aux enfants, aux fiancées qu'ils ne reverront peut-être jamais en ce monde. On ne peut s'expliquer, avec l'insuffisance de la population et le bon marché de la terre, que les Hongrois émigrent dans de telles proportions. Il faut une erreur de système de la part du gouvernement, à l'égard des classes laborieuses, pour produire un si fâcheux résultat.

Il a plu toute la journée à Kashau, mais lorsque nous y rentrons, les nuages de plomb s'enfuient et se dispersent, et un beau coucher de soleil nous promet un meilleur lendemain.

Le soir, pendant que nous dînons au restaurant de l'hôtel, nous sommes accostés, à notre grande surprise, par un individu qui nous parle anglais avec le plus bel accent nasal qui ait jamais distingué un Yankee, et avec un sans-gêne tout aussi américain :

« Y a-t-il longtemps que vous avez quitté l'Angleterre, Monsieur, et pourquoi êtes-vous ici? *Je conjecture* que vous n'avez pas trouvé en Hongrie grand'chose à votre goût?

— D'où venez-vous? réplique F***, assez froidement, à ces questions impertinentes.

— J'arrive tout juste d'*Amurique,* Monsieur. Voilà dix ans que j'y suis.

— Mais vous êtes Américain?

— A vrai dire, Monsieur, je conjecture que je suis Hongrois. J'ai été aux États-Unis pour faire fortune; au lieu de cela, j'ai perdu ce que j'avais.

— Que font vos compatriotes quand ils y sont; tous ceux, par exemple, que nous avons vus partir aujourd'hui?

— Ils meurent le long des haies.

— Que voulez-vous dire?

— Tout juste ce que je dis. Quand ils arrivent, ils ne savent parler aucune des langues que les *Amuricains* comprennent, et personne ne veut leur donner de travail. Ils vont de place en place sans rien trouver, dépensent les quelques florins qu'ils ont en poche, et meurent de faim.

— Qu'est-ce qui les pousse à émigrer? Il faut bien qu'on leur offre quelque perspective meilleure que dans leur pays, ou ils ne partiraient pas en si grand nombre.

— C'est la faute des journaux! Ils promettent sans cesse à nos pauvres gens des tas de merveilles : qu'en quelques années, ils seront assez riches pour devenir propriétaires dans la vieille patrie! Les journaux savent bien que ce sont des menteries et que les malheureux n'ont rien à attendre là-bas; mais qu'est-ce que ça leur fait? »

Le lendemain, nous disons définitivement adieu à Kashau. Malgré l'heure matinale, le personnel de l'hôtel nous attend pour nous faire ses adieux; il faut ajouter qu'un léger pourboire est toujours reçu avec empressement par le domestique hongrois, fort mal payé en général. Le Magyar n'est pas avide; satisfait de ce qu'on lui donne, il remercie d'un ton senti pour la moindre gratification, qu'il a le bon goût de ne pas contrôler en votre présence.

Vers midi, nous avons quelque difficulté à nous procurer notre relai, et en nous promenant dans le village pour passer le temps, nous voyons devant nous une église où nous allons entrer, quand une femme, debout près de la porte, nous la ferme brusquement au nez. Nous lui demandons en allemand la raison de ce procédé incivil; elle nous répond assez grossièrement, dans sa propre langue, que puisque nous sommes étrangers, nous ne pouvons appartenir à « la religion des Magyars », et qu'il n'y aurait donc pour nous ni plaisir ni profit à visiter leur église. C'est un amusant échantillon d'intolérance; mais dans l'esprit des ignorants le protestantisme et la langue magyare sont inséparables, et ils sont persuadés que cette langue est la seule parlée au ciel. Je ne dois pas moins constater que c'est dans la partie protestante de la Hongrie, après toutes nos courses chez les Galiciens, les Ruthènes, les Slovaques, les Valaques, et même les Serbo-Croates, que nous nous heurtons pour la première fois à des préjugés aussi étroits. On raconte d'une vieille protestante magyare, qui soignait une malade allemande et lui entendait invoquer Dieu, qu'elle s'écria :

« Ah! Madame! comment voulez-vous que le bon Dieu vous écoute, si vous lui parlez un langage qu'il ne comprend pas! »

A neuf heures, nous atteignons Rosenau, cité minière bâtie sur la rivière Sajó. Les routes sont exécrables, mais le pays aussi beau que varié.

Nous sommes si peu fatigués, et l'air des montagnes nous communique tant de forces nouvelles, que nous nous décidons à poursuivre dès le jour suivant, bien qu'on nous prévienne qu'il nous faudra aller jusqu'à Agtalek en *secoueur,* nul autre véhicule ne pouvant passer par les chemins. Mais nous roulons depuis si longtemps sur les routes hongroises, que nous nous croyons à l'épreuve de tout ce qui peut nous y arriver de pire, et nous partons sans que notre ardeur soit en rien diminuée, toujours escortés d'András et du chien, que nous avons nommé Esk. A son sujet, il convient de dire ici que nous lui avons trouvé un asile chez l'ami qui nous a reçus près de Tokay, et auquel nous devons le renvoyer au retour. Il a maintenant modifié ses façons vulgaires, et quand nous rencontrons, à l'entrée de chaque village, une bande de tziganes, il passe fièrement de l'autre côté.

Notre szekler ou secoueur, fidèle à son nom, nous amène à Agtalek au prix de nombreux cahots. Nous trouvons là des guides pour nous conduire aux Cavernes, à quelque distance au-dessus du village. Comme toutes celles du même genre, ces grottes ont été creusées par la nature dans un roc calcaire, et s'étendent à plusieurs kilomètres au cœur de la montagne. La première que nous visitons est la salle de danse, où les paysans du voisinage se réunissent souvent les jours de fête, pour danser à la lueur des torches, dans leurs jolis costumes. Si magnifique que soit cette salle, nous ne nous y attardons pas, poussés par le désir de pénétrer plus avant dans cette région merveilleuse. Un étroit corridor à travers lequel passe un ruisseau nous conduit en un quart d'heure, du grand dôme, à ce qu'on nomme le paradis terrestre, et certes, la beauté et l'élégance exquise des stalactites justifient ce rapprochement. On nous montre les arbres, la pomme, même le serpent, très ressemblant; il ne manque qu'Adam et Ève dans l'énumération du guide. Comme ces pauvres guides nous fatiguent! En vain nous les supplions de se taire et de nous abandonner à notre imagination, puisque tout ce que nous désirons est un parfait silence; les braves gens continuent à bavarder sans interruption, si bien que, exaspéré, F*** leur lance, comme une série de coups de pistolet, toutes les injures magyares dont se compose son vocabulaire. Ils restent si stupéfaits de cette apostrophe énergique, que nous n'entendons plus le son de leur voix.

Nous poursuivons notre chemin, retenant notre respiration. Plus nous avançons dans ce labyrinthe, plus nous nous sentons gagnés par une sorte de crainte respectueuse : les guides nous précèdent avec leurs torches, et à cette lueur mobile les stalagmites géantes, ruisselantes d'eau, prennent l'aspect de choses vivantes et monstrueuses, qui se meuvent avec des éclairs farouches, ou nous barrent le chemin, pâles spectres immobiles. Parfois les corridors nous amènent à de petites chambres latérales, taillées à grands coups dans le roc brut par cette majestueuse ouvrière, la nature, et toutes pareilles à d'antiques voûtes funèbres, où des sarcophages primitifs dorment sous la garde de blêmes figures, voilées de la tête aux pieds de draperies à demi transparentes. Puis nous découvrons des temples en ruines, aux nefs et aux ogives gothiques, et la main qui a créé ces fantastiques et effrayants monuments est toujours à l'œuvre, car, par-dessus le bruit amorti de nos pas, nous entendons sans cesse, près de nous et au loin, sous les voûtes immenses, le clapotement monotone des gouttes d'eau qui tombent.

Pendant que j'examine une ravissante petite grotte tout encadrée de frêles piliers et de guirlandes retombantes, des fougères, des mousses, et un capricieux dessin de feuilles étranges gravé sur une énorme stalagmite, je me trouve soudain dans l'obscurité. F*** et les guides m'ont devancée; je suis seule! Inutile d'essayer de les rejoindre; tout ce que je puis faire est de les rappeler. Je demeure épouvantée de ma propre voix, renvoyée par des échos innombrables, au-dessous, au-dessus, autour de moi, et s'en allant rouler dans des couloirs sans fin, pour s'éteindre dans le vide. Heureusement mes compagnons répondent bientôt à mon appel, et reviennent à la hâte sur leurs pas. Nous retrouvons le ruisseau, coulant dans sa solitaire prison, et les torches se reflètent étrangement dans ses eaux noires. Il nous est impossible de constater si ce cours d'eau souterrain possède le Proteus Auquinus, ce petit animal moitié poisson, moitié lézard, qu'on a trouvé dans les caves d'Adelsberg, près de Trieste; pauvre créature privée d'yeux, qui, née dans l'obscurité, doit être abritée soigneusement de la lumière par l'observateur, s'il veut la **garder vivante**.

La température de ces cavernes est si froide, qu'en revenant au dehors, la chaleur me cause presque un évanouissement. Nous sommes épuisés de fatigue et de notre long jeûne. En arrivant à l'auberge où nous avons laissé András, nous apprenons avec consternation que sans lui nous aurions dîné de miel, de lait et de pain de seigle, car il n'y avait littéralement pas autre chose. Mais durant notre absence notre brave petit guide s'est rendu au presbytère, et il a obtenu un poulet gras déjà troussé pour le dîner de Sa Révérence, et qui, sauté et servi avec de la sauce d'airelles, nous rend le courage et la gaieté.

Il n'y a rien de plus charmant que la ville de Tokay vue à distance. Blottie au pied de l'hegyallia, avec ses pittoresques toits de bois, qui apparaissent au-dessus d'une vraie forêt de saules, elle semble un décor d'idylle, où l'on peut couler ses jours dans une tranquillité pastorale. Tokay est entouré d'un côté par une série de petits lacs, lesquels ne sont en réalité que le débordement des eaux de la Theiss, qui reçoit près de là le Bodrog; et Tokay, sous son ravissant aspect, cache une désillusion et un piège. C'est une affreuse petite ville, d'une malpropreté inconcevable, dont les maisons ne sont que des masures.

Outre sa population magyare, Tokay est habité par un mélange de races composé d'Arméniens, de Grecs et de Juifs. Ces derniers servent d'intermédiaires entre ceux qui fabriquent le vin et les commerçants qui l'achètent; ils s'y rassemblent donc en grand nombre, et l'élément israélite domine ici plus que partout ailleurs.

Avec une population de 5000 âmes, Tokay ne possède qu'un seul hôtel, long bâtiment irrégulier, semblable à une caserne, traversé de corridors sombres qui ont l'air de vrais coupe-gorges.

« Hélas ! soupire András en portant nos valises à notre appartement, dire que, dans un pays qui est le mien, mes doux maîtres vont loger dans un pareil taudis ! C'est un mauvais endroit, plein de voleurs et de Juifs. Mais il ne leur arrivera aucun mal, leur fidèle András veillera sur eux! Que le maître et la maîtresse n'aient aucune crainte. »

Nous rendons grâces intérieurement au bon prêtre de notre

dernière étape, pour le poulet dont il nous a fait la générosité, car tout ce que nous pouvons nous procurer à notre arrivée est un plat d'*halázz lé,* ou soupe de pêcheurs, composé de plusieurs sortes de poissons cuits dans du bouillon épaissi de poivre rouge; ce met est une des spécialités de Szegedin, où nous l'avons goûté avec plaisir il y a deux ans. Mais cette fois il ne nous fait aucune envie, et après avoir demandé une petite bouteille de tokay, qu'on nous fait payer cinq florins, nous partons à travers la ville, butant à chaque pas sous les vieux porches et sur le pavé inégal, grâce aux trous innombrables dont la chaussée est parsemée, et que le sable nous cache jusqu'au moment où nous y mettons le pied. Après avoir traversé la rue et passé sous une dernière voûte qui doit être contemporaine de Moïse, nous nous trouvons au bord de la rivière.

Comme dans tout son cours, la Theiss est ici boueuse et lente; il s'y fait une navigation fort active; elle est très poissonneuse et, soit à cause de ses eaux bourbeuses et sales, soit pour toute autre raison, on dit que les esturgeons pêchés dans le voisinage de Tokay sont plus délicats que ceux du Danube.

Après une inondation, les eaux, en se retirant, laissent une telle quantité de poisson, que les gens de la ville le ramassent pour nourrir leurs nombreux cochons, et pour engraisser leurs champs.

Cette misérable petite ville a cependant un passé glorieux. C'était, au temps jadis, le lieu d'un des camps d'Attila, où le chef barbare unissait les magnificences de l'Orient au luxe et à la licence romaine. Un ancien historien nous dit que sa table était couverte de coupes d'argent et d'or richement ciselées de figures symboliques; que les habits de ses guerriers, brodés des mêmes emblèmes, étaient ornés de pierres précieuses, ainsi que leurs sandales et les harnais de leurs chevaux.

L'entrée du redoutable chef à Tokay, — alors village royal, — se célébrait en grande pompe; une troupe nombreuse de femmes se plaçaient sur deux lignes et tendaient leurs légers voiles de mousseline, pour former un dais sous lequel passait leur roi et leur héros, tandis que les jeunes filles marchaient devant lui, chantant des hymnes en langue scythe.

Nous suivons les rives frangées de saules, et les hégyallia basaltiques toutes revêtues de vignes, auxquelles la ville est appuyée, se dressent au-dessus de nous. Cette chaîne se continue pendant plus de vingt kilomètres dans la direction du nord, séparée des plaines par le Bodrog, qui, nous l'avons dit, se jette en cet endroit dans la Theiss. Nous nous promenons, échangeant librement nos impressions dans notre langue maternelle; un jeune homme, le seul personnage décent que nous ayions encore vu à Tokay, nous croise, puis revient vers nous, ôte son chapeau, et nous fait cette déclaration, avec un accent allemand des plus marqués :

« Je parle anglais. »

Comme il porte une espèce d'uniforme, nous commençons à craindre d'avoir blessé l'oreille susceptible de quelque agent de police autrichien, et nous lui faisons nos excuses le plus gracieusement possible, pour la franchise avec laquelle nous avons exprimé notre opinion fâcheuse.

« Ne vous excusez pas, nous réplique-t-il, moitié en anglais, moitié en allemand, je ne suis pas né à Tokay, et je partage tout à fait vos sentiments. Ce n'est pas cependant à la population seule que ces reproches doivent s'adresser; le gouvernement ne fait rien pour améliorer l'état de la ville, et cette apathie gagne les habitants.

— Mais cela ne leur coûterait pas cher d'être propres; il ne manque pas d'eau dans la rivière, si jaune soit-elle !

— Oui!... (cherchant dans sa mémoire un adjectif anglais introuvable) c'est qu'ils sont *faul*. » Et ce mot, qui en allemand signifie paresseux, se trouve, d'après sa prononciation, correspondre au mot anglais *foul,* le dernier degré de malpropreté et de dégradation physique, ce qui rend trop bien la vérité.

Au moment où nous regagnons l'auberge, l'Angélus sonne à l'église la plus proche, et nous gravissons la colline pour y entrer par une des portes latérales. Tout y est calme et sombre; le jour déjà voilé n'y pénètre qu'à demi par les carreaux noirs de poussière. Des cierges sont allumés sur l'autel, de petites lampes brûlent de loin en loin devant quelque saint. Il est difficile de passer du grand jour dans une église obscure sans se sentir impressionné; le contraste est frappant entre cette paix profonde et la vie tumultueuse du dehors, dont les bruits nous parviennent assourdis et étouffés, comme si rien de la terre ne pouvait pénétrer dans cet asile du repos. La porte s'ouvre; une vieille femme entre clopin-clopant, et, déposant ses béquilles, se met à prier tout haut. Le prêtre sort de la sacristie, s'agenouille sur la dernière marche de l'autel et commence la récitation du rosaire : *Ave, Maria!* La vieille femme et nous, nous formons toute l'assistance. Quand nous sortons, la prière achevée, il fait presque nuit. Pendant que nous tâtonnons péniblement sur le mauvais pavé, des bruits d'orgie, des chansons à boire, des discussions et des cris partent de presque toutes les maisons; en passant sous une fenêtre, nous entendons par-dessus les autres voix celles des Juifs, dont nous avons appris à connaître l'intonation :

« Des florins!... un millier de florins!... cent mille!... beaucoup d'argent!... »

Je suis persuadée que nous sommes injustes envers les habitants de Tokay, sans doute fort inoffensifs; mais, en rentrant à l'auberge, nous fermons notre porte à double tour, et nous nous assurons que la fenêtre est solide. András loge à côté de nous, ce qui est, pour moi du moins, une satisfaction. Il nous a préparé un léger souper que nous mangeons dans notre chambre. Esk, notre fidèle banya (chien), a été consigné à la garde de la voiture, dans la cour voisine; ses hurlements désespérés doivent, j'en ai peur, empêcher toute la ville de dormir. La tranquillité de la nuit n'est troublée d'ailleurs par aucun autre incident, et les braves gens de Tokay ne nous causent nul ennui. De très bonne heure les cloches de l'église nous réveillent. Dans l'arrière-cour de l'hôtel, nous voyons circuler les domestiques, pataugeant vaillamment au milieu de la boue. Il y en a trop pour pouvoir s'en tirer avec des bottes, aussi sont-ils pieds nus; un énorme chien au long poil brun, tout semblable à un ours apprivoisé, circule, en choisissant soigneusement les endroits les plus secs. Quant aux canards et aux oies, ils s'en donnent à leur vive satisfaction. D'un côté de la cour, nous apercevons l'étable aux vaches, et après les avoir vu traire, notre café au lait perd pour nous tous ses charmes.

Dès sept heures, András vient à la porte nous informer qu'il s'est arrangé pour nous faire déjeuner au restaurant de la gare, et nous supplier de quitter le plus vite possible ce « misérable trou ». Nous achevons une toilette précipitée. Dans le corridor sombre, deux objets informes barrent le chemin de l'escalier. Qu'est-ce que ce peut être? Tout simplement les deux cochons apprivoisés de la maison, qui se rendent sans nul doute à la salle à manger. Intimidés peut-être par notre vue, ils tournent les talons, et, avec de grandes démonstrations de contrariété, des grognements et des airs d'innocence offensée, ils redescendent précipitamment. J'avoue que je n'apprécie pas ce genre de commensal domestique; mais les goûts diffèrent, et comme nous en avons déjà pu juger, les cochons hongrois sont beaucoup plus civilisés que leurs congénères des autres pays.

A huit heures, nous faisons un départ triomphal, et en nous tenant bien à la voiture, nous gagnons la station sans avoir rien de cassé. En résumé, cette dernière journée de voyage a eu plus de déboires que d'agrément, mais notre philosophie sait découvrir la moindre parcelle de consolation. Nous avons constaté tout ce que peut sans fléchir endurer d'ennuis la nature humaine; nous avons goûté sur les lieux mêmes où il se récolte le tokay impérial, et nous avons vu le plus affreux village de toute la Hongrie, ce qui est bien quelque chose.

Nos aimables amis nous ont fait promettre une visite au retour. Le désir de descendre la Save, la seconde des rivières hongroises, avant les pluies d'automne, nous décide à envoyer à notre place une lettre d'excuses par le messager qui emmène le chien. Pauvre bête! nous te disons adieu pour toujours, mais tu vas chez de bons maîtres. Pour la première fois depuis qu'il s'est attaché à nous, Esk n'agite pas à ma voix sa queue épaisse. Sans doute le son de cette voix lui présage quelque malheur; il attache sur moi ses grands yeux tristes, tremble de tout son corps, et, appuyant ses pattes de devant sur mes genoux, y appuie sa tête caressante. Nous avons de la peine à nous en séparer, car il a fini par gagner notre affection. Cependant, après lui avoir servi un bon déjeuner et l'avoir bien recommandé à la personne qui doit le conduire dans sa nouvelle demeure, nous faisons nos préparatifs pour continuer notre voyage vers le sud. Le train de Kashau passe à dix heures; nous allons le prendre jusqu'à Schemnitz et traverser les plaines, en nous dirigeant sur Pesth. Notre voiture nous rejoindra à Miscólsz, où nous devons nous arrêter.

Au moment où le train sort de la gare, les grands rocs basaltiques de Tokay nous apparaissent une dernière fois sous leur aspect redoutable, et la chaîne reste en vue pendant près d'une heure, jusqu'à ce qu'elle ne soit plus qu'un nuage grisâtre à l'horizon.

XLIII

LES MINES D'OR DE SCHEMNITZ

Les plaines du nord de la Hongrie sont beaucoup plus fertiles que celles du sud ; nous traversons des champs sans fin où ondule le blé, et des pâturages aussi souriants que ceux du Banat. Il a plu beaucoup, inconvénient auquel nous avons le plus souvent échappé durant nos voyages dans le nord, et les routes, en approchant des villages ou des villes, deviennent de tels marécages, qu'il nous arrive de voir un széker chargé de voyageurs, venus sans doute du bout de l'horizon pour prendre notre train, littéralement enterré dans la boue, qui monte presque aussi haut que les roues. J'ignore comment les malheureux se seront dégagés de cette désagréable situation. Il leur était impossible de quitter la voiture pour aller à pied ; on peut donc supposer qu'ils y sont encore.

Aux alentours des villes, d'énormes troupes d'oies se promènent par la plaine, les parents pataugeant d'un air grave derrière leur bande de jeunes oiscns. De tous côtés on n'aperçoit que leurs nuages blancs couvrant les pâturages ou nageant sur les marais. Voici une foule rassemblée dans le faubourg d'un village où se tient une foire ; le sol est tellement inondé, que les boutiques improvisées sont dans l'eau. Il suffit d'un ou deux jours de pluie pour amener ce résultat, le terrain étant d'avance saturé d'humidité, grâce au voisinage de la Theiss. Accoutumés à cet état de choses, les individus des deux sexes, nullement déconcertés, pataugent comme leurs canards. Çà et là, sur les petits îlots de gazon qui apparaissent au-dessus de l'eau, les marchands de poterie disposent leurs étalages, un colporteur ses images et ses almanachs; des Juifs, par groupes, traînent leurs longues redingotes dans la boue, et les petits Tziganes y prennent de vrais bains. Derrière la foire, ses baraques et ses marécages, sont des milliers de chevaux, de bétail de toute espèce et de cochons, — cochons apprivoisés, — affectueusement gardés par de grosses paysannes magyares enfoncées dans la boue jusqu'aux chevilles. Notre train s'arrête trois quarts d'heure, sans raison apparente, en vue de cette jolie scène; puis il reprend sa marche peu rapide et nous amène à Mád Zomber. Voici de nouveau les plaines désertes, les immensités incultes, parcourues d'innombrables troupeaux qui font des taches sombres à l'horizon. Là, un puits : d'un côté, une troupe de chevaux ; de l'autre, des vaches, qui ne se mêlent pas les uns aux autres. Ces grands troupeaux sont une source d'étonnement sans fin pour le voyageur. Près d'eux, des chiens de berger au long poil, nez pointu, queue en panache, pareils à des loups. Au ciel, des vols d'oiseaux, si gracieux dans leur rapide passage à travers l'atmosphère transparente, s'élevant, redescendant, disparaissant dans le lointain, tandis que les traînards sont laissés derrière. Pourquoi poussent-ils ces cris aigus? C'est que ce gros oiseau qui les suit, le cou allongé, est un faucon en chasse. Il saisit le dernier retardataire dans ses serres cruelles, et tous deux, le meurtrier et sa proie, tombent sur le sol. Une énorme grue s'épluche sur le bord d'un marais. Au loin, un moulin à vent tend languissamment ses longs bras à la brise chaude. Puis nous retrouvons, dans des parties plus cultivées, le maïs, le tabac, le chanvre, les pavots et le lin, qui fait, avec l'or du blé mûr, un mélange exquis de couleurs. De temps à autre, nous apercevons un de ces *tumuli,* appelés communément *Kún halom,* « colline de Cuman, » qui, selon les uns, sont les tombes d'anciens chefs du pays, selon d'autres, des ouvrages turcs. Les savants cependant leur assignent une origine encore antérieure, et déclarent que ce sont les restes d'une ligne de défense créée par les Romains, pour marquer les frontières de l'empire et pour les protéger contre les barbares. On a les preuves qu'une ligne semblable s'étendait de Pesth, au sud-est, vers les montagnes de Transylvanie; les monticules verts que nous rencontrons seraient les fondements des tours qui s'élevaient de place en place; on retrouve encore sous quelques-uns des traces de fossé extérieur, que les paysans appellent *Ordögárka,* « fossé du diable. »

Une étroite gorge montagneuse, avec des maisons irrégulièrement bâties des deux côtés, des églises aux dômes rouges et aux coupoles étincelantes, un cadre de montagnes merveilleuses : voilà l'entrée de Schemnitz.

La rue est escarpée et mal entretenue; aussi, laissant notre cocher trouver en bas un endroit pour abriter sa voiture, nous montons tranquillement à pied. Des femmes sont assises, entourées de larges paniers de muguets et de myosotis; d'autres vendent de petits agneaux blancs, les jambes attachées, bêlant piteusement dans des corbeilles trop petites. Enfin, arrivés à l'hôtel, on nous fait monter deux étages d'un escalier de pierre, traverser un balcon appuyé au flanc même de la montagne, d'où l'on jouit de la vue des toits en bardeaux et des nombreux chats qui s'y promènent, et on nous introduit dans un vaste appartement, orné des portraits de toutes sortes de héros du moyen âge qui, du fond de leurs cadres sombres, nous suivent par la chambre de leurs yeux farouches. Vraiment le lieu n'est pas fait pour inviter au sommeil.

Quoique nous ayons monté plus de trente marches, nous nous trouvons au niveau des passants qui circulent dans la rue, derrière l'hôtel. Ma fenêtre donne sur une fontaine, où des femmes, tout en barbotant, jasent, échangent des bonjours avec leurs connaissances, et parfois interpellent à tue-tête d'autres femmes penchées aux lucarnes des hautes maisons. De jolies filles en corselet rouge et larges manches blanches ruchées au coude descendent légèrement la colline, avec de joyeux éclats de rire, portant des seaux de bois qu'elles vont remplir de l'eau jaunâtre de la fontaine, dont la couleur est, prétend-on, due aux

SCHEMNITZ ET SES ENVIRONS.

rocs contenant le minerai d'or que ces eaux traversent avant de s'y déverser.

On trouve dans les rivières de la Transylvanie une assez forte quantité de poudre d'or, entraînée par la lente désagrégation des rocs aurifères; la partie supérieure de la Marós est un des cours d'eau les plus riches sous ce rapport; on y rencontre parfois des morceaux de ce précieux métal aussi gros qu'une bille. C'est surtout après les pluies qu'on l'y récolte en plus grande abondance, lorsque les eaux gonflées ont déposé les sables sur leurs bords. Schemnitz, capitale des districts miniers, cité très ancienne, remonte à 745, et compte 20 000 habitants. La ville et la montagne sont entièrement minées de travaux souterrains; des filons métalliques les traversent dans tous les sens. Les mines les plus riches sont cependant celles de la Transylvanie; à Schemnitz, on trouve actuellement surtout du plomb, auquel, il est vrai, l'or et l'argent sont toujours associés dans une certaine proportion.

Ces mines se partagent en deux galeries : supérieure et inférieure. Nous demandons la permission de les visiter au bureau placé en face de l'entrée, et l'on nous revêt de deux robes flottantes assez semblables à des surplis, mais, pour tout dire, fort sales et fort usées; mon mari reçoit en outre une sorte de sac de feutre vert en guise de coiffure. Nous nous remettons aux mains d'un vigoureux contremaître qui nous donne à chacun une lampe de mineur, et nous partons salués par le cri de *glück auf*, dernier souhait jeté, dans toute l'Allemagne, au mineur prêt à descendre, et qui signifie « heureux retour » !

Il nous faut traverser la rue dans cet étrange déguisement; sans doute les passants y sont accoutumés; ils ne détournent même pas la tête, en nous saluant aussi de leur *glück auf*, et l'obscurité nous engloutit. Cette mine, exploitée par le gouvernement, débute par un couloir de deux mètres et demi de haut sur un mètre trente de large; le sol étant grossièrement recouvert de planches sous lesquelles l'eau circule, il n'est ni facile ni agréable d'avancer.

Non moins de trois mille familles, slovaques pour la plupart, sont employées dans les différentes mines de Schemnitz, dont douze appartiennent à l'État, les autres à des compagnies particulières. Après avoir suivi notre guide le long d'une pente douce, l'espace de six cents mètres environ, nous rencontrons l'énorme tube de fer destiné à épuiser les eaux ; le bruit est assourdissant. Un second guide nous rejoint ; nous trouvons enfin l'escalier qui mène aux machines et aux couches les plus basses. Debout près de la gigantesque roue, nos yeux plongent dans un abîme noir, qu'on dirait sans fond, sur lequel est jetée l'étroite et frêle plateforme où se tient le mécanicien. A le voir ainsi, seul, debout, avec sa petite lampe, sans personne à portée de sa voix, une épouvante serre le cœur ; on songe que cet homme est là tous les jours en tête à tête avec sa grande roue noire qui tourne lentement, au roulement de tonnerre des eaux ; on se demande comment il n'en devient pas fou. Son sort nous semble plus terrible que celui des ouvriers qui travaillent tout en bas dans les profondeurs du sol ; ceux-là ont des compagnons. La règle oblige les hommes à travailler alternativement douze et huit heures par jour ; dans certaines parties de la mine, l'air est si chaud et si malsain, qu'on leur donne un jour de repos complet toutes les quinzaines ; ce mauvais air altère rapidement leur santé. En voyant ces pauvres mineurs attaquer le roc à la pâle lueur de leur lampe, je conçois pour la première fois tous les labeurs et toutes les misères que représentent ces métaux, si souvent gaspillés pour des riens.

La roue géante à laquelle nous revenons, après être descendus dans les parties basses, pompe l'eau des couloirs. Cette eau est utilisée, au moyen de roues plus petites, pour monter le minerai des couches inférieures. Il est placé dans de larges sacs qui sont hissés à une certaine hauteur, et lancés par un large trou dans une galerie supérieure, où les attend un truc sur rails. Le minerai sera ensuite envoyé à Neusohl ou à Kremnitz, pour être fondu. Ces mines étaient connues des Romains qui, n'ayant ni dynamite ni poudre, ont cependant creusé plusieurs de ces couloirs, comme à Dobsina, au marteau et au couteau. On a retrouvé dans la Roselia, la plus ancienne de ces mines, des monnaies, des lampes et d'autres débris de l'époque romaine. Une caverne fort étendue aurait été aussi creusée par les Romains, au moyen du feu et du vinaigre, méthode citée par Pline. Ces rocs ont été évidemment, non pas taillés, mais fendus par éclats ; des traces de feu sont encore visibles.

Il existe à Schemnitz une école des mines, fondée par Marie-Thérèse, où deux cents étudiants reçoivent gratuitement une éducation étendue.

Si intéressants que soient nos exploits, nous éprouvons un soulagement lorsqu'après avoir traversé la mine d'un bout à l'autre, nous revoyons la lumière du jour.

La première chose à faire, quand une heure ou deux de repos ont dissipé la fatigue, est d'étudier la collection minéralogique. Elle est cependant inférieure à ce qu'on pourrait attendre, les plus beaux échantillons étant envoyés au musée national de Pesth, qui possède la troisième collection européenne. Ce qu'on voit ici est déjà très suffisant pour donner une idée de ce que la montagne cache dans ses replis. L'or s'y rencontre sous différentes formes : de petits globules de la grosseur d'un grain de plomb, logés dans une pierre poreuse ; ailleurs, des dessins exquis, des ciselures en relief, si fines qu'on y croirait retrouver la main d'un ouvrier habile. L'argent est assez souvent uni au spath, mince, friable et jaunâtre, en grandes feuilles de vigne ou d'autres plantes, admirablement moulées ; mais on le rencontre aussi en couches compactes de petits morceaux couleur de plomb, ou en masses granulaires. Les pierres précieuses sont variées : les plus belles sont les améthystes, dont les cristaux violet sombre se dressent par couches, en cônes aussi réguliers que s'ils sortaient des mains du lapidaire. On trouve également la malachite et l'ocherite, toutes deux mélangées de parcelles d'or ; puis des opales, en masse serrée et opaque, qui semble du feu pétrifié. De toutes les pierres fines des montagnes hongroises, c'est celle qui nous a le plus frappés dans son état naturel ; à mon avis, on la gâte en la polissant. Nous étudions avec un vif intérêt les échantillons dont les professeurs se servent dans leurs cours et qui montrent les gemmes aux différents degrés de leur formation.

Une soirée humide nous force à rentrer dans notre lugubre chambre, où l'on nous apporte, après nous avoir fait attendre, des chandelles et une paire de mouchettes. Les améliorations modernes en fait d'éclairage ne semblent pas avoir pénétré jusqu'à Schemnitz.

A cette lueur faible et vacillante, la vaste pièce nous paraît plus effrayante encore ; les yeux des héros encadrés semblent se dilater et sortir de leurs orbites. Pour compléter la situation, nous retombons dans l'obscurité chaque fois, — toutes les cinq minutes, — qu'il s'agit de moucher nos chandelles ; ce qui nous prouve que cet art, comme celui de porter des sabots, doit s'acquérir dès l'enfance.

Heureusement toute la pluie tombe pendant la nuit. Vers le matin, nous l'entendons rouler follement dans la rue comme un torrent débordé, et je crois bien qu'à l'origine l'étroite gorge où la ville est bâtie n'était pas autre chose. A neuf heures, en regardant par la fenêtre, nous apercevons tout en haut de la montagne un petit coin de ciel d'un bleu si intense et si pur, qu'il nous encourage, après déjeuner, à partir visiter la ville, son beau château fort appuyé à l'escarpement et dominant les toits pittoresques, qui ont été jadis autant de fortifications. Le château date de 1491, et le gardien nous glace le sang avec ses histoires de Turcs et de templiers, dans lesquelles invariablement les chrétiens font fuir l'envahisseur infidèle.

Aujourd'hui est le marché de chaque semaine. Nous nous frayons un chemin entre les sacs de poivre rouge, les étalages de fromages slovaques moulés dans des linges, les paniers débordants de radis noirs et blancs, l'ail classique, et autres friandises. Les agneaux blancs aperçus hier sont, Dieu sait comme ! restés en vie jusqu'à aujourd'hui, toujours dans les mêmes paniers. Nos gestes d'attendrissement font croire aux marchandes que nous voulons entamer une affaire ; elles les sortent par leurs quatre pattes, ficelées très serré, puis, déçues, les rejettent comme des paquets de légumes. Des centaines de femmes, en jupes bleu foncé bordées de vert clair, sont arrêtées entre les étalages, et ressemblent à ces figures peintes sur la vieille porcelaine. Des prêtres, dont les longues robes noires balayent le pavé, se dégagent de la foule. Un mendiant nous demande l'aumône ; nous ne comprenons dans sa phrase que le nom de *Christus,* de Celui qui mourut pour tous les hommes. La foule s'amasse et se presse dans l'étroite rue. En haut, tout est couleur, mouvement : un océan de têtes, dominées par les toits surplombants des maisons en étage, les dômes noirs de l'hôtel de ville, et les belles vieilles églises, aux ogives élancées, aux porches précédés d'un haut perron de pierre.

Une poussée se produit pour laisser passer une longue charrette traînée par trois ânes et deux petits bœufs noirs. Dans les rues latérales, presque aussi perpendiculaires que les toits, nous voyons des chariots chargés de foin ou de blé, de pots et de poêles à frire en quantités innombrables. Les femmes gravissent péniblement ces pentes, ayant sur le dos des hottes de bois larges et carrées, dans lesquelles elles portent leurs enfants emmaillotés, pareils à de petites momies blanches.

XLIV

LE CALVAIRE

De retour à l'hôtel, nous louons une voiture pour nous transporter au pied d'une montagne qui est un des traits saillants du paysage dont est encadrée cette ville intéressante; on nous parle d'un « calvaire » qui vaut la peine d'être vu. Notre équipage escalade avec difficulté la rue escarpée, passe sous la vieille tour, où un mendiant aveugle dit son rosaire « pour l'amour de Dieu », mais l'œil de l'esprit attentif à la moindre chance de récolter quelques kreutzers. A la base du revers le plus raide de la montagne, une avenue mène à la première des quatorze petites chapelles marquant les stations du Chemin de la croix. Un de nos chevaux se met à ruer si fort, et se montre si déterminé à ne pas avancer d'un pouce, que nous sommes obligés de descendre et d'achever à pied notre ascension.

Un étroit sentier, pénible à gravir, nous fait passer successivement devant les quatorze stations, où les scènes successives de la passion de Notre-Seigneur sont reproduites de façon touchante. Les figures, soit en plâtre, soit en bois sculpté, toutes en haut relief, et de grandeur naturelle, ne sont jamais grotesques, mais artistement sculptées et peintes avec goût. Dans la chapelle du Couronnement d'épines, le groupe, vu à travers le grillage, cause la plus douloureuse émotion, tant les physionomies et les attitudes sont vraies et poignantes. La sainte Victime est entourée des soldats romains ; à son cou pendent une chaîne et une lanière véritables. Un mendiant juif, en haillons bruns, tire sur la corde dont les mains sont liées ; son sourire est tellement satanique, son visage ridé et malpropre tellement vivant,... on oublie qu'il n'y a là qu'une statue. Il en est de même devant l'image du pâle Sauveur, du front duquel coulent des gouttes de sang. Le Crucifiement n'est pas moins douloureux ; les figures des bourreaux sont si brutales, qu'on se demande où l'artiste a découvert de tels modèles.

Nous arrivons à la grande chapelle du sommet. D'un côté, les trois croix se dressent sur un large bloc de marbre ; au-dessous, une petite grille derrière laquelle sont figurées les âmes des morts qui attendent leur délivrance. En faisant le tour de la chapelle, on trouve une autre porte et la mise au tombeau ; enfin un dernier groupe représente le Sauveur mort, étendu dans le sépulcre et gardé par les anges ; les saintes femmes approchent dans le fond, avec leurs vases d'aromates.

Devant plusieurs des stations, des fidèles prient à genoux, quelques-uns avec des larmes. Deux heures s'écoulent avant que nous redescendions le sentier en zigzag, et que nous regagnions notre voiture dans l'avenue. Nous nous sommes attardés sur ce pieux sommet pour admirer le magnifique panorama de la vieille cité, groupée dans son amphithéâtre de montagnes, avec ses petites maisons de mineurs semées sur les pentes vertes et blotties entre les arbres.

En passant devant la cuisine de notre hôtel, qui est placée, selon la coutume, près de l'entrée principale et dont la porte est toujours ouverte, nous apercevons un objet singulier oublié sur la table entre les morceaux de viande, les légumes et autres victuailles ; en y regardant de près, nous reconnaissons le bébé de la cuisinière, ficelé et serré dans ses langes, de façon à ne pouvoir remuer le bout des doigts ni du pied. La petite créature a cependant l'air tout à fait heureux, dans ses bandelettes de momie ; elle me fait un joli sourire quand je lui parle, et semblerait disposée à jaser, si elle n'avait pas déjà bien de la peine à respirer.

« Pourquoi ne l'accrochez-vous pas au clou de la porte, ou au mur? demande F***. C'est dangereux de le laisser là; vous pourriez le mettre dans le pot-au-feu par erreur! »

La mère secoue la tête en riant, et regarde son enfant avec une tendresse ineffable qui, à mes yeux, met une auréole à ses traits assez vulgaires.

Il fait une belle nuit étoilée; le dîner achevé, nous voici errant par les rues, afin de voir Schemnitz aux lumières. Çà et là, une faible lueur, derrière une fenêtre, jette son reflet sur le pavé inégal, et laisse apercevoir les farouches et fantastiques arcades de pierre. Les hautes montagnes dominent de leur front noir l'enceinte de la ville, pareille à celle d'une prison, et nous cachent presque le ciel. Nous rencontrons des mineurs qui rentrent au logis, et, à cette heure tardive, des femmes bavardent encore autour de la fontaine. De loin en loin, nous passons devant une taverne, où d'autres mineurs chantent d'une voix retentissante et rauque leurs célèbres chansons populaires, qui ont toujours pour thème les dangers auxquels ils sont exposés. Les airs en sont mélancoliques; nous nous sentons pénétrés de tristesse à l'idée que le souvenir de leurs périls et de leur dur labeur poursuit ces pauvres gens jusque dans leurs heures de repos et de fête.

Les lumières des vieilles maisons s'éteignent une à une, aux multiples étages; une cloche, la plus sonore et la plus grave que j'aie jamais entendue, se met à sonner.

« Ce n'est pas l'heure qui sonne là! s'écrie F*** lorsqu'elle arrive au onzième battement lent et mesuré. Il tire sa montre et l'examine à la lueur qui s'échappe d'un petit cabaret, où trois hommes, assis sur un banc, sont occupés à boire.

— C'est la cloche des agonisants, » dit un passant en allemand. Et la cloche continue à envoyer ses volées, apprenant à tous qu'une âme va partir, et qu'il faut prier pour son repos éternel. Le glas solennel et prolongé, roulant à travers la gorge, en éveille les échos, que les rochers se renvoient à l'infini. On dirait qu'il monte jusque dans les étoiles! Impressionnés peut-être par cet avertissement sévère, les trois buveurs quittent le cabaret et regagnent leur logis en chancelant. Nous-mêmes, nous nous disons qu'il est grand temps de rentrer, si nous voulons nous reposer un peu avant le départ, car il nous faut être debout à quatre heures pour prendre le train qui nous conduit à Altsohl.

Se lever avant le soleil n'est rien à côté des désagréments d'un déjeuner matinal. Quel lugubre repas à la lumière dans la grande salle à manger à demi obscure, où les infortunés condamnés au même sort que nous ont des figures d'une pâleur cadavéreuse.

Au sortir de la maison, nous découvrons avec surprise qu'il fait grand jour. Mais tout Schemnitz dort encore, et dans l'air glacé et silencieux, il nous semble que les lugubres vibrations de la cloche des morts ne sont pas encore éteintes.

Cependant, lorsqu'au pied des coteaux nous retrouvons notre voiture attelée cette fois de deux chevaux seulement, et l'agile András voltigeant de droite à gauche, nous nous sentons réconfortés, et notre bonne humeur reparaît, dès que nous sommes cahotés sur la grand'route au son des clochettes de notre attelage. Une fois dans la campagne, nous apercevons le train qui monte une rampe, de l'autre côté de l'étroite vallée. La locomotive souffle, gémit et semble se traîner à grand'peine; aussi ne tarderons-nous pas à la rejoindre. Cependant la route nous est coupée : c'est une petite procession; le prêtre porte l'hostie à un mourant; des paysannes suivent, leurs enfants pendus à leurs jupes, quelques-unes avec des cierges allumés, toutes têtes baissées et priant.

A Altsohl, la population est en costume de fête. Les femmes font grand étalage de ravissantes petites bottes de cuir rouge ou jaune, ainsi que de superbes *peltz rökel,* courtes vestes de peau de mouton, brodées non seulement de soies de couleur, mais d'or et d'argent. Les hommes ont plumes et fleurs au chapeau, et fument la pipe du dimanche. Il s'agit évidemment de quelque solennité.

Mais une triste scène nous attend à la station. C'est un autre convoi d'émigrants, qui part pour l'Amérique, le pays où les rues sont pavées d'or! Comme toujours, il n'y a pas assez de wagons pour les emporter, et ce retard prolonge l'agonie des adieux. Enfin la cloche sonne. Des amis s'étreignent passionnément, pleurant comme des enfants. Les émigrants prennent leurs places, et le train se met lentement en marche. On se jette un dernier regard par les portières. Un cri poignant part du groupe de ceux qui restent; ce cri résonnera longtemps à nos oreilles. Nous voici roulant; et, dans leur rotation bruyante, les roues semblent redire sans cesse, comme un bourdonnement, le mot du Hongrois rencontré à Schemnitz :

« Ils vont mourir le long des chemins..., le long des chemins... »

XLV

LA BABEL MODERNE

Jour de foire dans la capitale hongroise; les hôtels sont pleins; il n'y reste pas un pouce d'espace. Les restaurants devant lesquels nous passons sont tellement bondés, qu'une anguille, si affamée fût-elle, ne trouverait pas à s'y glisser, si elle avait le courage d'affronter cette assemblée polyglotte.

Dans les rues, le voyageur est bousculé non seulement par des Hongrois de toutes les nationalités : Magyars, Slovaques, Ruthènes, Széklers, Valaques, Croates, Serbes, Illyriens, etc., cette mosaïque de peuples qui constitue la monarchie hongroise, mais des Allemands, des Polonais, des Russes, des Bohêmes, des Français, des Italiens, des Turcs! Il y a là des Juifs et des Bohémiens par milliers. Juifs allemands, juifs hongrois en costume magyar, juifs galiciens en longue douillette de soie noire, qui leur tombe sur les talons, et le visage encadré de deux papillottes graisseuses; juifs transylvaniens en robe de drap brun malpropre et les pieds chaussés de sandales, paraissant ignorer les préceptes les plus élémentaires de la propreté.

Voici des chapeaux en roseaux tressés, des bonnets de fourrure de forme conique, tout à fait sur le patron de celui de Crusoé; de larges *sombreros* à l'espagnole. Ici, des gens que leur pâleur olivâtre fait reconnaître pour des Grecs. Là, des Turcs et des Bosniens, coiffés d'élégants fez; ailleurs un Arabe en turban, ou bien encore des paysans de la haute Hongrie, avec leur longue chevelure tressée en quatre nattes qui pendent jusqu'à la taille, et, sous leurs immenses baudriers de cuir, des vêtements si extraordinaires, qu'il faut le voir pour y croire; des gens du pays de Somogy, enveloppés de grands manteaux blancs comme des Bédouins. A travers cette foule, de nombreux Magyars en courte jupe blanc de neige, frangée ou brodée sur le bord, se frayent leur chemin d'une mine hardie et pleine d'audace. Il y a aussi des femmes avec des écharpes de couleur gracieusement enroulées autour de leur tête; des femmes d'une grande beauté, dont les noirs cheveux sont couverts de pièces d'or qui étincellent au soleil. D'autres, les vraies citoyennes de Pesth, portent des fichus bleu foncé, disposés de façon à cacher le visage, laissant voir les yeux, le nez et la bouche; il ne leur manque que le yashmak pour avoir l'air de filles du prophète. Quelle bigarrure, quelle confusion des langues déchire les oreilles de l'étranger qui stationne au milieu de la foire! Dans ces grandes occasions, renouvelées quatre fois par an, il se déverse à Pesth une population flottante qui ne monte pas à moins de vingt-huit mille âmes.

Quoi d'étonnant si *mein Herr Dulovic* secoue la tête en voyant notre *droszky* (fiacre) s'arrêter un beau matin à la porte de son hôtel. Le bon petit homme est presque hors de lui, sa perruque filasse de travers, sa figure inondée de sueur, pendant qu'il résiste énergiquement aux importunités de trois autres groupes de voyageurs arrivés en même temps que nous, avec la même intention. Il n'a plus de place, il ne peut loger personne!

Cependant nous avons, si le lecteur s'en souvient, déjà séjourné dans ce modeste mais excellent petit hôtel, et nous n'entendons pas qu'on nous en refuse l'entrée. D'ailleurs nous sommes des Angolok, et la nation anglaise paraît, pour le moment, faire prime dans l'estime des Hongrois.

« Arrêtez! Oui! Non! Si! exclame Herr Dulovic, haletant. Si vous vous contentez de...

— Nous nous contenterons de n'importe quoi, » interrompt F***, descendant de voiture.

Et nous suivons notre hôte au dernier étage, dans une chambre de dimensions des plus exiguës, trop heureux de trouver un abri.

Après un repas hâtif, nous ressortons jeter un coup d'œil sur la foire, qui ne diffère que par la variété des costumes et la confusion des langues de ce qu'on voit en tous pays. Ce sont toujours les mêmes interminables allées d'échoppes de planches, contenant toutes les marchandises imaginables. Des étalages de melons juteux, de grenades et d'oranges de Croatie, auxquels président des femmes majestueuses comme des druidesses, dans leurs longues robes blanches; des boutiques de bonbons, de bijouterie fausse, très fréquentées par les jeunes filles magyares; d'autres, de vaisselle de terre ou de bois, appartenant à des membres des tribus errantes. Plus loin, des fromages slovaques, des tapis de Serbie, du lard fumé de Slavonie, des vêtements tout faits, bundas et peltz-rökel de peaux de mouton, manteaux admirablement brodés; grandes bottes pour les deux sexes, celles des femmes à revers jaunes ou rouges, ornées de coquettes petites rosettes, sans oublier les pantoufles à la turque portées par les femmes de Szegedin. Voici des Juifs prêteurs sur gages ou marchands de bijouterie; des bohémiens, jouant le rôle de maquignons, la mine rusée, leurs longs fouets garnis de rubans de toutes couleurs, et leurs gourdes pendant de leur ceinture; des bergers, superbes hommes au corps d'athlètes romains; des acrobates par douzaines, des aventuriers en grossiers cabans, dirigeant des jeux de hasard, bref, tout ce qu'ont pu balayer jusqu'ici les quatre vents du ciel. Quel tohu-bohu!

Cependant, le long des rives du Danube, un spectacle tout nouveau se présente à nos regards. Sur un espace de deux cents mètres, des bateaux et des barques plates sont serrés les uns contre les autres; quelques-unes, de lourdes embarcations à fond plat, d'autres brillamment peintes de rouge, de blanc et de vert, comme des jonques chinoises en miniature. Cette flottille à l'ancre forme avec le quai un marché ouvert, où l'on vend surtout des produits du pays; des vins : le *badacsony* du lac Balaton; les vins blancs de Transylvanie; les crus célèbres de Tokay; du slivowitz et du fenüwitz, eau-de-vie faite avec des baies de genièvre; du tabac, des peaux, et nombre d'articles impossibles à énumérer.

Au delà, paissent les immenses troupeaux de moutons, de cochons et de bêtes à cornes, gardés par d'étranges et farouches bergers à grandes bottes ; tandis que tout autour de la foire la route est bordée de véhicules de tout genre.

En face, sous une échoppe, on fait rôtir un mouton entier, et l'étalage offre aux consommateurs de savoureux « rôtis de tziganes », petits morceaux de viande tout chauds, pour réconforter les affamés. Auprès, un marchand de macaroni débite à grandes cuillerées, aux nombreux amateurs, sa friandise fumante, et à côté une grosse commère magyare vend du *tisch wein,* ou « vin de table. »

C'est lorsque les flammes du soleil couchant se sont éteintes, et que le rideau de la nuit s'est abaissé sur ce paysage, un des plus beaux qu'il y ait au monde : le Blocksberg, le Danube et la citadelle de Bude en haut de son rocher, que commence vraiment la fête.

Les affaires sérieuses sont terminées pour un jour ; il n'est plus question de querelles jusqu'à demain, et les vingt-huit mille étrangers ne demandent qu'à se divertir. Des groupes bavardent dans l'ombre étouffante des allées de boutiques ; les artistes forains errent, hurlent, se démènent, et, dans les restaurants en plein vent, brûlent des feux d'enfer.

Il n'y a guère de ville plus joyeuse que Pesth, surtout en hiver, lorsque les familles nobles quittent leurs châteaux pour la capitale. Le patinage est le plaisir favori. En mai, tout ce beau monde disparaît, et le voyageur cherche en vain les attelages superbes et les élégants équipages qui donnaient tant d'animation aux rues.

Pesth est le siège du gouvernement national. Accompagnés d'un membre de la diète pour qui nous avons une lettre de recommandation, nous assistons à une séance de la Chambre des députés. Reçus par des huissiers en bel uniforme rouge et noir, à la hussarde, nous sommes conduits à la galerie réservée au public. Beaucoup de membres portent le costume hongrois, l'attila de drap noir et le gilet brodé ; mais la plupart ont les vêtements fort bourgeois de notre Europe occidentale, la noblesse elle-même ayant abandonné les brillants costumes sous lesquels elle siégeait jadis dans les assemblées.

Il y a quatre cent quarante et un délégués, élus sans tenir compte des différences religieuses; dans ce nombre, trente-neuf Croates, qui parlent leur langue nationale, le slavon.

En général, les Magyars portent beaucoup de calme dans les discussions politiques; cependant leurs natures ardentes, toutes d'impulsion et excitables, les rendent susceptibles des plus brusques changements d'opinion, et, au milieu d'une délibération tranquille, il leur arrive de faire des sorties inattendues.

La langue magyare est énergique et se prête à l'éloquence la plus passionnée, quoiqu'elle soit douce et persuasive dans la conversation. Il y a cinquante ans, le latin était universellement usité pour tout ce qui concernait les tribunaux et la diplomatie. Le pays ayant passé tour à tour sous deux dominations, autrichienne et turque, il avait fallu adopter un langage neutre afin d'éviter des confusions inévitables. Le latin du moyen âge fut choisi, et si généralement employé, qu'il y a vingt ou trente ans on enseignait la grammaire magyare (*hungarica*) en latin. A une époque toute récente, dans certaines parties de la Hongrie, le latin servait aux paysans pour s'entendre avec les gens de nationalité différente.

La « chambre des seigneurs » est située au-dessus du musée national; la galerie qui encadre le grand escalier est décorée de fresques dues à des artistes hongrois, et qui retracent l'histoire du pays, depuis l'invasion des Huns jusqu'à la révolution de 1848. L'un de ces tableaux, et le plus en évidence, représente le grand agitateur Kossuth, entouré de Deák, de Széchenyi, de Louis Batthyani, exécuté à Temeswár, et de Petófy, le poète de la révolution.

Quoique petite, la salle des séances est fort belle. Tout au bas des gradins, sont assis les cardinaux, sur des sièges rouge et or. Les bureaux portent des noms dont plusieurs nous sont familiers. Notre cicerone, M. Frænz Pulszky, fort honorablement connu dans son pays et à l'étranger, a lui-même été deux fois condamné à mort dans les troubles politiques, et il a été brûlé en effigie. Il parle avec une vive reconnaissance de l'empereur d'Autriche, qui lui a sauvé la vie en le graciant.

XLVI

O'BUDE

Le moment de la foire n'est certes pas le plus agréable à Pesth, et nous ne sommes pas fâchés d'apprendre qu'elle tire à sa fin. Oh! cette poussière, cette boue, cette confusion des emballages et du départ!

Enfin tout est terminé; des tas de paille, et des chiffons de papier que le vent balaye sous les portes, sont les seules traces de ce qui vient de s'achever : une des deux mille foires annuelles de la Hongrie. La vie reprend son aspect habituel dans cette belle et joyeuse ville de Pesth, les passants circulent comme à l'ordinaire, et sur les marchés, les commères magyares ont toute la place d'étaler leurs courts et volumineux jupons.

Rien d'amusant comme de s'attarder sur les places et de regarder ces vigoureuses matrones, marchandant aux étalages qui plient sous le poids des gros pains et des saucisses, ou retournant le contenu des paniers de légumes que gardent de braves paysannes, abritées sous d'énormes parapluies. Avec leurs grandes bottes montant au-dessus du genou, et graissées de façon à être à l'épreuve des routes hongroises, on dirait, à les voir, des groupes d'amazones plutôt que de paisibles ménagères; quand elles regagnent le logis avec leurs provisions, on songe quels superbes boucliers feraient les longs pains plats et durs qu'elles emportent sous le bras, avec des saucisses d'un mètre, friandise composée de viande crue fortement parfumée d'ail et comprimée de façon à avoir presque le poids et la dureté du fer. Cela rappelle tout à fait les armes avec lesquelles les anciens habitants de la Hongrie orientale se défendent contre les Romains, sur les bas-reliefs de la colonne Trajane.

Des bateaux à vapeur circulent toute la journée entre Pesth, Ofen, Promontorium et les autres villes voisines. Rien de plus curieux que d'assister aux arrivées et aux départs; les groupes qui attendent forment des tableaux à souhait pour un peintre; on y voit non seulement des Bosniens, des Serbes et des Turcs, mais parfois un Albanais au brillant costume, sabre au côté, pistolet à la ceinture; voire même un derviche à l'occasion. A nulle heure du jour, ces superbes quais ne sont dépourvus d'intérêt, et le long du bord, s'alignent des barques de pêche peintes de couleurs vives qui ont l'air de gigantesques joujoux.

Au travers de leurs tragiques annales, les Hongrois ont toujours montré autant d'héroïsme que de dévouement à leur patrie; jamais peut-être davantage que dans la lutte pour leur indépendance nationale, en 1848, où ils soutinrent le choc de l'Autriche et de la Russie coalisées, quelque temps du moins, tout en comprimant en outre l'insurrection des Valaques et des Saxons de Transylvanie. Sur le square de Bude se dresse une croix érigée à la mémoire du général Henzi et de ses compatriotes croates, qui tombèrent du côté des Impériaux, dans cette lutte sanglante. Pesth souffrit beaucoup; ses malheureux habitants, toujours en garde contre un ennemi non moins terrible, l'inondation, durent fuir de leurs demeures devant la pluie de bombes que cent bouches à feu envoyaient sur la ville, des hauteurs de Bude, où les Autrichiens s'étaient emparés de la forteresse. Les Hongrois ne pourraient recommencer la même lutte, à moins de sacrifier leur capitale, car depuis le dernier soulèvement durant lequel ils réussirent à prendre la citadelle, le gouvernement autrichien se l'est tenu pour dit, et a fait, sur les hauteurs du Blocksberg, des forts commandant cette citadelle même. Les Hongrois en parlent avec dédain; c'est un peu de bravade. Non seulement ces forts sont imprenables par leur situation, mais la ville ne pourrait tenir contre un bombardement; elle est dominée de tous côtés.

Nous faisons beaucoup d'excursions en aval et en amont du fleuve. Pas un jour ne se passe sans que nous allions par bateau à O'Bude ou Alt-Ofen, nom allemand de cette ville ou plutôt de cet immense village. Il signifie mot à mot *vieux poêle*, et lui vient, je suppose, des nombreuses sources chaudes ou des fours à chaux multipliés dans le voisinage. Beaucoup plus ancienne que Bude même, elle exerce sur nous une vraie fascination. Tout y est si vieux! si tranquille! Partout ce silence, cette aridité! Lorsque nous errons dans ses carrefours presque déserts, l'atmosphère même semble imprégnée d'un passé depuis longtemps oublié. Ces collines muettes ont jadis retenti du son d'innombrables voix, du bruit de la musique et des fêtes, car Alt-Ofen a été une cité royale.

Des fouilles récentes ont prouvé qu'il y avait eu là une ville capable de renfermer deux cent mille habitants, la population actuelle de Bude et de Pesth réunis. Les Romains l'appelaient Aquineum, et on retrouve dans son voisinage de nombreuses ruines romaines, entre autres un aqueduc de près de 2 kilomètres, dont les piliers subsistent encore en partie, et un amphithéâtre, avec des inscriptions qui laissent supposer l'existence d'un temple de Némésis. On a retrouvé le buste de la déesse, celui de Jupiter; et plusieurs bancs de pierre portant non seulement des chiffres, mais des noms, peut-être ceux des personnes auxquelles ces places étaient réservées.

Malheureusement nos journées sont comptées, et elles passent trop vite dans ces promenades le long du fleuve ou de la belle île Marguerite. Le dernier matin s'est levé, et notre dernière excursion nous mène au Kaiserbad.

C'est le lieu le plus fréquenté de tout le voisinage, à cause de ses sources chaudes, qui guérissent, prétend-on, tous les maux dont souffre la fragile humanité. Pour l'étranger qui ne le voit qu'en passant, la seule maladie dont paraissent se ressentir les baigneurs, lorsque, ignorant leurs maux cachés, on observe au restaurant la façon leste avec laquelle ils font disparaître les plats, c'est un gigantesque appétit!

Buda.

Les environs du Kaiserbad sont intéressants à beaucoup de points de vue : les archéologues hongrois sont persuadés que ces bains existaient dès l'époque romaine. Les Turcs y ont laissé de nombreuses traces de leur passage. Au-dessus du parc, s'élève un petit édifice octogone, surmonté d'une coupole : la tombe de Sheikh Gül Baba, mort il y a près de deux cents ans, que la vénération musulmane a protégée contre les chrétiens par un article spécial du traité de Carlowitz, en 1699. Chaque année, de nombreux derviches y viennent rendre hommage à sa mémoire.

Dans les beaux jardins du Kaiserbad, les arbres et les buissons en fleurs versent sur nous leurs parfums; de grands lotus déploient sur la pièce d'eau tiède leurs feuilles en éventail, pour saisir les rayons du soleil ou boire la rosée. Ce sont encore les Turcs qui ont apporté jusqu'ici, des bords du Nil, le véritable lotus égyptien, et l'ont placé sur cet étang formé par les sources chaudes, où, protégé des effets de la température souvent froide de cette contrée, il s'épanouit comme à Grosswardein.

Pas un pouce de ce sol qui n'ait vu une lutte sanglante entre chrétien et Turc. Jamais résistance plus désespérée ; jamais triomphe plus complet pour les armes chrétiennes ! Durant un siège qui fut l'un des plus mémorables de l'histoire, et dura plus de trois mois consécutifs, des volontaires de tous les pays d'Europe affluèrent sous les ordres du duc de Lorraine, pour expulser l'ennemi commun. Tout ce qui pouvait en Hongrie tenir une épée prit les armes; les Turcs, forcés de se rendre, durent fuir au delà du Danube, et furent engloutis par milliers dans ce fleuve.

La lune s'est levée, lorsque nous quittons les jardins du Kaiserbad pour nous retrouver bientôt dans les tranquilles rues de Bude. Les maisons à pignons de la vieille place jettent des ombres fantastiques, fortement dessinées sur le sol poussiéreux. Aux petites fenêtres carrées, brille çà et là une lueur rouge, qui contraste étrangement avec la clarté argentée du ciel; des profondeurs de leurs nuages, les étoiles tremblantes et pâles contemplent les lignes austères de l'amphithéâtre en ruine.

Sur le Danube, les barques à l'ancre tachent de noir la surface de l'eau, balancées et heurtées de temps à autre par le remous d'un steamer qui passe. Tout le reste est aussi calme qu'au milieu de la nuit. A longs intervalles, un passant nous croise, avec la phrase de salutation habituelle, et se perd dans l'ombre triste de la colline.

Laissant Bude et son palais royal, avec ses jardins en terrasses et ses magnifiques escaliers, nous retrouvons sur le pont suspendu le flot vivant qui coule. Des voitures s'engouffrent avec un bruit retentissant dans le tunnel du Schlossberg; des gens traversent le pont dans les deux sens pour rentrer au logis. Cependant, entraînés par un attrait mystérieux, nous voulons gravir le Blocksberg, car, suivant la légende allemande, c'est cette nuit que les sorcières dansent sur ses sommets. Nous montons la route escarpée et difficile qui traverse le faubourg de Raitzenstadt avec ses plaisantes maisonnettes à pignons blancs, pareilles aux tentes d'une armée (le faubourg est exclusivement habité par des Serbes), nous passons devant un calvaire, et nous voici au haut de la montagne.

La vue de Pesth et de la contrée environnante ne paraît jamais plus belle que des hauteurs du Blocksberg, par le clair de lune. Cettte majestueuse cité détachant sur le ciel bleu saphir les lignes fermes de ses larges groupes de maisons et de ses grandes coupoles noires, les tracés bruns que font les rues, où les becs de gaz des cafés se jouent en reflets prismatiques, ce grand Danube roulant ses flots calmes, qui vont se perdre dans l'horizon pâle et vague, tout semés d'îles vertes qui semblent dormir; et les lampes du pont, liant comme une chaîne de diamants les deux villes, l'ancienne et la moderne : c'est une image qu'il faut emporter avec soi pour la revoir en rêve.

Ce fut de ce point, qui commande les deux rives du Danube, que Görgei, le chef militaire du parti de l'insurrection, bombarda en 1848 la forteresse de Bude, encore aux mains des impériaux, et réussit, après un siège prolongé de vingt et un jours, à planter sur ses remparts le drapeau de la liberté hongroise. Les murs extérieurs du bastion, percés d'embrasures fort serrées, semblent menacer sans cesse de leurs canons les deux cités jumelles, paisiblement

Panorama de Budapest vu de la Colline des Roses.

endormies au-dessous d'eux. D'en bas ces fortifications, qui couronnent la montagne, attirent de tous côtés le regard.

Cependant il faut convenir qu'en tant que partie de l'empire, la Hongrie n'a pas de si grandes raisons de se plaindre, et il se trouve des gens pour penser que ses habitants pourraient savoir gré à l'Autriche de sa clémence, après les événements de 49. Il est très naturel, malgré cela, que les Hongrois rêvent de voir leur vaste et beau pays gouverné par un roi de leur race. Les Magyars ont pour habitude d'attribuer à l'Autriche tous les maux dont ils peuvent avoir à souffrir. Dans les hautes classes, il y a plus de tolérance; mais je me souviens d'un marchand magyar avec lequel nous voyagions un jour, et qui nous dit, nous parlant de la monarchie dualiste, et résumant la question avec cette mélancolique inflexion de voix qui caractérise le Hongrois :

« Au fond, nous sommes mariés à une femme que nous n'aimons guère, mais il faut bien la supporter, car le divorce est impossible. »

Il est cependant juste de dire que les Hongrois parlent invariablement de l'empereur avec un grand respect.

Deák fit un coup habile en conseillant à François-Joseph de se faire couronner roi de Hongrie à Pesth, en 1867. Il connaissait les sentiments de ses compatriotes et savait que c'était le seul moyen pour l'empereur de trouver le chemin du cœur des Magyars, qui ne le reconnaîtraient jamais pour leur roi, tant qu'il n'aurait pas, comme leurs anciens monarques, fait poser sur son front le diadème de saint Étienne.

Quel éblouissant spectacle dut être cette procession royale à la colline du Couronnement, formée de représentants de toutes les nationalités, avec les costumes d'autrefois : les délégués sous leurs *mentes* et leurs dolmans de velours bleu ou rubis, garnis d'hermine et de zibeline; la noblesse en cottes de mailles d'argent, peaux de léopards jetées sur l'épaule et rattachées par de magnifiques agrafes de diamants, bonnets ornés de plumes flottantes, et jusqu'aux harnais de leurs chevaux garnis de pierres précieuses comme jadis ceux d'Attila. Après le roi venaient les archevêques et le prince primat à cheval, revêtus de leurs superbes ornements, la mitre en tête, et tenant leurs crosses étincelantes de pierreries. Arrivé au sommet du monticule, fait avec de la terre apportée des diverses provinces du royaume, le roi, éperonnant son cheval, s'élança, portant la couronne sainte et le manteau royal de soie bleu clair, brodé par Gisèle, épouse de saint Étienne, et qui, conservé avec la couronne dans le château de Bude, ne doit être réparé que par des mains de princesses royales. Il brandit, en tournant sur lui-même, son épée, aux quatre coins du ciel, pour

Le Kaiserbad.

témoigner, selon la tradition des vieux rois de la Hongrie, qu'il saurait la défendre contre tous ses ennemis, de quelque point de l'horizon qu'ils vinssent fondre sur elle.

L'impératrice fut promptement adorée des Magyars. Elle était belle, parlait admirablement leur langue, et flattait leur vanité, un de leurs côtés faibles, non seulement en professant pour eux une grande affection, mais en faisant chaque année un séjour dans le palais de Gödöllö, près de Pesth. D'autre part, j'ai entendu fortement blâmer son goût pour la chasse et tous les exercices violents. On disait que c'étaient les seuls sujets de conversation à la cour, et, pour certains Hongrois, choses non seulement en dehors du domaine de la femme, mais aussi de mauvais ton.

Pendant que nous nous promenons sur les bastions du Blocksberg, tout est si calme, que le roulement des dernières voitures sur le pont nous arrive, même à cette hauteur. Derrière la ville, la pleine lune, très large, versant ses rayons sur quelque prairie verte ou quelque champ de blé mûrissant, met un seuil de pierres précieuses à l'immense Alföld, qui se déroule d'ici à Belgrade. Des nuages sombres montent du midi, et une brise rafraîchissante souffle de ce côté.

Enfin nous nous arrêtons à l'abri d'un rempart, plongés dans nos pensées, quand un soldat qui fait sa ronde sort brusquement de l'ombre du mur, et nous fait tressaillir en nous jetant cette brusque et péremptoire interpellation :

« *Wer geht da?* « Qui va là ? »

— Des voyageurs anglais, qui admirent la vue.

— Vous y avez mis le temps, vous devez la savoir par cœur ; voilà bien une heure et demie que vous rôdez par ici.

— C'est possible, car nous sommes venus pour assister à la fête des sorcières. N'ayez pas peur que nous creusions une mine pour faire sauter vos fortifications ; nous n'avons pas de dynamite dans nos poches.

— Je vous prie, vos cartes ? »

Au lieu d'obéir à cette injonction, F*** tire le passeport qu'il porte toujours sur lui, et le lion et la licorne britanniques, très visibles au clair de lune, produisent assez d'effet sur cet officieux et sévère représentant de l'autorité, pour qu'il nous dise avec un salut poli :

« Passez ! »

Quelques minutes après cette petite scène, le paysage se transforme : les nuages que nous avions remarqués, mais que le rempart nous cachait, envahissent le ciel et voilent la lune. Le vent devient beaucoup plus fort et souffle contre les bastions avec un bruit de fusillade. C'est vraiment effrayant d'être ainsi isolés sur cette montagne noire, devant laquelle fuient les nuages denses, emportés à toute vitesse.

« Une tempête, s'écrie F***, jetant son cigare. Elle annonce peut-être les sorcières. Si ces dames ne se montrent pas, par une nuit semblable, elles manqueront à leurs devoirs. Les voilà, ou du moins leurs manches à balai, » ajouta-t-il en riant, car le vent, devenu tourbillon, enlève un monceau de tiges de maïs oublié sur le sol, et les fait valser dans l'air.

Nous reprenons en toute hâte le chemin de la ville ; mais le tonnerre commence à rouler, et à l'entrée de la Raitzenstadt, une grande enseigne à demi décrochée frappe avec un bruit tellement caverneux contre une porte, que nous nous arrêtons court. Nous nous réfugions dans un petit magasin. La tempête est de courte durée ; déviant de sa route, elle s'en va dans les montagnes de Bude qui se renvoient le tonnerre d'échos en échos, et semblent devenir le théâtre d'un combat d'artillerie. Les nuages se dissipent ; lorsque nous sortons du faubourg, le ciel est redevenu limpide, et le vent épuisé s'est calmé.

XLVII

SÉPARATIONS

Le soleil est déjà levé quand nous traversons le pont suspendu de Pesth pour la dernière fois, le matin de notre départ, mais les ombres s'attardent encore sous les blanches colonnades qui encadrent les jardins du palais. Sur le Danube, de petites barques de pêcheurs sommeillent, voiles repliées, et le long des quais des hommes déchargent activement les grands bateaux à l'ancre.

Nous avons dit, la veille, un adieu mélancolique à notre voiture de voyage, et, en nous souvenant de tous nos gais piqueniques, de nos bivouacs au bord des chemins, les larmes me sont presque montées aux yeux. C'est comme un adieu à un vieil ami. Notre dernier voyage l'a terriblement fatiguée, la pauvre voiture, nous sentons que sa tâche est finie ; elle ne roulera plus le long des chemins au son joyeux des clochettes. Les pièces qu'András a cousues aux fentes de sa malheureuse capote laissent filtrer la pluie, et la toile qui sort par place en longs fils achève de lui donner pitoyable mine.

Nous retournons encore une fois à Füred, pour y attendre le départ du steamer de la Save, et nous sommes à peine installés dans notre wagon qu'une voix plaintive s'élève, en fort médiocre allemand :

« Quelqu'un aurait-il la bonté de changer de place, pour me

laisser monter ici? J'ai si peur de voyager tout près de la locomotive! »

Par la portière, je reconnais d'un seul coup d'œil l'Anglaise traditionnelle, avec son ulster brun, son grand chapeau de paille en forme de champignon, et son voile de gaze verte. Rien ne manque au type consacré !

« Soit! réplique d'un mâle accent un Magyar assis tout au fond, heureux de saisir cette occasion d'être agréable à une dame, prenez ma place; je passe à côté. »

Elle aussi se rend à Füred, arrivant de Vienne, et nous ne tardons pas à apprendre qu'elle circule a travers « le vaste monde » sous la seule escorte, à défaut d'un protecteur naturel, d'une femme de chambre qui tient compagnie à András dans le wagon suivant.

Le débarcadère de Füred offre cette fois un aspect des plus animés. Nous avons retenu des chambres à l'hôtel depuis plusieurs semaines déjà ; sans cela, nous ne trouverions pas à nous loger, la petite ville étant évidemment aussi pleine qu'elle peut l'être.

Parmi les groupes qui attendent leurs amis ou s'amusent à observer les arrivants, nous reconnaissons, à sa taille imposante, la « meilleure moitié » d'András, venue au-devant de son seigneur et maître. Celui-ci ne paraît pas aussi heureux que doit l'être un bon époux de revoir sa Katicza; au contraire, il se présente le soir même, avec une figure lamentable, et nous supplie de l'emmener avec nous au pays des Angolok.

« Comment quitterait-il son doux maître et sa très chère maîtresse! » Le tendre cœur du petit homme lui fait accumuler les adjectifs, dans sa douleur de la séparation. Il sera maître d'hôtel, groom, cuisinier, tout à la fois, il ne coûtera presque rien à ses bien-aimés maîtres, il ne lui faut que du pain noir, du lard fumé et de la soupe de *kurkuruty;* quant aux vêtements, il possède une collection de *gatyak* bien solides, filés au logis ; une paire de *czimak* (bottes) par an lui suffit.

Quand il achève son énumération, nous ne pouvons nous empêcher de sourire à l'idée de l'effet produit dans une maison anglaise par sa jupe brodée et son bonnet orné d'une plume. Tout

Le couvent de Martinsberg, *Sacer Mons Pannoniæ*.

tristes nous-mêmes, nous déclarons au pauvre András qu'il lui faut retourner chez son maître hongrois, et rentrer dans le sein de sa famille.

A notre surprise et à notre joie, nous retrouvons ici les amis chez lesquels nous avons séjourné, dans le nord de la Hongrie; le soir, nous descendons avec eux, en nous promenant, jusqu'au lac Balaton. A droite, le hardi promontoire de Tihany plonge ses rochers abrupts tout au fond du lac, portant sur son sommet l'abbaye bénédictine fondée en 1055 par le roi André Ier, un des établissements chrétiens les plus anciens de ce pays. Les bénédictins furent les principaux instruments de la conversion des hordes barbares qui, au ixe siècle, plantèrent leurs tentes dans l'Alföld. La brise, soufflant du sud-ouest, nous apporte à travers les eaux bleues et calmes le son plaintif et lointain de la cloche du monastère, tintant l'Angélus, et évoque en notre âme un sentiment de profond respect pour les héritiers des premiers pionniers de la croix dans cette terre païenne. Quelques écrivains cependant attribuent l'introduction du christianisme en Hongrie à l'Église d'Orient et aux Grecs de Byzance, dont un grand nombre y habitaient avant la conversion des Magyars. Que cette gloire appartienne ou non aux bénédictins, ce furent eux, du moins, qui entretinrent et répandirent la foi parmi les nations si diverses et si nombreuses de ce vaste pays. Les Magyars leur durent, en outre, leurs premières leçons d'architecture et d'agriculture; car, en faisant pénétrer dans leurs esprits les doctrines chrétiennes, ils leur enseignèrent en même temps la dignité et l'importance du travail. De même que l'Angleterre doit aux bénédictins beaucoup de belles cathédrales et la plupart de ses magnifiques abbayes, la Hongrie tient d'eux les plus grandes œuvres architecturales qu'elle possède.

Pendant que nous nous promenons au bord du lac, l'écho nous apporte les sons fantastiques et capricieux d'une musique tzigane. On dit que, par des nuits calmes, on entend les chants des fées qui peuplent les grottes de Tihany. Le lac sert aussi de demeure à des ondines; comme celui de Neusiedel, près de Presbourg, il cache sous ses flots des palais d'or et de pierreries.

Il n'est pas étonnant que plus d'une tradition superstitieuse se rattache au lac Balaton. Des phénomènes naturels inexpliqués y contribuent. Parfois, il est violemment agité sans cause apparente ; en hiver, la glace qui le recouvre éclate parfois avec un bruit de détonation.

Le lendemain, encore une journée délicieuse dont nous jouissons le plus possible, car les pluies automnales ne tarderont pas. Nous faisons une excursion au Sacer Mons Pannoniæ, le monastère le plus vaste de la Hongrie, dédié à saint Martin, et bâti, veut la tradition locale, sur l'emplacement de la demeure de ses parents. Mais il y a là une erreur évidente sur le lieu de naissance de ce grand saint, dont la physionomie est si attachante ; car son biographe et disciple Sulpice Sévère écrit qu'il vit le jour dans une province fort éloignée, au lieu nommé aujourd'hui Steinamanger.

Quoi qu'il en soit, la légende veut que saint Martin ait vécu en ce lieu. Né de parents idolâtres, et soldat de l'armée romaine, il devint le soldat de la croix, et avant de passer dans les Gaules, il combattit violemment l'arianisme, qui au xv° siècle faisait de tristes ravages en Pannonie : tel est du moins la croyance des Hongrois.

Le monastère est bâti sur un éperon de la chaîne qui ferme à l'ouest les plaines hongroises et au pied de laquelle s'étend la forêt de Bakony, de fâcheuse réputation, repaire de tous les brigands du pays. D'innombrables pèlerins, surtout des malades souffrant d'infirmités dans les jambes, se traînent le long de la pente escarpée, pour venir s'asseoir sur une chaire de marbre enfermée dans la crypte de l'abbaye et qui servait, dit-on, de siège au saint, pendant qu'il entendait la messe. S'étendre dans cette chaire guérit le rhumatisme : ainsi le dit la dévotion populaire. Ce couvent est le troisième bâti en ce lieu ; le premier fut détruit par les païens, quand la lutte entre le paganisme et le christianisme, latente sous André Ier, arriva sous Béla à une guerre ouverte. Le second monastère fut démoli par les Turcs. Celui qui subsiste aujourd'hui est intéressant parce qu'il fut construit par l'abbé Urias, qui fit tant parler de lui durant la « guerre sainte ». A côté de la statue de saint Martin, représenté au moment où il donne la moitié de son manteau au pauvre, sont placées celles des deux rois canonisés de la Hongrie : saint Étienne et saint Ladislas.

Notre dernière journée passe trop vite. Nous avons dit adieu à notre brave petit guide, retourné chez son maître avec armes et bagages, outre un témoignage substantiel de notre satisfaction. Nous n'attendons plus que le signal du steamer pour traverser le lac et prendre la route de la Croatie, avant de dire un adieu définitif à la patrie d'Attila et d'Arpád.

Le service a été compté sur la note d'hôtel, cela va sans dire ; mais comment refuser une « douceur » à la gentille femme de chambre qui nous baise la main, suivant la jolie coutume hongroise et nous souhaite un heureux voyage ; au garçon qui se trouve, *par hasard,* au milieu de l'escalier et nous souhaite un prompt retour; aux portiers qui soufflent de toutes leurs forces et s'essuient le visage avec leurs larges manches blanches, en portant notre bagage au bateau, — à un autre, à tous et à chacun, — peut-on refuser quelques kreutzers à des gens si polis, qui vous prodiguent les « adieu et au revoir »? Nous n'avons pas la dureté d'âme d'y rester insensibles.

XLVIII

AGRAM

Le soir est venu ; les eaux calmes de la Save reflètent le ciel et semblent un bouclier d'or renversé. Pas une ondulation sur le fleuve ; l'ibis noir et le grèbe huppé sont cachés dans les buissons bas qui bordent la rive. Au travers des champs de blé résonnent des voix qui chantent une mélodie slavonne, lente et douce, merveilleusement en harmonie avec ce tableau. Un groupe de moissonneurs tranchent le blé doré de leurs faucilles étincelantes ; les femmes, coiffées de mouchoirs rouges, ont l'air de coquelicots dans les champs. Tous entonnent à l'unisson une *piesma*, une de ces ballades nationales qui leur sont venues des *guslars*, les troubadours du pays.

A droite, une ligne onduleuse de collines se dessine sur un ciel safran, avec sa ceinture de forêts. Laissant leurs faucilles sur le sol, les moissonneurs enfilent l'étroit sentier à travers les blés, pour regagner leur logis. Nous-mêmes, nous reprenons la route d'Agram, car des miasmes s'élèvent lentement des marais. La fièvre guette ici sa proie.

Par-dessus les flots calmes, nous arrive cette fois le son d'une *kobsa* et la belle et claire voix de ténor d'un paysan qui s'accompagne sur cet instrument primitif. Une tache noire flotte sur le miroir de la Save : c'est un *bredvos,* portant des campagnards vers la capitale croate ou vers quelque village de la ville opposée, lourd esquif plat, presque aussi large que long, et dont la forte proue carrée s'élève au-dessus de l'eau.

Ces ballades que le voyageur entend sans cesse en Croatie, plus vieilles, dit-on, que le vieil Homère, sont l'âme de la vie nationale et le principal moyen de tenir en éveil dans les cœurs slaves leurs aspirations vers ces droits des nationalités dont nous entendons tant parler de nos jours.

Une hutte de berger et deux agas, profilant leurs longs bras sur le ciel, rompent seuls le grand vide de la plaine, à gauche de la rivière. Mais, à droite, des groupes de cabanes, aux toits en bardeaux, s'abritent au pied des montagnes bleues. Sur les balcons ombragés d'auvents, les habitants, debout ou assis, se détachent, grâce aux vives couleurs de leurs costumes, dans la nuit rapidement grandissante. En approchant de la ville, nous voyons briller des lumières à plus d'une fenêtre. Ces soirs d'été, délicieux à Agram comme à Venise, font rêver des nuits d'Orient. L'air est parfumé, le ciel d'un ton très fin et doux; les grandes étoiles scintillent dans les nuages pourpres.

Arrivés au faubourg, nous prenons la longue rue qui mène à la place Jellachich. Cette place porte le nom du célèbre Ban qui, en 1848, s'efforça d'assurer l'indépendance de la Croatie, en prenant parti pour l'Autriche contre le soulèvement des Magyars, et l'on y voit sa statue.

Si nous entrons dans le restaurant de l'hôtel K' Carnu Austrianskomu, nous nous sentirons immédiatement bien loin de notre Europe occidentale. Si nous demandons un journal, tous ceux qu'on nous offrira seront en dialecte windique ou croate, ce dernier, tel qu'on le parle dans cette partie de la province, étant appelé *hrvatsky*. Quoique Agram soit le centre littéraire des pays slaves, le langage y est moins pur que chez les Slaves du Sud. Cette petite capitale, fort prospère, n'édite pas moins de neuf journaux ou publications périodiques, et une société s'est formée pour faire circuler livres, journaux et brochures dans les provinces slaves, au moyen de cercles et de salles de lecture ouvertes dans la plupart des villages. Comme les Magyars, les Croates sont fort jaloux de l'influence allemande; les publications en langue germanique trouvent chez eux peu d'encouragement.

La Croatie jouit de l'autonomie politique; elle a sa diète nationale, dont toute la noblesse fait partie, et le pouvoir exécutif est aux mains d'un Ban. Les Croates sont avides de progrès. Leur ambition est de devenir, comme les Magyars, tout à fait indépendants de l'Autriche, et de former avec ces deux nations une triple monarchie. Tous appartiennent à l'Église catholique ou à l'Église grecque; ils se servent de ce qu'on nomme l'alphabet glagolitique [1], par opposition à l'alphabet de Cyrille employé par les Bulgares. Le slave le plus ancien et le plus pur est celui qu'on nomme slave ecclésiastique ou vieux bulgare, la langue qui, au IX° siècle, servit à Cyrille le philosophe pour traduire les évangiles.

Cette gaie et coquette cité d'Agram contient environ vingt mille âmes, et se partage en ville haute et en ville basse; la première étagée sur la pente d'une colline rocheuse, si escarpée que les fenêtres des maisons, dans les rues étroites auxquelles on accède par d'interminables escaliers en zigzag, plongent dans les cheminées de celles qui leur font face. Cette partie de la ville, jadis fortifiée, constituait la citadelle. Elle est maintenant habitée par la partie la moins estimable de la population, et ce quartier peut rivaliser avec l'ancienne Cologne pour sa variété d'indescriptibles odeurs. En grimpant les marches usées, nous passons devant des groupes en train de respirer l'air du soir à leurs portes. De compatissants rayons de lune inondent ces rues malpropres et malsaines, et argentent les maisons délabrées. Toujours montant, nous sortons de ce quartier et nous arrivons dans de larges rues claires qui aboutissent au palais du Ban, aux divers édifices publics, à l'école de droit et au musée[2]. Sur une autre colline,

[1] L'alphabet glagolitique (de glagolie, nom du G en grec), attribué par erreur à saint Jérôme, et appelé aussi hyéronimique, fut composé en Dalmatie au XIII° siècle, en se servant des majuscules grecques. Celui de Cyrille, usité par les Bulgares et les Moraves, est formé de caractères grecs, arméniens ou coptes. L'alphabet russe n'est autre que l'alphabet cyrillique, modifié et simplifié.

[2] Le musée d'Agram, ainsi que l'Université croate, ont été établis par les soins de Mgr Strossmayer, évêque catholique de Diakovár, le célèbre patriote qui consacre ses immenses revenus à civiliser les populations incultes de la Croatie, en bâtissant des écoles et des églises.

séparée de celle-ci par une étroite gorge sablonneuse, et surmontée de hauts remparts, se trouvent la cathédrale et le palais de l'archevêque. Exposées pendant des siècles aux assauts des Turcs, beaucoup d'églises de Croatie, comme celles de Transylvanie, sont solidement fortifiées.

Derrière ce premier plan de toits pittoresques, la Save trace à travers la plaine un chemin étincelant et se dirige vers les montagnes de Bosnie, vaguement estompées à l'horizon. Cette rivière, qui prend sa source aux confins de l'Istrie, après avoir traversé la Croatie, sépare la Slavonie de l'Illyrie, et sert encore de fron-

Agram.

tière entre le christianisme et l'islam. C'est, avec la Theiss, un des principaux affluents du Danube; en gonflant le grand fleuve dans lequel elle se jette à Semlin, elle contribue aux désastreuses inondations si fréquentes dans cette partie de l'Alföld.

Le marché hebdomadaire d'Agram, comme à Debreczin, se tient le dimanche. Il est heureux que nous finissions nos promenades à travers le pays des Magyars par la Croatie, car les costumes surpassent ici tous ceux que nous avons vus, et vaudraient à eux seuls le voyage.

La rue qui conduit à la place Jellachich est encombrée de gens qui se précipitent vers le marché. Les teintes dominantes de leurs costumes, blanc, écarlate et vert, ressortent par contraste avec les bandes de peau d'agneau noire et frisée qui en garnissent certaines parties. Les femmes ont de courtes jupes blanches, fortement empesées et tuyautées jusqu'à la taille ; par-dessus retombe un long tablier de cotonnade bleue, garni de larges bandes de galon écarlate toujours plus étroites ; le corsage blanc montant, brodé autour de la gorge, est recouvert d'innombrables rangs de perles de corail. On y ajoute souvent une veste en peau blanche, bordée de cette laine d'agneau qui rappelle beaucoup la fourrure appelée *astrakan*, et ouverte de façon à laisser voir les perles du corsage. Cette veste est richement brodée en soie de toutes couleurs, auxquelles on mêle de petites étoiles d'argent. Ce coûteux vêtement, appelé *cabanitza*, est orné en outre de tous côtés de glands écarlates. Les jeunes filles se coiffent d'un simple mouchoir rouge ; les femmes mariées ont une coiffure imposante, qui rappelle le *taglia* blanc des Napolitaines, mais beaucoup plus large ; c'est un grand carré de mousseline ou de calicot, garni de dentelle et de lacet écarlate, et reposant sur deux sortes d'épingles de bois curieusement travaillées, appelées cornes, autour desquelles la chevelure est enroulée. Rien de plus seyant que cette coiffure. Un groupe de femmes croates en grand costume charmerait un peintre. Leurs jupes en éventail se déploient pendant qu'elles trottent gaiement, les unes ayant dans les bras de longs paquets qui ne sont autres que leurs *bambinos* emmaillottés dans des bandelettes sans fin ; d'autres, gracieuses cariatides, soutenant sur leurs belles têtes de larges paniers plats remplis de fleurs, de fruits et de légumes. Les vieilles femmes elles-mêmes ont des corsages blancs et des jupes rouges et blanches. Le conclave d'antiques amazones qui siège là-bas s'est peut-être distingué, en 1848, parmi ces femmes croates qui prirent les armes, et partirent aider leurs maris dans la grande bataille contre Kossuth, chantant des hymnes patriotiques, parfois improvisés avec une sauvage inspiration.

Comme leurs épouses, les Croates sont brodés sur toutes les coutures. Leurs tuniques brunes ou noires sont richement brodées en rouge, et une cordelière de même couleur, passant sur leur épaule, soutient un large sac carré appelé *torba*, complètement recouvert de petits glands écarlates d'un pouce et demi de long.

Sauf les bijoux, les Croates masculins et féminins sont décidément plus adonnés à la vanité de la parure que les paysannes d'Hamelsdorf elles-mêmes.

Sur la place, les paysans des environs disposent leurs marchandises depuis le point du jour, et ce vaste espace ressemble par sa gaieté et son animation plutôt à une vaste foire qu'à un simple marché. Cet éclat joyeux, cet harmonieux mélange de couleurs ramènent nos regards confus sur nos propres toilettes, qui se ressentent de nos voyages. Il n'y a vraiment rien de si joli que le marché d'Agram; mais le voyageur qui veut en jouir ne doit pas être paresseux, car il faut se trouver sur la place à sept heures, au moment précis où les acheteurs arrivent. A dix heures tout est fini, et, obéissant à l'appel de la cloche, les fidèles se pressent dans les églises; ils s'y agenouillent en attendant qu'on dise la messe, et commencent à prier dévotement : les hommes d'un côté, les femmes de l'autre. Sur les marches de l'autel, on aperçoit des groupes d'hommes, de femmes et d'enfants.

« Que font-ils? dis-je en allemand à une dame qui se trouve ma voisine de banc, dans une église tout proche du marché, en lui désignant un de ces groupes dont tous les membres semblent écrasés sous le poids de quelque douleur.

— Ce sont de pauvres paysans, me répond-elle tout bas, qui ont quelque grâce spéciale à solliciter, souvent pour des malades ou des mourants. Voyez cette jeune femme à droite de l'autel : elle a apporté son enfant malade et elle le dépose au-dessous de l'image du Bon Pasteur. Oh! certes! il aura pitié d'elle! »

Et mon interlocutrice, se signant pieusement, s'agenouille pour s'unir à la prière de la mère. Suivant la direction de son regard, j'aperçois le petit être étendu à terre dans ses langes, le visage si pâle et si maigre qu'on le croirait déjà dans son linceul. Au centre du groupe, deux petits garçons sont à genoux côte à côte, les mains jointes et la tête penchée. Ils sont entrés seuls dans l'église, et sont venus tout droit se prosterner devant l'autel. Quelle douleur les y amène? Quelle grâce viennent-ils solliciter? Il y a dans la présence et la piété de ces enfants quelque chose qui fait monter les larmes aux yeux.

La messe est chantée en slavon, privilège accordé par les papes à ces Yougo-Slaves, en témoignage de leurs luttes héroïques contre les Osmanlis; rien n'est plus beau et plus touchant que les psalmodies lentes et graves de leur liturgie [1].

Le pays qui entoure Agram est fort pittoresque. Un peu au delà de la ville, s'étend la paisible vallée de Saint-Xavier et celle de Tuskanac, avec leurs ruines féodales, derrière lesquelles s'élève une haute colline couronnée de pins.

Nous saisissons un fiacre au passage, et nous nous faisons conduire au bord de la Save. L'ombre descend sur la plaine, et les villageois s'entassent dans les bateaux pour traverser le fleuve jusqu'au premier clocher, peut-être à trois ou quatre kilomètres de là. Les étroits sentiers en zigzag, tout le long des pentes, sont tracés par des files de gens qui se dirigent du même côté, et, en les suivant, nous parvenons à une église déjà remplie d'une pieuse foule qui attend l'arrivée du prêtre : jeunes filles et jeunes femmes, à la beauté majestueuse; nuées de vêtements rouges et blancs et de coiffures pittoresques.

Notre steamer, qui part à six heures du matin, nous attend à la jonction de la Kulpa et de la Save, à quelques kilomètres plus bas, sur la rivière. Nous reprenons nos bagages à l'hôtel, et nous allons rejoindre ledit steamer par le train, qui nous descend à Sissek, où il se trouve.

Après Agram, la Save se déploie comme pour embrasser dans ses replis la province entière, et nous fait songer aux lagunes de Venise. Sous la pleine lune, tout est si calme, si paisible, et présente une surface si unie à l'œil, que le train semble rouler sur une vaste mer d'argent.

Sissek, misérable village aux larges rues non pavées, n'offre de l'intérêt qu'aux archéologues. Le *vieux Sissek*, qui le touche, contient de nombreux débris d'origine antique, et l'on y arrive par une voie romaine dont la maçonnerie massive est encore intacte.

---

[1] Il y a quelques années, un terrible tremblement de terre fit d'une grande partie d'Agram un monceau de ruines; la violence et le nombre des secousses tinrent les habitants dans un tel état d'angoisse, qu'à quatre reprises ils s'enfuirent de la ville pour aller camper au milieu des plaines.

Nous discernons bientôt le steamer *le Zrini,* au milieu des masses sombres dont il est entouré. A cette époque de la rentrée des moissons, Sissek, qui ne compte guère habituellement que 1200 âmes, en a presque 12 000. Centre du commerce des grains, les énormes bateaux plats s'y arrêtent pour décharger leur cargaison de blé, et des hommes employés à ce travail, nommés *latianer,* viennent chaque année à Sissek et en repartent la saison passée. Le blé, déchargé, est dirigé par voie ferrée vers sa destination, une bonne partie sur les marchés anglais.

Une scène curieuse s'offre à nous. Voici des bateaux portant de vraies maisonnettes; d'autres vides, renversés de côté et à moitié tirés sur la rive, d'autres tout près du bord, recevant leur chargement. Des fanaux de couleur luisent aux mâts des petites barques, et plus bas, sur la rivière, d'autres feux marquent, le long de la côte, les bivouacs des caravanes de marchands. En une heure, tout devient tranquille; on n'entend plus que les bateliers qui lèvent l'ancre et le flot qui bat doucement les flancs du steamer.

A six heures, le *Zrini* détache ses amarres, et, sortant de la Kulpa, bondit comme un captif délivré dans les eaux de la Save.

L'assemblage bizarre que rencontre le regard du voyageur à bord des bateaux de la Save est bien plus curieux que tout ce qu'il a pu observer sur le Danube. Tout près de nous, leurs longs chibouks posés à côté d'eux, voici deux Turcs, ou plutôt deux Osmanlis, terme plus courtois, l'autre étant pour eux synonyme de campagnard. Puis un trio de jeunes filles serbes, en vestes de velours noir, aux longues manches pendantes, toutes brodées d'argent. Debout à l'arrière, un groupe d'Albanais, superbes hommes à la mine guerrière, aux épaules carrées et aux membres d'athlètes, armés jusqu'aux dents. D'autres se reconnaissent à leur stature élancée, ressemblant à celle des Serbes, et à leur physionomie ouverte et franche : ce sont des Monténégrins, cette brave et indépendante petite nation qui, tout en faisant partie des frontières de la Turquie européenne, ne s'est jamais, comme les autres Slaves du sud, soumise à la loi musulmane. Rien qu'à les voir marcher sur le pont, il est facile de se rendre compte qu'ils ne sortent pas d'une race esclave. Leur costume se compose d'une tunique blanche, serrée à la taille par un châle roulé en ceinture, de pantalons bleus attachés au genou, et d'une petite toque à calotte rouge, garnie d'un ornement doré, symbole de leur liberté nationale ; jusqu'à ces dernières années, ils portaient en outre un emblème de deuil pour leurs frères slaves. les Serbes, alors sujets de la Turquie.

A l'avant, s'entasse une foule d'aspect tout oriental : petits Turcs à l'air vif et intelligent; pesants Bulgares, les yeux baissés et les sourcils épais, assis à part, ne parlant à personne; Arméniens, Illyriens, Bosniens, Croates, Hongrois, paysans à l'aspect peu civilisé, qui viennent des villages du cours inférieur de la Save.

D'un côté du gouvernail, j'aperçois un énorme tas de peaux de moutons et de couvertures rayées qui doivent recouvrir des bagages ou des ballots de marchandises. Tout d'un coup ce tas s'agite légèrement, une petite main apparaît, puis une petite tête, car là-dessous toute une famille grecque est blottie !

Un des passagers nous intéresse particulièrement. C'est un garçonnet que dès le matin nous avons remarqué, assis sur son modeste paquet, silencieux et tout seul, à ce qu'il semble. L'expression de son visage, légèrement renversé, et de ses yeux levés au ciel, attire notre attention. Que peut-il regarder si fixement dans l'étendue éblouissante de soleil? Me frayant un chemin à travers les groupes, dont plusieurs jouent avec des cartes fort curieuses, d'autres chantent à demi-voix ou dorment étendus tout de leur long, j'arrive près de l'enfant, et je m'aperçois qu'il est aveugle. Personne ne semble faire attention à lui ; il est là comme abandonné, le visage empreint de cette expression vague et infiniment touchante, particulière aux êtres affligés de cette terrible infirmité.

Appuyé contre le passavant, je reconnais à son uniforme un caporal de l'armée autrichienne. Il quitte son cigare pour me dire, en désignant l'enfant comme un ballot de marchandises :

« On l'a embarqué à Jassenowatz.

— Où va-t-il ?

— Qu'est-ce que j'en sais? » répond-il en haussant les épaules, et il s'éloigne, ajoutant que sans doute quelqu'un viendra quelque part le réclamer.

C'est en effet un colis à réclamer. Je prends sa petite main et je l'emmène à l'abri de la tente. Étrange échantillon de la race humaine, avec son vêtement brun flottant, taillé sur le modèle de celui de son père, et ces souliers informes que portent les paysans slaves, faits d'un morceau de cuir attaché au pied par des lanières !

Le capitaine vient à passer et me renseigne sur l'histoire de cette pauvre petite épave.

« Cet enfant, dit-il, le regardant avec bonté, est un *guslar* ou poète ambulant, comme on les nomme en Croatie. Les Yougo-Slaves consacrent, dès leur enfance, à la poésie, tous ceux de leurs rejetons mâles qui naissent aveugles. Dès qu'ils sont assez âgés pour manier un objet quelconque, on leur donne une petite mandoline dont on leur enseigne à jouer, et on les abandonne tout le jour dans les bois, pour y recevoir les inspirations de la nature et de la solitude. Avec le temps, ils deviennent des poètes ou du moins des rhapsodes ; ils chantent des choses qu'ils n'ont jamais vues, et s'en vont gagner leur vie, comme les troubadours d'autrefois, en récitant des vers et en demandant l'aumône le long des chemins.

« C'est sans effort qu'un Slave devient poète ; le sentiment poétique jaillit en lui comme un ruisseau de sa source. Les premiers bruits qu'il perçoit sont les chants de sa mère, pendant qu'elle le berce ou l'emporte au marché sous son bras, roulé et ficelé comme un paquet. Lorsqu'elle épie sur son visage l'éveil de l'intelligence, le premier langage qu'elle lui parle est celui de la poésie ; elle improvise pour lui ; et quoiqu'il n'ait jamais vu ni les fleurs, ni les montagnes couvertes de neige, ni les torrents et les grands fleuves, il les décrit tels que les ont vus les yeux de son âme, guidés par l'influence qu'exercent sur son esprit tous les bruits de la nature. »

L'intérêt que le petit guslar nous avait inspiré devint bientôt général ; on le percha sur un monceau de couvertures, et on lui fit chanter de sa voix enfantine quelques simples et douces mélodies slaves.

CONCLUSION

Entendez-vous le battement mesuré des pieds qui frappent les planches ? Voyez-vous ces paysans slavons tourbillonner en exécutant les figures compliquées du *kolo,* la danse nationale? Les yeux brillants étincellent sous les grands cils, les poitrines halètent, les amulettes et les rangs de perles suspendus au cou des femmes se soulèvent et retombent en suivant le rythme rapide ; des mouches lumineuses voltigent sur le pont du bateau, et se jouent autour de la tête des danseurs. Le long de la rive, les vers luisants allument leurs lampes dans les buissons, tandis que sur les collines de Bosnie, on voit vaciller de longues rangées de feux qui marquent au loin les campements des tziganes.

La danse va toujours plus vite ; le bourdonnement de la kobsa devient toujours plus bruyant, mêlé au son rauque de la cornemuse d'un berger valaque, s'efforçant en vain de dominer le faible gazouillement de la petite *svirra* (sorte de flageolet), qui y joint sa voix grêle et un peu plaintive.

La pantomime du kolo ressemble beaucoup à celle des csardas. Ce bal a été improvisé par un groupe de paysans montés à bord à Xupanje, mais qui nous quitteront à un autre village, un peu plus bas sur le fleuve.

Pendant la danse, nous remarquons une bohémienne assise à l'écart, et ne prêtant aucune attention à ce qui se passe autour d'elle. D'une stature presque masculine, avec les traits proéminents de la plupart des bohémiens bosniaques, elle fixe ses grands yeux lumineux sur l'horizon, comme quelque sibylle fatale adressant ses prophéties à la nuit.

Excité par le concert qui suit la danse, le petit guslar prend à son tour son modeste instrument, un simple jouet, et recommence à chanter des ballades qui lui valent une pluie de kreutzers et d'applaudissements. A dix heures, tout s'est tu ; chacun dort, sauf un jeune Monténégrin, grand et vigoureux, appuyé au bordage, fumant, immobile comme une statue, l'œil attaché sur les collines lointaines. Pense-t-il à sa patrie aimée, terre de la liberté slavo-serbe, et à la Tserna-Gora, la montagne noire de pins, d'où son brave petit pays tire son nom ? A en juger par le modeste bagage des autres passagers, bagage qui ne consiste guère qu'en une gourde de cuir, une couverture et un pot de fer contenant les provisions du voyage, notre Monténégrin doit être un émigrant, tant il est entouré de colis nombreux. Il a son fusil sur l'épaule, et une autre arme pend à sa ceinture. Bientôt lui-même, à son tour, étend sur le pont sa straka, le vaste manteau qui l'enveloppe tout entier, et, se tournant vers l'Orient, il se signe de la croix grecque, se couche et s'endort aussitôt.

La nuit est délicieuse, l'air frais, sans être glacé. Nous avons jeté l'ancre sur la rive slavonne, en face d'une lisière de forêts très serrée, à travers les branches de laquelle jaillissent les rayons de lune, comme un flot d'argent. Tout est calme et tout rêve. Un oiseau de nuit, blotti dans ce labyrinthe de feuillage, jette parfois un cri mélancolique ; un poisson saute dans l'eau, mais ces bruits vagues se fondent dans le silence. Nous ne tardons pas à descendre dans nos cabines, jusqu'à ce que le soleil nous rappelle sur le pont.

A droite, ondulent légèrement des collines qui font partie des Alpes dinariques, couvertes de neige neuf mois de l'année, et qui commencent à se dérouler, majestueuses, devant nos yeux. Il y a longtemps que nous avons laissé la Croatie derrière nous ; cette côte est celle de la Bosnie : la Bosnie dorée comme on l'appelle, dont les efforts, joints à ceux de l'Herzégovine, pour se dégager de l'oppression et de l'injustice musulmanes, ont ému l'Europe de sympathie et obtenu en leur faveur l'intervention des grandes puissances.

Cette partie du cours de la Save est intéressante au point de vue historique. Ce fut à la suite de la conquête de la Bosnie par les Turcs, qui se répandirent alors dans tout le bassin de la Save, que les Confins militaires furent systématiquement organisés par l'empereur Ferdinand I[er 1]. S'étendant des rives de l'Adriatique à la Moldavie, ils embrassaient la Slavonie et la Transylvanie, aussi bien qu'une portion de la Croatie, et au sud, l'étroite bande de la Dalmatie, sur une étendue de plus de 1600 kilomètres. A une distance d'environ 900 mètres l'un de l'autre, nous apercevons les postes frontières qui, jusqu'au traité de Berlin, étaient occupés avec vigilance. Ces postes consistent en petites maisons de bois, élevées sur des pieux et entourées d'un balcon autour duquel la sentinelle montait la garde. Tout auprès, on voit encore un grand piquet garni de paille et de bois, destiné, en y mettant le feu, à servir la nuit de signal entre les postes voisins, en cas d'attaque. Si l'ennemi s'avançait sur un point, ces bûchers s'allumaient de place en place, en un clin d'œil, sur toute la ligne, et un secours arrivait aussitôt à l'endroit menacé. Il ne fallait pas plus de trois ou quatre heures pour communiquer ainsi d'un bout de la frontière à l'autre, et durant le jour le tocsin (chaque poste ayant une cloche d'alarme) appelait aux armes les régiments qui défendaient les abords du pays.

Par suite de leur position géographique, les provinces que traversent le Danube et la Save furent de fort bonne heure ravagées par des bandes de pillards des contrées voisines, qui ne vivaient que de brigandage, mais que Mathias Corvin, le grand champion de la chrétienté contre les invasions mahométanes, laissa tranquilles à condition qu'ils défendraient les frontières contre les incursions des hordes barbares de l'Orient. Ce système était précisément celui qu'avaient jadis adopté les Romains pour défendre leurs frontières du Rhin et du Danube. Ces troupes improvisées ne recevaient aucune paye; ils avaient des terres qui leur étaient accordées, à condition de payer une lourde taxe à l'État, et de fournir un certain nombre de gardes-frontière. Les propriétaires de ces sortes de fiefs étaient groupés sous un chef qui gouvernait cette petite association, composée en général de cinquante familles. En temps de paix, quarante mille hommes étaient divisés entre les différents postes; en cas de guerre, il était possible de mettre sur pied deux cent mille hommes, tous obligés, si c'était nécessaire, à servir dans l'armée régulière. Sous

---

[1] La première institution des Confins militaires est due au prince Eugène.

le gouvernement de l'Autriche, cette ligne-frontière devint une des institutions militaires les plus parfaites des temps modernes; non seulement l'armée se trouvait ainsi grossie de deux cent mille hommes, sans qu'il en coûtât rien à l'empire, mais on s'en servit comme d'un excellent cordon sanitaire; et depuis l'organisation de cette ligne de postes, la peste, rarement absente de la Hongrie plus de vingt ans de suite, n'y a pas une seule fois reparu.

Sur la rive bosniaque, nous apercevons aussi à intervalles réguliers les postes turcs, opposés à ceux de l'Autriche, avant le traité de Berlin.

Quel splendide pays que cette Bosnie, avec sa végétation luxuriante et son sol fertile! Des centaines d'hectares n'ont jamais été retournés ni par la pioche ni par la charrue. Rien n'y manque pour en faire une contrée heureuse et prospère, que des colons qui cultiveraient ce sol vierge. La population de la Bosnie monte à peine à un million d'habitants, dont trente-cinq mille sont Juifs, et douze mille Bohémiens. Les Juifs descendent de réfugiés d'Italie et d'Espagne. Le reste se partage entre mahométans et chrétiens de race slave, les premiers occupants de ce pays, parlant un dialecte slavon fortement mélangé de mots turcs. Chose étrange, il n'y a pas de fils du prophète aussi fanatiques que ces slaves mahométans de la Bosnie, quoiqu'ils n'aient embrassé l'islamisme que pour garantir, au moment de l'invasion, leurs personnes et leurs biens. Dépassant de bien loin en intolérance son coreligionnaire turc, le mahométan bosniaque persécute à son tour son frère chrétien le *raia,* qu'il traite de chien.

Ces raias, comme on appelle les chrétiens de Bosnie, composent presque toute la classe des paysans, et appartiennent à l'Église grecque. Quoique l'ancien système féodal qui les réduisait à l'état de servage ait été aboli par les réformes de 1852, cependant le travail forcé existe encore en Bosnie, l'impérieux infidèle obligeant le raia chrétien, presque à la pointe de la baïonnette, à obéir à ses ordres. La position de ces pauvres paysans bosniaques est donc fort peu améliorée, et demeure une humiliante servitude. Non seulement ils sont opprimés par la population musulmane, mais appauvris par leurs popes grecs, qui leur imposent les obligations les plus onéreuses, et qui, lorsque la taxe n'est pas payée, leur refusent, dit-on, les sacrements et les consolations de la religion. Entre ces deux tyrannies, les infortunés raias sont maintenus dans un perpétuel état de misère et de crainte.

La rive gauche ou slavonne, territoire que nous avons effleuré au sud-est, en descendant le Danube, est extrêmement intéressante. Nous voyons passer de nombreux villages, dont les maisons, toutes élevées sur pilotis, ne sont que pignons, balcons et découpages. Aux fenêtres ouvertes, on aperçoit parfois une femme dont l'élégant costume, dans ce cadre de bois sombre, fait un délicieux tableau. Sur la côte bosniaque, une longue caravane de trente ou quarante personnes, et autant de mulets, se prépare à sa journée de marche. Rien de plus pittoresque, avec leur aspect oriental et leurs tons bruns et chauds, que ces groupes d'hommes et de montures qui se détachent sur un horizon lumineux.

Les épaisses forêts séculaires qui nous ont environnés depuis plusieurs heures font place à des marais; puis nous entrons dans une région sablonneuse où errent des troupeaux de cochons. Un d'entre eux vient boire à la rivière, conduit par un homme enveloppé d'un manteau de longues herbes, fortement tressées autour du cou, et retombant sur les talons en une frange de plusieurs pouces d'épaisseur. Ce vêtement, que les savants prétendent avoir été un des premiers imaginés par l'homme primitif, est encore porté quelquefois par des bergers des plaines de la Save.

Nous n'apercevons que des cochons : les uns jaune uni, d'autres aux longues soies dorées, d'autres, terre de sienne, bref, toutes les gradations du jaune. du brun clair, et entourés de petites familles de cochonnets roses. qui, n'étant pas encore imprégnés du sable environnant, semblent d'une autre espèce que leurs parents. Où sont les nymphes et les naïades dont les Slaves, comme les Grecs antiques, peuplent les bords de la Save, peignant leurs blonds cheveux et chantant pour attirer d'imprudents bateliers dans les sables mouvants?

A Bertsch, je perds mon gentil guslar ; une femme slave, armée du fuseau qu'elle ne lâche guère, comme sa sœur de Transylvanie, vient le chercher à bord. Avant qu'il ne me quitte, je verse dans son petit sac une quantité de bonbons turcs qui m'ont été offerts par un aimable Bosniaque, et qui, j'en ai peur, lui auront valu une série d'indigestions, capables d'éteindre sa muse pendant plusieurs jours.

En entrant dans la province de Syrmie, dont fait partie ici la rive hongroise, nous apercevons un groupe d'amazones coiffées de tartans rouges et bleus qui, plongées dans l'eau jusqu'aux genoux, lavent leur linge, absolument comme les femmes indoues dans le Gange. Elles s'esquivent en pataugeant à notre approche, et nous regardent passer à travers le rideau de maigres buissons. La côte est toujours couverte d'innombrables cochons, non plus dorés, mais d'un noir sale, avec de longs poils épais et des queues pendantes. A distance, on dirait des ours. Nous avons quitté la région des sables pour celle des marécages, asile de myriades d'oiseaux aquatiques, qui ne s'émeuvent pas à notre approche. Un train de bois défile près d'eux ; ils ne bougent pas davantage ; jusqu'à un aigle isolé, ses grandes serres jaunes enfoncées dans le gazon, qui reste immobile, perdu, je suppose, dans sa contemplation.

Chaque coude de la rivière nous rapproche du monde oriental. Les femmes qui viennent puiser de l'eau ou qui passent sur les routes, portent maintenant le yashmak, et le type austro-hongrois a presque disparu. Tout d'un coup, sans que nulle habitation soit en vue, nous apercevons un grand poteau auquel semble liée une forme humaine. C'est lui, ses cheveux noirs hérissés, ses robes orientales flottant au vent, ses pauvres jambes noires et desséchées ! Le sang se glace dans nos veines ; nous voudrions détourner les yeux ; mais non, il faut être brave et constater avec notre longue-vue le supplice de cet infortuné raia empalé ! Encore une victime de la cruauté musulmane. Une planche avec une inscription pend sur sa poitrine. Quels mots tragiques allons-nous y lire ?

Bon logis à pied et à cheval, en slavon. Cela désigne sans doute une petite gastina à un seul étage, qui s'entrevoit entre les buissons.

L'illusion et notre compassion ont été également sincères. Nous pouvons maintenant étudier avec calme l'objet qui les a causées. Sa tête est faite d'un paquet de baguettes sèches, imitant admirablement des cheveux hérissés ; la partie supérieure de son corps, d'un vieux sac ; et ses vêtements flottants, d'une gerbe de tiges de maïs dont les longues feuilles pointues, décolorées par le soleil, remuent au moindre souffle; ses jambes sont deux bâtons tordus. Tout le long de la Save, nous rencontrons de semblables victimes, épouvantails pour les oiseaux.

Il faut vingt-six heures pour descendre la rivière; mais nous approchons rapidement de notre destination. Voici déjà, à droite, la côte de Serbie. Nous avons dépassé Schabatz, son hôpital et son gymnase, car depuis que cette énergique petite nation a conquis son indépendance, elle reproduit toutes les institutions de l'Occident. Faisant envoler une bande de cygnes sauvages, nous tournons un dernier coude, et Belgrade nous apparaît avec sa colline couronnée d'une forteresse sur laquelle flotte le drapeau serbe. La Save achève ici son cours; elle se déverse dans le Danube, semblable à une vaste mer.

Au moment où nous passons au-dessous de la citadelle de Belgrade, couronnée de ses minarets et de ses tours, qui sont depuis des siècles alternativement le rempart de la chrétienté et l'avant-poste de l'infidèle, un coup de canon parti de ses remparts est répété par l'écho du promontoire de Semlin, la dernière ville du Danube, située en face de Belgrade, sur l'autre rive. Nous descendons à terre. Le drapeau rouge, blanc et vert du royaume de saint Étienne ne flotte plus au-dessus de nos têtes. Nous avons mis le pied sur le sol de la Serbie et dit adieu au pays des Magyars.

FIN

TABLE DES MATIÈRES

I. — Préliminaires de départ 7
II. — La Puszta 11
III. — En wagon 21
IV. — Musique de tziganes 29
V. — Le guide 35
VI. — Déli-Bab 43
VII. — Les puits hongrois 48
VIII. — L'aurore dans l'Alföld 55
IX. — Albe royale 58
X. — Pesth 67
XI. — Les cavernes de glace 77
XII. — Une tempête dans la montagne 84
XIII. — Slovaques et Ruthènes 93
XIV. — Les monts Tátra 97
XV. — Fantômes du brouillard 104
XVI. — En montagne 109
XVII. — Camp de bohémiens 113
XVIII. — Le Couvent Rouge 120
XIX. — Zakopane 127
XX. — Les chasseurs de chamois 134
XXI. — En zigzag 141
XXII. — Yetta 145
XXIII. — Un enterrement dans la montagne 154
XXIV. — Nous retrouvons András 160
XXV. — Sur le Danube 165
XXVI. — Défilés et cataractes 177
XXVII. — Le pont de Trajan 186
XXVIII. — Les collines du Danube 191
XXIX. — Méhadia 197
XXX. — Le coche de famille 204
XXXI. — Grosswardein 212
XXXII. — Le vendredi saint à l'église grecque 217

XXXIII. — La reine de l'Alföld. 223
XXXIV. — Hermannstadt. 233
XXXV. — Le bon vieux temps. 242
XXXVI. — Chez les Valaques 251
XXXVII. — Le défilé de la Tour Rouge 257
XXXVIII. — L'hermitage de Bucsecs 264
XXXIX. — Vers l'ouest 274
XL. — Debreczin. 281
XLI. — Vins de Tokay 287
XLII. — Temples de la nuit. 295
XLIII. — Les mines d'or de Schemnitz. 310
XLIV. — Le Calvaire 320
XLV. — La Babel moderne. 325
XLVI. — O'Bude. 330
XLVII. — Séparations. 343
XLVIII. — Agram 350
XLIX. — Conclusion 360

BIBLIOTHÈQUE DES FAMILLES ET DES MAISONS D'ÉDUCATION

FORMAT GRAND IN-8° — 1RE SÉRIE

VOLUMES ORNÉS DE NOMBREUSES GRAVURES SUR BOIS

ADEN A ZANZIBAR (D'), par Mgr Le Roy, vicaire apostolique du Gabon.

ANTIQUAIRE (L'), de Walter Scott; adaptation par A.-J. Hubert.

A TRAVERS LE ZANGUEBAR, par les PP. Baur et le Roy, missionnaires au Zanguebar.

CASTEL-BLAIR, histoire d'une famille irlandaise, par Flora Shaw.

CHASSES DANS L'AMÉRIQUE DU NORD (LES), par B.-H. Révoil.

CHRÉTIENS ILLUSTRES (LES), par J.-B. Marty.

CONSTANCE SHERWOOD, par lady Fullerton; adapté par A. Chevalier.

CRATÈRE (LE), de Fenimore Cooper; adaptation par A.-J. Hubert.

DERNIER DES MOHICANS (LE), de Fenimore Cooper; adaptation par A.-J. Hubert.

ESPION (L'), de Fenimore Cooper; adaptation par A.-J. Hubert.

FABIOLA, OU L'ÉGLISE DES CATACOMBES, par Son Éminence le cardinal Wiseman.

FRANCE COLONIALE ILLUSTRÉE (LA). Algérie, Tunisie, Congo, Madagascar, Tonkin et autres colonies françaises, par A.-M. G.

FRANCE ET SYRIE, SOUVENIRS DE GHAZIR ET DE BEYROUTH, par le R. P. Chopin.

FRANCE PITTORESQUE (LA), Région du Nord, par F. des E.-C.

HISTOIRE DE JÉSUS-CHRIST d'après les Évangiles et la tradition, par M. l'abbé J.-J. Bourassé.

HISTOIRE NATURELLE EXTRAITE DE BUFFON ET DE LACÉPÈDE.

IMITATION DE JÉSUS-CHRIST, par le R. P. de Gonnelieu. Dessins de L. Hallez.

IRLANDE (L'), depuis son origine jusqu'aux temps présents, par F. Ganneron.

ITINÉRAIRE DE PARIS A JÉRUSALEM, par le vicomte de Chateaubriand.

JAPON D'AUJOURD'HUI (LE), Extraits du Journal intime de M. l'abbé G. Bruley des Varannes, missionnaire apostolique.

JEHAN DE FOUGEREUSE, Nouvelle du XVe siècle, par Louis Morvan.

LAC ONTARIO (LE), de Fenimore Cooper; adaptation par A.-J. Hubert.

LES PLUS BELLES CATHÉDRALES DE FRANCE, par M. l'abbé Bourassé.

ORIGINES DE LA CIVILISATION MODERNE (LES), par Godefroid Kurth.

ORPHELINE DES FAUCHETTES (L'), suivi de : L'ONCLE JACQUES et de LES ÉTAPES DE FRANÇONNETTE, par Marguerite Levray.

PAYS DES MAGYARS (LE), Voyage en Hongrie, adapté de l'anglais par A. Chevalier.

PILOTE (LE), de Fenimore Cooper; adaptation par A.-J. Hubert.

PIRATES DE LA MER ROUGE (LES), Souvenirs de voyage, par Karl May, traduit de l'allemand par J. de Rochay.

PRAIRIE (LA), de Fenimore Cooper; adaptation par A.-J. Hubert.

QUENTIN DURWARD, de Walter Scott; adaptation par A.-J. Hubert.

ROCHE-YVOIRE (LA), suivi de : SANS BERCAIL, par Marguerite Levray.

ROME, ses églises, ses monuments, par M. l'abbé Roland.

ROYAUME DE L'ÉLÉPHANT BLANC, (LE), par Charles Bock; traduction par A. Tissot.

SUR TERRE ET SUR L'EAU, par Mgr Le Roy, vicaire apostolique du Gabon.

TUEUR DE DAIMS (LE), de Fenimore Cooper; adaptation par A.-J. Hubert.

UNE VISITE AU PAYS DU DIABLE, Souvenirs de voyage, par Karl May, traduit par J. de Rochay.

UN TOUR EN SUISSE, par Jacques Duverney.

VIES DES SAINTS POUR TOUS LES JOURS DE L'ANNÉE, avec une pratique de piété pour chaque jour; dessins de Rahoult.

VOYAGES DANS LE NORD DE L'EUROPE, par Jules Leclercq.

WAVERLEY, de Walter Scott; adaptation par A.-J. Hubert.

BIOGRAPHIES NATIONALES

BAYART (HISTOIRE DE), par A. Prudhomme, ancien élève pensionnaire de l'École des chartes.

BLANCHE DE CASTILLE (HISTOIRE DE), par Jules-Stanislas Doinel.

GODEFROI DE BOUILLON, par Alphonse Vétault.

HENRI DE GUISE LE BALAFRÉ, histoire de France de 1563 à 1589, par Ch. Cauvin.

JEANNE D'ARC, par Marius Sepet, ancien élève de l'École des chartes.

MARÉCHAL DE VAUBAN (LE), 1633-1707, par le général baron Ambert.

MARÉCHAL FABERT (LE), d'après ses Mémoires et sa Correspondance, par E. de Bouteiller.

RICHELIEU (LE CARDINAL DE), par Eugène de Monzie.

SAINT LOUIS, SON GOUVERNEMENT ET SA POLITIQUE, par Lecoy de la Marche.

TURENNE (HISTOIRE DE), maréchal de France, par L. Armagnac.

Tours. — Imprimerie Mame

www.ingramcontent.com/pod-product-compliance
Lightning Source LLC
Chambersburg PA
CBHW050308170426
43202CB00011B/1826